JN439991

반거충이의 말밭 산책

한판암 수필집

반거충이의 말밭 산책

초판 1쇄 인쇄 • 2019년 4월 25일
지은이 • 한판암
펴낸이 • 이승훈
펴낸곳 • 해드림출판사
주 소 • 서울 영등포구 경인로82길 3-4(문래동1가 39)
센터플러스빌딩 1004호(우편07371)
전 화 • 02-2612-5552
팩 스 • 02-2688-5568
E-mail • jlee5059@hanmail.net

등록번호 • 제2013-000076
등록일자 • 2008년 9월 29일

ISBN 979-11-5634-335-6

반거충이의

어원이나 말의 쓰임새라는 관점에서 보면
허접스러운 얼치기들로서 덜 여물어
태반이 쭉정이인데다가
함량 미달로 시거나
떫은맛으로 칠갑한 모양새일러라.

한판암 수필집

해드림출판사

말밭을 산책하다가

고해성사 같은 고백의 편린으로 부스러기이다. 나는 모든 면에서 반거충이다. 성격이 대차거나 심지가 굳지 못해 똑 부러지게 내 세울 이룸이나 언음도 없다. 이런 무르고 매가리 없는 성격 때문에 남과 어울려 어우렁더우렁 살아가는 길을 행복이라고 치부했기에 엿돈이와 호형호제할 계제의 밥쇠가 틀림없다. 따라서 매사에 매서운 각오로 맞서거나 신념을 펼치려는 예지와 패기를 앞세우기 보다는 현실에 동화를 겨냥하는 간보기가 먼저였다.

입에 담는 말이나 쓰는 글도 매한가지였다. 따라서 내 말과 글의 민낯은 부실하기 이를 데 없었다. 그럼에도 부족함을 넉넉하게 채우거나 벌충할 각고의 노력이나 정진은 뒤로한 채 낯 두껍게 현실에 안주할 묘수 찾기에 연연했다. 이런 까닭에 글의 세계에서도 어리바리 꼴을 면치 못하고 세월만 갉아먹는 처지에서, 우리말에 대해 턱없이 부족한 일그러진 꼬락서니와 맞닥뜨리는 경우가 허다했다. 그때마다 뜨끔하여 심적 갈등을 겪기도 했다. 하지만 그런 생각에 머물 뿐 그 민망한 수준을 벗어나려는 다부진 노력을 통해 실천에 옮기려 했던 적이 없다.

결연한 결기가 없고 맺고 끊음이 흐리멍덩해도 이따금 절절한 심정을 잠재우기 어려울 때가 더러 있었다. 그 경우 우리말과 가까워질 요량에서 무턱대고 말밭을 이따금 들쑤셨었다. 그 길에서 생각이 미친다 싶으면 깜냥에는 진지한 자세로 넘겨다보던 화두들을 모으고 갈래지은 결과를 묶어 책으로 펴내 보고 싶다는 생각을 굳히게 되었다. 그렇지만 거창한 학문적 업적이나 연구의 형형한 결실과는 뿌리와 격이 판이하고 초라하다. 그래도 내게 익숙해진 입말 가운데 생각이 미치는 대로 말밭을 훑으며 어정대다가 캐낸 알갱이 앙금들을 나름대로 가르고 그러모아 정리했다.

어원이나 말의 쓰임새라는 관점에서 보면 허접스러운 얼치기들로서 덜 여물어 태반이 쭉정이인 데다가 함량 미달로 시거나 떫은맛으로 칠갑한 모양새일러라. 하지만 연이 이어지거나 사고의 범주에서 의미를 부여해도 무리가 따르지 않아 탈이 없을 내용을 골라 간추린 글에 따스한 온기를 불어넣을 요량이었다.

최선을 다하는 신실한 아우라를 보이지 못했던 지난날에 대한 반성과 되새김의 뜻을 담아 책의 이름을 '반거충이의 말밭 산책'으로 짓기로 했다. 한편, 그동안 틈틈이 모아 두었던 글 중에서 일흔네 개를 골라 여섯 마당으로 무리 지었다. 그 여섯 마당에는 차례로 나이의 별칭, 명태의 또 다른 이름, 황희 정승과 끽다거(喫茶去), 화랑유녀, 친족 어른의 호칭, 조와 종이라는 작은 이름표를 달아 서로를 구별토록 했다.

기왕 세상에 얼굴을 내밀 바엔 옥동자의 반듯한 자태였다면 좋겠다는 황홀한 꿈에 빠져 허우적대며 달콤한 상상을 탐닉하기도 했었다. 하지만 어쩌랴! 내 삶이나 앎이 공감이나 공명을 불러일으킬 구석이 당최 없으니 말이다. 이런 까닭에 그들이 빛을 발하거나 널리 사랑받을 여지가 거의 없음은 불문가지이다. 나름대로 생각이 머물며 말밭에서 건져 낸 아람들을 정성껏 줄 세우고 꿰어서 책으로 만듦은 화조재리(禍棗災梨)를 자초하는 꼴이라도 미쁘기 그지없다. 그래서 타인의 눈에 가당찮은 무녀리 몰골로 각인된다 해도 섧다거나 떫다고 푸념하지 않으리라. 왜냐하면 먼 훗날 지금 내 정신세계 수준과 깊이와 폭의 실체를 더덜이 없이 가늠해 볼 물증 중에 하나라는 사실에 의미를 새기면서 자족하려고 마음을 다졌기 때문이다.

기해(己亥) 원단(元旦)

한판암

Ⅲ. 황희 정승과 끽다거

Ⅳ. 화랑유녀

Ⅴ. 친족 어른의 호칭

Ⅵ. 조와 종

Ⅰ. 나이의 별칭

나이의 별칭

나이에 따른 호칭은 생각할수록 매력적이다. 특히 나이 중에서 70을 이르는 말처럼 대가 두 분이 별칭을 붙인 경우는 매우 이례적이다. 먼저 공자는 논어의 위정편(爲政篇)에서 "일흔에는 하고 싶은 대로 행해도 법도(矩)에 어긋남이 없다(七十而從心所欲 不踰矩)."라고 했다. 이를 줄여서 종심(從心)이라고 한다. 이에 비해 두보(杜甫)는 곡강시(曲江詩)의 한 구절에서 "인생 70은 예로부터 드물다(人生七十古來稀)."라고 했다. 여기서 고희(古稀)라는 말이 생겨났다. 이처럼 성현이나 시성(詩聖)이 동시에 같은 나이에 별칭을 붙여 고희와 종심으로 불리는 사실이 무척 이채롭다. 또한 이 별칭 말고도 칠순(七旬)으로도 불린다. 여기서 이제까지 나이에 대해 붙여진 별칭을 살피는 탐구 나들이를 나서 볼 참이다.

예로부터 우리나라나 중국에서는 새 생명이 탄생했을지라도 성별에 따라 다른 말로 축하의 뜻을 나타냈다. 먼저 사내아이가 탄생하면 장난감으로 구슬(璋)을 주던 습속에 빗대서 농경지경(弄璋之慶)이라 했다. 그리고 여자아이가 탄생하면 흙으로 만든 실패(瓦)를 주던 습속의 유래를 빗대서 농와지경(弄瓦之慶)이라는 말로 축하했다. 태어난 아이가 자라 두세(2~3) 살 된 어린이* 를 제해(提孩) 또는 해아(孩兒)라고 불렀다. 이 말은 안아 줄 정도의 아이라는 의미를 뜻하는 개념이다.

논어의 위정편에서 공자가 나는 열다섯에 학문에 뜻을 두었고(吾十有五而志于學)라고 한 데서 나온 지학(志學)은 15세를 이른다. 그리고 여자 나이 16세를 과년(瓜年)이라고 부른다. 한자(漢字)의 '오이 과(瓜)'는 파자(破字)하면 '팔팔(八八)'이 되어 이팔청춘이라는 의미로써 여자 나이 16세를 뜻하며, 옛날엔 여자가 이 나이가 되면 결혼 적령기라고 여겼다. 한편, 남자 나이 20세는 약관(弱冠), 여자 나이 20살은 방년(芳年)이라고 했다. 이 방년은 꽃다운 나이라는 의미이기도 하다. 그런가 하면 스물 안팎의 여자 나이를 묘령(妙齡)이라고도 호칭하기도 했다.

공자가 서른에 자립했다(三十而立)는 말에서 유래하여 30세를 이립(而立)이라고 부른다. 또한 마흔에 모든 유혹에서 자유로웠으며(四十而不惑)에서 유래하여 40세를 불혹(不惑)이라고 한다. 또한 48세를 상년(桑年)이라고 부른다. 이 표현에서 한자의 '뽕나무 상(桑)'의 속자(俗字)는 열 십(十)자 세 개 밑에 '나무 목(木)' 자를 쓴다. 이 글자를 파자하면 '열 십(十)'자 4개와 '팔(八)'이 되므로 결국 48이 된다.

50세에 하늘의 명을 알았다(五十而知天命)고 한데서 유래하여 50세를 지천명(知天命) 혹은 천명(天命)이라고 호칭한다. 또한 60세가 되어서 천지만물의 이치를 통달하고 듣는 대로 모두 이해할 수 있게 되었다(六十而耳順)라는 말에서 유래되어 60세를 이순(耳順)이라고 한다. 그런가 하면 태어난 해의 간지(干支)로 돌아간다는 의미로 61세를 환갑(還甲), 회갑(回甲), 환역(還曆), 화갑(華甲이라고 부른다. 여기서 화갑(華甲)의 경우 한자의 '빛날 화(華)'자를 파자하면 '열 십(十)'자가 여섯 번과 '일(一)'자가 하나이기 때문에 61을 나타내는 의미가 된다. 그리고 환갑 다음 해의 생일날, 새로운 갑자(甲子)로 나아간다(進)는 뜻으로 진갑(進甲)이라고 한다.

나이가 71세가 되면 80을 바라본다는 뜻으로 71세를 망팔(望八)이라고 하며, 77세를 희수(喜壽)라고 한다. 한자 '기쁠 희(喜)'자를 초서(草書)로 쓸 경우 '칠십칠(七十七)' 비슷하게 쓴다는 데서 유래했다. 한편, 80세를 산수(傘壽)라고 이른다. 이때 '우산 산(傘)'자를 약자(略字)를 쓰면 '여덟 팔(八)' 밑에 '열 십(十)'으로 나타내기 때문에 '八+十'은 '80'이라는 의미에서 붙여진 별칭이다. 그리고 81세를 반수(半壽) 또는 81세는 90을 바라보는 나이라는 의미에서 망구(望九)라고도 이른다. 반수라는 별칭을 붙인 이유는 '반 반(半)'자를 파자하면 '八十一'이 된다는 뜻에서 붙여진 것이다. 또한 88세를 미수(米壽)라고 한다. 이 경우 '쌀 미(米)'자를 파자하면 '八十八'이 되는 데서 유래했다*.

90세를 졸수(卒壽)라고 하는데, 여기서 '마칠 졸(卒)'의 속자(俗字)가 '아홉 구(九)' 밑에 '열십(十)'로 사용하는 데서 유래했다. 그리고 91세는 100세를 바라볼 나이라는 의미에서 망백(望百)이라고 한다. 또한 99세를 백수(白壽)라고 하는데, 여기서 '일백 백(百)'에서 '일(一)'을 빼면 '흰 백(白)'자가 되기 때문에 99세를 나타낸다.

100세는 사람의 가장 긴 수명이라는 의미로 상수(上壽), 111세를 황제가 누린 나이라는 뜻에서 황수(皇壽)라고 한다. 한편, 120세를 타고난 수명이라는 뜻으로 천수(天壽)라고 이른다.

또 다른 내용으로 중국의 예기(禮記)에 나타난 나이의 별칭과 그에 따른 의미이다.

태어나 열 살이 되면 유학(幼學 : 人生十年曰幼學)이라고 하며, 20세가 되면 약관(弱冠 : 二十曰弱冠)이라고 한다. 30세가 되면 장(壯 : 三十曰壯有室)이라 하며, 아내를 맞이해 들인다. 40세가 되면 강(强 : 四十曰强而仕)이라고 하며, 벼슬에 나간다. 50세가 되면 애(艾 : 五十曰艾服官政)라고 하며, 관정에 복무한다. 그런데 50세가 되면 머리털이 약쑥처럼 희어진다는 뜻으로 애년(艾年)이라고도 불렀다. 60세가 되면 기(耆 : 六十曰耆指使)라고 하며, 일을 지시하고 남을 부린다. 70세가 되면 노(老 : 七十曰老而傳)라고 하며 집안일을 아들에게 넘긴(傳)다. 그리고 60~70세 노인을 기로(耆老)라고 호칭하기도 했다*.

80세*와 90세를 모(耄 : 八十九十曰耄)라 하고, 7세를 도(悼 : 七年曰悼)라고 한다. 그런데 도(悼)와 모(耄)는 죄를 짓더라도 형(刑)을 받지 않는다(悼與耄 雖有罪 不加刑焉)고 했다. 아울러 100세가 되면 기이(期頤 : 百年曰期頤)라고 하며, 이때가 되면 부양(扶養)을 받는다고 이르고 있다. 한편, 80~100세까지의 나이를 통칭하여 모기(耄期)라고도 했다.

그 옛날과 달리 과학 문명 영향으로 급변하는 세상에서 근근한 삶일지라도 고희의 문을 넘어섰다. 그런데 대차지 못하고 어바리 같은 됨됨이 때문인지 이직도 유혹에 마구 흔들리고 탐욕이나 번뇌를 내려놓을 줄 모르고 너덜너덜한 삶을 틀어쥐고 있다. 이렇게 갈피를 잡지 못하고 혼란에 빠져 허우적거릴 뿐 나잇값을 못하는 자신을 연민의 눈으로 돌아봐도 길은 아득하고 칠흑같이 깜깜하다.

* 제해(提孩) : 동아 現代活用玉篇, 동아출판사, 1992, p. 710에서는 제해(提孩)를 2~4살이라고도 설명하고 있다.

* 미수(眉壽) : 나이가 들어 늙어지면서 긴 눈썹이 생기면서 하얗게 세도록 오래 장수하라는 기원을 담은 의미로 사용하는 말이다.

* 기로연(耆老宴) : 조선 시대 기로소에 등록된 전직과 현직 문신 관료를 위하여 나라에서 베풀어 주던 잔치이다. 매년 봄 상사(上巳 : 음력 3월 상순의 사일(巳日)이나 삼짇날(3월 3일)) 아니면 가을의 중앙절(음력 9월 9일)에 보제루(普濟樓)에서 열렸다.

* 80세 : 중국의 주나라 시절 80세가 되면 나라에서 지팡이를 짚고 다니도록 허락한 데서 유래하여 장조(杖朝)라고도 호칭한다.

구름의 진경

정처 없이 떠도는 멋쟁이며 무애도사 구름과 만남이다. 구름의 참모습인 진경을 그려 볼라치면 종잡기 어려운 묘한 구석이 숱하다. 그 때문에 허둥대며 끝 모를 상상 거듭하다 빈손인 채 제자리로 돌아오는 한심한 꼴을 되풀이한다. 그런 구름을 어떤 의미로 정의해야 옳을까! 그 몇 가지 다른 모습의 유형이다.

젊은 날 얼 척 없이 허황된 부푼 꿈을 꾸다가 '뜬구름'을 잡으려는 과욕 같아 지레 겁을 먹고 서둘러 낮추 잡아야 했던 아픈 상처가 그 하나이다. 덧없는 세상사가 뜬구름 같아 모두를 초개같이 버리거나 내려놓고 싶은 아픔을 겪으며 애달파 했던 시련의 세월이 그 둘이다. 그런가 하면 어린 시절 배웠던 시조에서 나타난 구름이 뜻하는 간신을 떠올리게도 했다. 고려 시대 이존오(1341~1371)의 '구름이 무심탄 말'이라는 시조에서 구름을 간신 신돈(辛旽)으로 에둘러 빗대서 표현했는데 그 셋이다. 한편, 일촉즉발의 전쟁 위기 상황을 전운(戰雲)이 감돈다는 표현이 그 넷이다. 마지막으로 우리의 가요에서는 정처 없이 떠도는 '구름 나그네'라고 서정적으로 표현하고 있는데 그 다섯이다. 이들 외에도 구름은 천의 얼굴 다양한 모습으로 변화무쌍한 성정 때문에 그 본래의 참모습을 제대로 묘사하기 힘들다.

구름 하면 날씨가 먼저 떠오른다. 비를 머금은 검은 조각구름인 매지구름은 비가 내리기 직전에 검고 어둡게 하늘을 덮거나 무너져 내릴 것 같다는 맥락에서 비구름이라고도 한다. 이는 난층운(亂層雲)의 또 다른 이름이다. 한편, 비나 눈이 내릴 듯이 짙고 검은 구름을 먹구름이나 먹장구름 혹은 암운(暗雲)이라고 일컫는다.

수직으로 발달한 구름의 한 가지 유형으로, 검은 구름이 뭉게뭉게 솟구쳐 오르면서 위쪽의 구름이 아래쪽으로 흐르듯이 흩어져 내리는 비구름을 쌘비구름 또는 소나기구름이라고 부른다. 이 이름들은 적란운(積亂雲)의 다른 이름으로, 뇌우(雷雨)와 우박이 내리며 여름철 오후에 최대로 성장하여 비를 내린 다음 서서히 소멸된다. 그리고 겨울에 눈을 내리게 할 듯이 눈구름이 낮게 드리워지면, 아무 데라도 무작정 걷고 싶은 충동에 조신하게 자리를 지키지 못해 곤혹스러운 경우가 숱하다.

덧없는 세상사를 하늘에 떠다니는 구름인 뜬구름에 비유하며 허허로운 심사를 탄식하기도 한다. 또한 들길이나 산길을 걷다가 두둥실 높은 하늘에 여러 가지 색깔로 그림을 그려 놓은 듯한 아름다운 구름인 꽃구름에 감탄했던 적이 한두 번이랴. 이 꽃구름을 채운(彩雲)이라고도 한다. 아지랑이 피어오르는 맑은 봄날 지평선 위에 수직으로 발달하는 독특한 구름 덩이가 둥글게 뭉게뭉게 솟아오르는 흰 구름을 뭉게구름 혹은 쌘구름으로 부른다. 그런데 이 아름다운 구름을 적운(積雲)이라고도 호칭한다. 한편, 작은 구름 조각이 물결이나 비늘 모양으로 규칙적으로 배열된 구름을 조개구름이나 털쌘구름 또는 비늘구름이라고 부르며 또 다른 이름이 권적운(卷積雲)이다. 이 구름은 저기압 전면에 생겨나 비가 내릴 전조(前兆)를 나타낸다.

하늘 높이 비행기가 지나간 자리에 길게 꼬리를 끌며 나타나는 흰 구름이 비행기구름이나 비행운(飛行雲) 혹은 항적운(航跡雲)이다. 그리고 보통 떠가는 구름을 열구름 또는 행운(行雲)이라고 부른다. 한편, 멀리 외돌아진 산봉우리의 꼭대기 언저리에 걸려 있는 듯이 보이는 삿갓 모양의 구름을 삿갓구름으로 호칭한다.

날씨가 맑다가 흐려지기 시작할 무렵에 흔히 나타나는 구름으로 두께가 엷어서 색이 희고 햇빛이나 달빛을 차단하지 않으며, 굼뜨게 움직이는 것처럼 보이는 구름을 새털구름이나 털구름 혹은 권운(卷雲)이라고 부른다. 이 권운을 북한에서는 비단구름으로 호칭한다. 드높은 하늘에 하얗게 펴져있는 구름으로 햇무리나 달무리가 보이며 일기가 불순해질 전조이기도 한 구름을 털층구름 또는 햇무리구름이라고 한다. 이들은 권층운(卷層雲)의 다른 이름이다. 그리고 흰색 구름 덩어리들이 모여 있어 구름 사이로 푸른 하늘이 보이며, 이 구름의 엷은 부분에서 채운이나 무지개가 잘 보이는 구름을 양떼구름 혹은 높쌘구름이라고 부른다. 이는 고적운(高積雲)의 다른 이름들이다.

하늘에 떠가는 구름 중에 실처럼 가늘고 긴 모양을 한 구름을 실구름이라고 부른다. 아울러 주로 산간지역에 비가 내릴 때 나타나는 구름으로 안개처럼 지상에 가까이 펴져있는 구름을 안개구름이라고 한다.

기상학자들의 구름 분류는 대강 이렇다. 먼저 가장 상층에 자리 잡는 상층운(上層雲 : 9~13km)은 맨 위에서부터 차례대로 권운(cirrus : 새털구름 혹은 털구름), 권적운(cirrocumulus : 조개구름이나 비늘구름 혹은 털쌘구름), 권층운(cirrostratus : 털층구름이나 햇무리구름)으로 갈래짓는다.

다음 단계의 구름인 중층운(中層雲 : 4~9km)은 고적운(altocumulus : 높쌘구름이나 양떼구름)과 고층운(altostratus : 높층구름이나 회색차일구름)으로 구분하고 있다.

그보다 아래층에 구름인 하층운(下層雲 : 4km 이하)을 난층운(nimbostratus : 비구름이나 비층구름)과 층적운(stratocumulus : 층쌘구름) 그리고 층운(stratus : 층구름이나 안개구름 혹은 두루마리구름)으로 나누고 있다.

가장 아래쪽에 발생하는 수직운(垂直雲)은 적운(cumulus : 뭉게구름이나 쌘구름)과 적란운(cumulonimbus : 쌘비구름이나 소나기구름) 그리고 비행운(飛行雲 : 비행기구름이나 항적운(航跡雲)) 등으로 구분한다.

한동안 몰입하여 구름의 진경을 살피다가 언뜻 조선 시대 이항복이 귀향길에서 억울한 심사를 쉽게 읊었던 '철령 높은 봉을'이라는 시조가 떠올랐다.

철령(鐵嶺) 높은 봉(峰)을 쉬어 넘는 저 구름아
고신원루(孤臣冤淚)를 비삼아 띄워 다가
님 계신 구중심처(九重深處)에 뿌림이 어떠하리

충직한 신하의 절절한 연군(戀君) 심정을 구름이 올곧게 전 할 수 있을지 미덥지 않았다. 왜냐하면 불신이 만연해 곪아 터진 사회나 일기가 불순하고 기압골이 엉망으로 헝클어진 어지러운 세태에는 그 누구도 믿기 어렵다는 평범한 진리를 바탕으로 내뱉는 독백이다.

잠의 백태

아무리 봐도 잠자는 모습은 천태만상이다. 영아 시절 우유만 먹여 놓으면 알아서 놀다가 졸리면 두 팔을 머리 위로 뻗은 형태로서 예쁜 나비가 훨훨 나는 모양새인 나비잠을 자던 손주다. 그런 아이가 초등학교에 갓 입학한 이즈음은 밤새 온 방 안을 굴러다니는 돌꼇잠을 자면서 툭하면 달라붙거나 팔다리로 차거나 때리기 일쑤이다. 그런 행동은 잠에 취한 무의식 상태에서 일어나는 관계로 멀쩡한 정신 상태에서 방약무인한 태도에 기인하는 불한당 왈패의 짓거리와는 엄연히 구별된다. 어찌 되었던 그 때문에 밤에 자는 밤잠인데도 불구하고 깊이 드는 귀잠이나 굳잠(속잠)을 자지 못해 단잠이나 꿀잠의 기억이 가물가물하다. 벌써 두 해가까이 세월이 흘렀나 보다.

숙면이 필요함에도 잠이 깊이 들지 않아 자주 깨는 괭이잠, 자다가 자꾸 깨어 잠이 깊이 들지 못하는 노루잠, 벼룩잠, 토끼잠 따위의 경우가 잦아졌다. 그런 때문에 벌건 대낮에 자는 낮잠, 소파에 앉은 채로 자는 말뚝잠, 옷을 입은 채로 아무 데서나 쓰러져 자는 등걸잠 등으로 벌충하는 때가 왕왕 발생한다.

원래 낮잠이라는 게 밤새 온전히 자는 온 잠이나 통잠, 발을 펴고 평안하게 자는 발편잠처럼 깊이 드는 속잠과는 격이 달라 태생적 한계가 뚜렷하다. 따라서 잠이 깊이 들지 않는 선잠, 수잠, 여윈잠, 겉잠으로 끝나기 마련이다. 게다가 새우처럼 모로 누워 몸을 구부리고 자는 새우잠, 활시위 모양으로 웅크리고 자는 시위잠, 마음을 놓지 못하고 조마조마한 마음으로 자는 사로잠, 개처럼 머리와 팔다리를 오그리고 옆으로 누워 자는 개잠의 형태를 벗어나기 어려워 되레 피로가 쌓이는 적폐를 무시할 수 없다.

최근 손주와 소소한 일로 툭하면 밀당을 하는 경우가 자주 발생한다. 초등학교 새내기인 손주가 소견이 멀쩡하다. 그래서 대놓고 항명을 못하고 자는 척하며 연기를 하는 꼴을 보노라면 실소를 금할 수 없다. 거짓으로 짐짓 자는 체하는 괴잠, 겉눈을 감고 자는 체하는 겉잠, 짐짓 자는 체하는 헛잠의 모습을 보이며 탐탁지 않은 얘기를 귓등으로 흘리려 연기를 하기도 한다.

나이가 들수록 새벽에 깊이 드는 새벽잠, 아침에 드는 아침잠, 아침 늦게까지 자는 늦잠과 자연스럽게 점점 멀어지고 있다. 따라서 아침에 깨었다가 다시 드는 개잠 역시 언제 경험했었는지 뇌리에서 가물가물하다. 요즈음처럼 열대야가 빈번해지면 깨어났다가 다시 잠이 드는 그루잠이나 두벌잠 또는 사로잠을 경험하며 괴롭게 밤을 지새우기도 한다. 하기야 집안에 성능이 좋은 에어컨이 즐비하게 넘쳐나는 시대에 밤중에 잠을 깰 공산은 작을지 모른다. 그런데 어린아이에게 쏟아지는 새벽잠은 어쩔 수 없는지 매일 아침 아무리 흔들어 깨워도 정신을 못 차리는 저승잠에 흡사한 깊은 잠에 푹 빠져 헤어나지 못하는 경우가 하다하다. 하기야 잘 만큼 자고도 또 자겠다고 덧잠을 고집하지 않는 것만으로 감지덕지해야 할지도 모른다.

S 방송국의 '정글의 법칙'이라는 프로에서 팀원들의 잠자리를 보면서 지난 시절 6·25전쟁 당시 피란길에 나섰던 사람들의 잠자리가 연상되었다. 전쟁 때문에 한데서 자는 한뎃잠이 흔했다. 어쩌다가 요행으로 작은 방 한 칸 구하면 비좁은 방에 여러 사람이 한쪽 어깨만 바닥에 대고 옆으로 길게 뻗고 자는 칼잠이나 남의 발치에서 자는 발칫잠도 다디달았다는 어른들의 회고담을 들은 적이 많다. 그 시절 절박했던 의식주 문제 해결을 위한 방편으로 여자들이 자기 집에 잠자리 공간이 없어 이웃집 일을 해 주고 그 집의 빈방을 빌려 잠자리를 해결하는 안잠도 드물지 않았다.

올빼미족이 어쩌다가 저녁에 일찍 자는 일잠에 들면 습관이 되지 않아 풋잠에 시달리다가 뜬눈으로 온밤을 지새우기 십상이다. 그런 날이면 식물인간처럼 정신 못 차리고 줄곧 자는 이승잠이 몹시도 부럽게 마련일 게다. 아무라도 건강의 지름길 중에 하나는 매일 깊이 든 꽃잠, 아주 오래 깊이 자는 왕잠을 통해 숙면하는 축복이리라.

대학 재학 시절 농촌봉사활동(농활)에 여러 번 참여했다. 그 당시 들녘의 논밭에서 고된 일을 하고 나면 너무도 피곤하여 잠시 눈을 붙이는 한잠 잤으면 소원이 없겠다는 생각뿐이었다. 이 경우 고개를 절레절레 흔들어대며 아무리 참아도 나른할 뿐 아니라 자꾸 눈이 감겨오는 이슬잠이 쏟아졌다. 그럴 때 풀 섶 옆의 덤불에 몸을 숨기고 쪼그리고 앉아 잠깐 자는 쪽잠으로 비몽사몽의 어려움을 벗어나기도 했다. 그러나 자지 않아야 할 시간에 남의 눈에 띄지 않게 몰래 자는 도둑잠(도적잠)이었기에 편편치 않았던 기억이 입때까지 생생하다.

눈칫밥이나 대팻밥은 밥이라고 호칭해도 먹는 음식과 격이 판이한 개념이다. 이처럼 잠이라고 불려도 눈을 감고 의식 없이 쉬는 상태를 이르는 잠과 거리가 먼 예이다. 그 옛날 우리 조상들은 한자의 '비녀 잠(簪)'자를 여인네의 장식품으로 쓰던 비녀 종류에 많이 붙여 호칭했다. 예를 들면 고리잠, 꾸민잠, 떨잠, 말뚝잠, 개구리잠, 나비잠이 그들이다. 한편, 농사나 양잠과 연관된 것으로서 곡식의 뿌리를 해치는 해충의 한 가지인 건잠, 곡식의 이삭이나 줄기가 말라 버리는 병인 목잠, 누에의 첫 번째 자는 잠인 애기잠을 찾을 수 있다. 그리고 남정네와 관련된 내용으로서 상투머리에 망건을 쓰고 귀 근처의 머리를 쓰다듬어 올리는 물건인 빈잠이 있었다.

나이가 들수록 잠이 줄어든다는 얘기이다. 잠의 백태(百態)를 생각하며 은근히 욕심이 발동한다. 얕은 잠에 해당하는 말뚝잠, 노루잠, 토끼잠, 새우잠, 풋잠보다는 깊은 잠인 꽃잠이나 꿀잠 혹은 왕잠으로 숙면을 취한다면 크나큰 은총이리라. 그리되어 일상의 피로를 깔끔하게 풀고 정갈한 혼의 총기(聰氣)로 '날마다 좋은 날(日日是好日)'을 맞는다면 행운이련만 신이 바람대로 순순히 들어 줄까?

바람 얘기

매일 맞게 마련인 바람의 호칭은 참으로 다양하다. 예로부터 봄바람은 동풍으로 샛바람, 여름 바람은 남풍으로 마파람이나 앞바람, 가을바람은 서풍으로 하늬바람이나 갈바람, 겨울바람은 북풍으로 된바람이나 삭풍(朔風) 또는 호풍(胡風)이라고 했다. 그런가 하면 바람의 방향에 따라 그 이름을 달리했다. 낮에 바다에서 육지를 향해 부는 바람은 해풍(海風), 밤에 육지에서 바다로 향해 부는 바람은 육풍(陸風)이다. 한편, 낮에 골짜기에서 산꼭대기를 향해 부는 바람은 곡풍(谷風), 밤에 산꼭대기에서 골짜기로 향해 부는 바람은 산풍(山風)이다.

계절에 따라 방향이 바뀌는 바람으로 여름엔 바다에서 육지를 향해 불고, 겨울이면 여름과 정반대로 육지에서 바다를 향해 부는 바람이 계절풍(季節風)이다. 봄철에 중국의 미세한 황토 먼지를 머금고 부는 바람을 황사바람(黃砂風), 좁은 지역에만 부는 바람은 높새바람(foehn wind)으로 불리는 국지풍(局地風)이다. 일시적으로 풍속도 급변하며 때로는 천둥과 번개를 동반하는 바람을 돌풍(突風), 폭풍우를 동반하는 열대 저기압인 태풍(颱風) 등은 우리에게 친숙해진 삐딱한 이웃 모양새이다.

바람의 강도가 약하며 솔솔 부는 바람으로 정의되는 연풍(軟風)의 범주(category)에는 남실바람(미풍(微風) : 솔솔 부는 기분 좋은 바람), 건들바람(화풍(和風) : 화창한 바람), 흔들바람(돌풍(疾風) : 몹시 빠르고 세게 부는 바람), 된바람(웅풍(雄風) : 몹시 빠르고 기세 있게 부는 바람), 산들바람(연풍(軟風)) 등이 있다.

기상학에서는 바람의 속도를 기준으로 다음과 같이 풍력계급 1등급에서 12등급으로 갈래짓고 있다. 실바람(초속 0.3~1.5m), 남실바람(초속 1.6~3.3m), 산들바람(초속 3.4~5.4m), 건들바람(초속 5.5~7.9m), 흔들바람(초속 8.0~10.7m), 된바람(초속 10.8~13.8m), 센바람(초속 13.9~17.1m), 큰바람(초속 17.2~20.7m), 큰센바람(초속 20.8~24.4m), 노대바람(초속 24.5~28.4m), 왕바람(초속 28.5~32.6m), 싹쓸바람(초속 32.7m 이상)이 그것이다.

바람의 발원지에 따라 다양한 이름이 붙여진다. 우선 서풍으로 뱃사람들이 호칭하는 가수알바람(된하늬바람), 역시 배 사람들이 부르는 남서풍 혹은 서풍인 갈바람이 있다. 그리고 늦봄에서 초여름에 걸쳐 영서지방에서 부는 고온 건조한 바람이 높새바람(foehn wind), 산을 넘어 아래로 불며 돌풍을 일으키는 건조한 열풍이 푄(foehn)이다. 한편, 농가에서는 동풍을 동부새라 했고, 뱃사람들은 이 봄바람을 샛바람이라고 불러왔다. 그런가 하면 여름 바람으로 남풍을 마파람이라는 이름 외에 경풍(景風), 마풍(麻風), 오풍(午風), 앞바람이라고도 했다. 아울러 서풍으로 가을바람을 뱃사람들은 하늬바람으로 호칭했다. 또한 겨울바람으로 빠르고 거센 바람인 웅풍(雄風)인 북풍을 뱃사람들은 된바람이라 했고, 혹자는 되울이라고 부르기도 했다. 그 외에도 뱃사람들이 은어로 북서풍을 마칼바람이라고 한다.

봄바람 중에서 특이한 몇 가지이다. 이른 봄에 부는 차고 매서운 바람 혹은 회오리바람의 방언인 소소리바람, 이른 봄에 부는 찬바람 혹은 좁은 틈으로 새어들어 오는 찬바람인 살바람, 이른 봄에 꽃이 필 무렵에 부는 쌀쌀한 바람인 꽃샘바람, 꽃이 필 무렵에 부는 바람인 꽃바람, 모낼 무렵에 오랫동안 부는 아침 동풍과 저녁 북서풍인 죽바람은 퍽이나 이채롭다.

가을바람은 더욱 다채롭다. 가을이 막 시작되는 무렵에 불어오는 센바람 혹은 강소풍(强素風)을 뜻하는 강쇠바람, 이른 가을에 부는 선선한 바람인 색바람, 초가을에 남쪽에서 불어오는 서늘하고 부드러운 바람으로 건들마, 화풍(和風)이나 풍력계급 4등급으로 불리는 건들바람, 으스스하고 쓸쓸하게 부는 가을바람인 소슬바람, 가을에 부는 차가운 바람인 찬바람, 서리가 내린 아침의 차가운 바람인 서릿바람, 찬 서리가 내린 위로 불어오는 찬바람을 찬서리바람, 음력 시월 스무날 무렵에 부는 몹시 추운 바람인 손돌바람이 그들이다. 그리고 겨울바람 이름은 그다지 다양한 편이 아니다. 주로 겨울에 문이나 벽의 틈으로 방안에 들어오는 차가운 바람을 외풍(外風) 또는 웃바람이라고도 부른다.

어디에 바람이 부느냐에 따라 붙여진 이름이다. 낮에 산골짜기에서 산마루로 부는 바람을 골바람, 들에서 불어오는 바람을 들바람, 산골짜기와 산 사이에 부는 바람을 골짜기바람, 산에서 내리 부는 바람을 재넘이바람, 벌판에서 불어오는 바람을 벌바람이라고 호칭한다. 그리고 등 뒤에서 불어오는 바람을 뒷바람, 뒤쪽에서 불어오는 바람을 꽁무니바람, 돛폭의 옆쪽으로 불어오는 바람이나 옆으로 불어오는 바람을 옆바람, 좁은 곳으로 불어 드는 센바람을 황소바람, 솔가지를 가볍게 흔들며 불어오는 바람을 솔바람, 거슬러 부는 바람 혹은 마파람을 앞바람, 마주 불어오는 바람이나 맞은바람을 맞바람이라고 한다.

강을 스쳐 부는 바람은 강바람, 갯벌이나 바다에서 뭍으로 부는 바람은 갯바람, 바다에서 부는 바람은 바닷바람, 바다에서 불어오며 소금기를 품은 바람은 짠바람, 배를 타고 가는데 불어오는 바람은 뱃바람, 강이나 바다의 물 위에서 불어오는 바람은 물바람, 밤에 뭍에서 바다로 부는 바람인 육풍(陸風)은 뭍바람이라고 한다.

우리 곁에 감미롭게 살며시 다가오는 바람의 호칭이다. 보드랍고 화창한 바람을 명지바람, 시원하고 부드럽게 부는 바람을 산들바람, 약간 서늘하면서 부드럽게 부는 바람을 선들바람, 부드럽게 계속 부는 바람을 솔솔바람, 약하게 솔솔 부는 바람을 북한에서는 가는바람, 가마 타고 가면서 쐬는 바람을 가맛바람, 신이 나서 궁둥이를 이리저리 마구 흔드는 기세를 궁둥잇바람, 첫 가을에 부는 서늘한 바람을 서늘바람이라고 한다.

천재지변을 연상케 하는 바람의 조화를 엿본다. 육지나 바다에서 일어나는 강한 바람의 소용돌이가 용오름이다. 갑자기 생긴 저기압 주변으로 한꺼번에 모여든 공기가 나선 모양으로 돌면서 일어나는 바람을 돌개바람이라고 부른다. 그런데 이 돌개바람을 다른 이름으로 표풍(飄風) 또는 선풍(旋風)으로도 호칭한다. 한편, 용숫바람(나선 모양으로 갑자기 빙빙 도는 바람)을 용수바람, 갑자기 휘몰아치는 바람을 벼락바람이라고 한다.

어수선하고 궂은 초상(肖像)을 연상시키는 바람이다. 흙먼지가 섞여 부는 황사(黃砂)바람을 흙바람, 어떤 물체가 빠르게 지나갈 때 그 서슬에 이는 바람을 날파람, 일정한 방향도 없이 마구 휘몰아쳐 부는 바람을 미친바람, 비를 휘몰아치는 바람을 비바람, 눈이나 비는 내리지 않고 심하게 부는 바람을 강바람, 눈과 함께 불어오는 차가운 바람을 눈바람이라고 한다.

드센 기세로 다가와 두렵게 만드는 바람의 모음이다. 방향 없이 이리저리 마구 부는 바람을 거친바람 혹은 왜바람이라 하고, 살을 에는 듯이 매우 차갑고 매운바람을 고추바람, 갑자기 세차게 부는 바람인 돌풍(突風)을 북한에서는 갑작바람, 살을 에는 듯이 몹시 차가운 바람을 매운바람, 바깥에서 부는 바람이나 바깥공기를 바깥바람, 쓸데없이 부는 바람을 헛바람이라고 호칭한다.

바람을 절기(節氣)에 따라 이렇게 나눠기도 했다. 춘분에 부는 바람을 명서풍(明庶風)이라고 했다. 예로부터 입춘, 입하, 입추, 입동을 일컬어 사립(四立)이라했다. 여기에 춘분, 하지, 추분, 동지를 더해 팔절(八節)이라 칭했는데, 이 팔절에 부는 바람을 팔풍(八風)이라고 불렀다. 이를 자세히 살펴보면 다음과 같다. 입춘에 부는 바람을 조풍(調風), 춘분에 부는 바람을 명서풍, 입하에 부는 바람을 청명풍(淸明風), 하지에 부는 바람을 경풍(景風), 입추에 부는 바람을 량풍(凉風), 추분에 부는 바람을 창합풍(閶闔風), 입동에 부는 바람을 부주풍(不周風), 동지에 부는 바람을 광막풍(廣莫風)이라고 했다.

바람 따라 산책길에 나서며 단순명료한 여정이려니 지레짐작했었다. 그런데 무궁무진한 바람의 이름과 심오한 뜻은 감춰진 보물 같은 그 일부와 어렵사리 조우했을 뿐인데도 얻음의 기쁨이 옹골차다. 이런 맥락에서 헛바람에 잔뜩 부풀어 오른 공허한 유랑이 아니어서 희열은 갑절이다.

비의 이름 찾아 만보

봄비인 춘우(春雨)는 서정과 낭만을 동경하며 꿈을 꾸게 마련이다. "이슬비 내리는 이른 아침에 우산 셋이 나란히…"라는 보석같이 영롱한 동요가 언뜻 떠오른다. 여기서 이슬비는 는개보다 굵고 가랑비보다 가는 비이다.

봄날 이른 아침 안개가 잔뜩 끼었는가 싶어 뜰을 내려섰던 그 어느 날이었다. 안개처럼 보이지만 이슬비보다 가늘게 내리는 비인 는개가 내려 반가운 마음이 앞섰다. 우산도 챙기지 않고 꿈꾸듯 발밤발밤 걸으며 낭만의 멋을 누려보리라는 감정에 휘말려 들떠버리고 말았다. 한적한 오솔길을 우적우적 찾아 나섰다가 어느결에 물에 빠진 생쥐 꼴이 되어 낭패를 당했던 씁쓰레했던 적이 있다.

소리 없이 사부작사부작 내리던 는개가 야속하게도 이슬비보다 굵지만 가늘게 내리는 비인 실비 혹은 가랑비로 변했는가 싶었다. 그런데 우물쭈물하는 사이 보슬보슬 내리던 가랑비가 보슬비로 바뀌어 대책 없이 나섰던 나를 마냥 농락했었다. 그래도 이들은 한결같이 세우(細雨)이기에 정겨운 마음에 민낯 그대로 맞을 수 있어 차라리 행복했다.

예로부터 절기나 농사일에 맞춰 내리는 생명줄 같은 비를 급시우(及時雨) 혹은 호우(好雨)라고 불렀다. 이 유형에는 이런 것들이 있다. 못자리를 만들 무렵에 맞춰 내리는 봄비가 낙종(落種)물, 매실이 익어갈 쯤에 내리는 음력 유월 이전에 내리는 비가 매우(梅雨)이다. 아울러 모낼 무렵 한목에 내리는 비가 목비, 모종하기에 알맞게 때맞춰 내리는 비가 모종비, 모를 모두 낼만큼 흡족하게 오는 비가 못비이다. 이들 비를 경우에 따라서 단비, 감우(甘雨), 호우(好雨), 영우(靈雨) 따위로 다양하게 불리기도 한다.

특정한 때에 내리는 비를 확연히 구별되는 별칭으로 부르는 게 우리네 정서이다. 칠석 전후에 내리는 비를 견우와 직녀가 탈 수레를 씻은 물이 흘러내린다는 뜻에서 세차우(洗車雨)라고 했다. 그리고 칠석 당일에 비가 내리면 기쁨의 눈물이고, 이튿날 내리면 헤어지는 슬픔의 눈물이 흘러 지상으로 내리는 비라고 하여 쇄루우(灑淚雨)라고 일렀다. 그런가 하면 칠월 칠석에 오는 비를 칠석물, 칠월 백중이나 그 무렵에 내리는 비를 백중물, 복날이나 그 안팎에 오는 비를 복비라고 호칭한다. 또한 보름 앞뒤로 내리는 비나 눈을 보름치, 그믐이나 그쯤에 내리는 눈비를 그믐치라고 이른다.

우기에 접어든 여름비(夏雨)는 아무라도 무지막지하며 인정사정 없는 방약무인의 망나니 면모를 유감없이 드러낸다. 장맛비인 임우(霖雨)는 공포나 두려움의 대상이기 쉽고, 갑자기 많이 쏟아지는 폭우(暴雨), 짧은 시간에 내리퍼붓는 호우(豪雨)를 극우(劇雨) 혹은 모다기비라고 했다. 한편, 심하게 퍼붓는 심우(甚雨), 세차게 내리다가 곧 그치는 소나기, 억수 같이 쏟아지는 소나기인 취우(驟雨) 등은 접어주려해도 왈패 패거리의 이미지를 지우기 어렵다.

가을비(秋雨)는 여름철 여러 날 계속 억수로 내리는 장마인 억수장마의 품격과 완연하게 다르다. 비가 내리다 개고 또 내리다가는 개는 장마인 건들장마나 날이 흐려 침침한 상태로 지겹도록 내리는 비인 궂은비가 내리기도 하고, 굵고 거세게 한동안 퍼붓는 작달비도 있다.

가을비의 참모습은 놋날*처럼 가늘게 비끼며 내리는 비인 날비나 가을 생량머리 무렵에 내리는 차가운 비인 찬비 같은 자태는 지난 세월을 돌아보도록 분위기를 몰아간다. 게다가 가을비는 비가 갠 뒤에 바람이 불고 기온이 낮아지는 현상인 비거스렁이는 빗밑*을 무겁게 만들기도 한다. 그래서 곡식이 여무는데 독이 되거나 가을걷이에 치명타를 안겨주는 밉상일 개연성이 크다. 이래저래 가을비는 단풍과 조락 그리고 가을걷이가 끝난 텅 빈 들판엔 소슬함으로 가득 채워져 애상(哀想)이나 돌아봄과 찰떡궁합이지 싶다.

겨울비(冬雨)는 비련의 잉태 같은 낯선 모습으로 밉상이기 십상이다. 마치 고결한 안방마님인 하얀 눈(白雪)의 축제가 질펀하게 펼쳐져야 할 마당에 눈엣가시 같은 시앗이 막무가내로 야금야금 밀고 들어서며 조강지처 자리를 꿰차려는 행패 같아서 언짢고 엄청 얄밉다. 그런 까닭에 스산한 날씨가 빙점을 향해 치달음으로써 움츠러들 수밖에 없다. 이런 엄동에 어울리지 않게 추적추적 내리는 비는 삭막한 가슴을 속절없이 비감(悲感)으로 내몬다. 그런 겨울의 혹독한 정경의 정취가 숨통을 조여 질식할 것 같은 참담함을 곱씹어야 하는 게 고역스러워 외면하려고 애를 쓴다.

가뭄에 약간 오다 마는 비를 이르는 소우(小雨)가 호미자락*이나 보자락*에 다다를 정도 내리면 감지덕지한 하늘의 시혜이리라. 게다가 맑은 날에 잠깐 뿌리는 비인 여우비는 고약한 면이 적지 않다. 미처 대처하지 못한 채 길을 나선 길손이나 눈코 뜰 새 없이 종종거리는 아낙들이 비설거지에 허둥대도록 만드는 심술쟁이 꼬락서니를 여지없이 드러내기도 하기 때문이다. 그런가 하면 아름다운 계절의 밤에 내리는 비인 조용한 밤비는 호젓해서 좋다.

역시 비의 계절은 여름이다. 그 옛날엔 오란비로 불리던 장맛비는 비바람을 동반하게 마련이었다. 여름철 흔히 만나는 장대비 모습의 빗줄기는 공포의 대상으로, 그 빗소리는 우리를 기함시키기도 한다. 그렇지만 장마의 뒤 끝에 내리는 개부심*은 지저분해진 환경에 대해 결자해지라는 맥락에서 절묘한 자연의 이치에 혀를 내두르게 한다.

비 이름 찾아 나선 만보(漫步)에 혼곤히 취하여 유유자적하다 보니 얼추 반백년 전 대학 시절에 인기를 끌었던 유행가 '보슬비 오는 거리'를 부르던 풋풋한 모습의 가수 성재희가 대학축제에서 열창하던 아련한 모습이 희미하게 너울처럼 아른댄다. "보슬비 오는 거리에/ 추억이 젖어 들어"로 시작되는 노래다. 노래도 세월도 아득하게 흘러간 지금 나의 격과 찰떡궁합일 비는 어떤 것인지 꼼꼼히 짚어 봐도 당최 깜깜한 오밤중이다.

---

* 놋날 : 돗자리를 짤 때 날실로 쓰는 노 끈이다.

* 빗밑 : 내리던 비가 그치고 날이 개기까지의 과정을 뜻한다.

* 호미자락 : 땅에 스며드는 물기의 정도가 호미 날 길이만큼 오는 비이다.

* 보자락 : 땅에 스며드는 물기의 정도가 쟁기의 보습(쟁기나 극젱이의 술바닥에 맞추는 삽 모양의 쇳조각) 날이 들어갈 정도로 내리는 비이다.

* 개부심 : 장마 뒤에 쉬었다가 한꺼번에 몰아서 퍼붓는 비가 멍개(갯가나 흙탕물이 지나간 자리에 앉은 검고 보드라운 흙)를 말끔히 부시어 내는 비이다.

달과 친해지기

달달한 달의 곁으로 파고들기이다. 달에 버금갈 정도로 서정적이고 살갑게 묘사된 신비한 천체가 또 있을까? 유사 이래 헤아리기 어려울 만큼 다양한 글이나 문학 작품에서 그려지던 달은 인류의 영원한 애인이며 상상 속의 안식처였다. 그래서 달이라고 하면 공연히 광대덕담이라도 늘어놓고 싶은 심정이다. 이달에 다가가기이다.

우리 눈에 보이는 달의 모양은 변한다. 그 까닭은 달이 한 곳에 정지해 있지 않고 지구 주위를 돌기 때문에 한 달을 주기로 그 모양이 바뀐다. 실제로 달은 한 달에 지구를 얼추 한 바퀴 돈다. 그래서 달은 매달 음력으로 초승에서 그믐으로 가면서 초승달, 상현달, 보름달, 하현달, 그믐달, 삭 등으로 나뉜다. 그 특징을 간추리면 대강 이렇다.

초승달은 음력으로 초사나흘 무렵에 뜨는 달로서, 해가 뜬 직후에 동쪽에서 뜨기 때문에 뜨는 모습이나 떠 있는 모습도 낮이라서 보기 어렵다. 그리고 남쪽 하늘의 정중앙인 남중(南中)에는 정오(正午) 위치하며, 해가 진 직후에 서쪽으로 지는 관계로 초저녁에 그 모습이 서쪽 하늘에 잠깐 나타났다가 사라진다. 이 초승달과 유사한 뜻으로 각월(却月), 미월(眉月), 세월(細月), 신월(新月), 옥구(玉鉤), 초월(初月), 현월(弦月)이라고 호칭한다.

흔히 상현(上弦)달과 하현(下弦)달을 들먹인다. 여기서 현(弦)은 '활의 시위(弦)'인 줄에 해당하는 부분을 뜻한다. 그러므로 상현달은 현이 위로 향한 형태의 달을 지칭한다. 그리고 하현달은 현이 아래로 향한 형태를 말한다. 그런데 상현달이라고 해도 현이 늘 위쪽에 있는 것처럼 보이지 않는다. 달이 서쪽 하늘에 떠 있을 때만 현이 위쪽으로 향한 형태를 띤다. 그런 까닭에 초보자들은 음력 매월 상순인 초이레 혹은 초여드레에 뜬 달로서 '달의 오른쪽 부분이 맑고 밝은 경우'를 상현달로 보면 무난하지 싶다. 한편, 하현달은 매달 음력 하순인 스무이틀 혹은 스무사흘에 뜬 달로서 '달의 왼쪽 부분이 맑고 밝다'는 특징을 기억해 두면 헷갈리는 혼란을 피할 수 있다.

상현달은 초승달과 보름달의 중간 모습의 반달로써 둥근 쪽이 아래를 향한다. 이는 정오 무렵 동쪽에서 떠오르고, 남중(南中) 시각은 해가 질 무렵이며, 자정(子正) 무렵에 서쪽으로 진다. 한편, 음력 매월 상순(上旬)에 뜨는 달로서 달의 오른쪽 부분이 맑고 밝다.

보름달(full moon)은 음력 보름을 전후로 보이는 원형으로 꽉 찬 달의 모습을 이르는 말로서 만월(滿月), 영월(盈月), 전월(全月), 망월(望月)* 따위로도 불린다. 달이 태양과 지구의 반대편에 위치하여 완전히 빛나는 때가 만월 혹은 보름달이다. 그리고 보름달 중에서 지구와 달의 거리가 평소보다 가까워지는 시기에 뜨는 보름달을 슈퍼문(super moon)이라고 한다. 한편, 이 보름달은 해가 질 무렵에 동쪽에서 뜨고, 남중에 이르는 시각은 자정이며, 동쪽에서 해가 뜰 때 서쪽으로 진다. 한편, 크리스마스 날 밤에 뜨는 보름달은 행운을 가져다준다는 뜻에서 럭키문(lucky moon)이라는 이름이 붙여졌다. 지난 1977년에 럭키문에 떴었고, 금년(2015년) 크리스마스 날도 뜰 것이다.

블루문(blue moon)이라는 개념이 있다. 이는 양력 날짜로 한 달에 보름달이 두 번 뜨는 현상에서, 두 번째로 뜬 달을 일컫는 말로써 달의 색깔과는 상관없는 용어이다. 그리고 매년 첫 보름날에 뜨는 보름달을 울프문(wolf moon)이라고 호칭한다. 아울러 태양, 지구, 달이 일직선상에 놓여 지구의 그림자가 달을 가리는 개기월식 때 붉게 보이는 달을 블러드문(blood moon)이라고 한다*. 이 블러드문은 지구 대기를 통과한 빛 중에서 파장이 긴 붉은 빛이 보름달에 도달해 달을 붉게 물들이기 때문에 나타나는 현상이다.

하현달은 초저녁에는 보이지 않고 자정에 동쪽에서 뜨며, 남중에 이르는 시각은 해가 뜰 때이고, 정오에 서쪽으로 진다. 그리고 매달 하순(下旬)에 뜬 달로서 달의 왼쪽 절반쯤 보인다. 그러므로 달의 왼쪽 부분이 맑고 밝으면 하현달로 생각하면 된다. 결국 하현달은 활(弓)의 현을 엎어 놓은 형상이기 때문에 달의 둥근 쪽이 위를 향한 모양새이다.

그믐달(old moon)은 음력 스무엿새나 스무이레 경에 뜨는 달로서 일출(日出) 직전 동쪽에서 뜨기 때문에 일출 바로 전 잠깐 동쪽하늘에서 보였다가 순식간에 해가 뜨면서 보이지 않는다. 정오에 남중에 이르며, 해가 지기 직전에 서쪽으로 진다. 이런 연유로 그믐달은 새벽에 일찍 일어나 일부러 보려고 벼르지 않으면 볼 수가 없으며 초저녁엔 보이지 않는다. 초승달의 반대로 작아진 달로서 새벽녘에 잠시 보였다가 해가 떠오르면서 사라지기 때문에 그믐달의 뜨고 지는 과정에 대한 관측 기록이 거의 없다.

음력으로 그믐을 삭(朔)*이라 한다. 삭에는 달이 뜨지 않는다. 그러나 해가 뜰 때 동쪽에서 떠서, 정오에 남중에 이르렀다가 해가 질 때 서쪽으로 진다는 논리가 성립된다. 결국, 달의 위치가 밝은 태양 쪽에 있거나 달의 어두운 쪽이 우리를 향하고 있기 때문에 숨바꼭질하는 꼴이라서 달이 뜨지 않는 것처럼 보인다.

지난날 초등학교 시절 달달 무슨 달 쟁반같이 둥근달로 시작되는 '달', 얘들아 나오너라 달 따러 가자로 시작되는 '달 따러 가자', 아가야 나오너라 달맞이 가자로 시작되는 '달맞이' 따위의 동요를 배우며 상상의 날갯짓을 했었다. 계수나무 아래에서 토끼가 떡방아를 찧는다는 전설을 철석같이 수용한 채 아름다운 선계(仙界)를 그리는 꿈을 키웠다.

학업을 위해 타지를 떠돌던 어린 시절 "해는 져서 어두운데 찾아오는 사람 없어 / 밝은 달만 쳐다보니 외롭기 한이 없네"라는 고향생각이라는 노래가 들려주듯이 달은 뼈저린 외로움을 달래며 서러움을 마음속으로 삭이는 방편이 되었다.

질풍노도의 젊은 시절을 건너뛰고 장년에 이를 무렵 "이화(梨花)에 월백(月白)하고 은한(銀漢)은 삼경(三更)인제 / 일지춘심(一枝春心)을 자규(子規)야 알랴마는 / 다정(多情)도 병(病)인양하여 잠 못 들어 하노라"라는 이조년(李兆年)의 다정가(多情歌)에 끌리면서 돌아봄과 나의 존재를 생각하는 시간이 부쩍 늘어났다.

종심의 고개를 넘을 무렵부터 허허로움에 허덕이고 있다. 그래서 이태백의 월하독작(月下獨酌)이란 시조 구절에 자꾸 마음이 끌린다. 이를 읊조리다 보면 달과 어울리는 신선 같은 풍모가 떠오르고 달의 시인, 술의 시인의 면모가 돋보이며 달관과 조감의 지혜가 자꾸 그리워진다. "꽃 새에 놓인 술 한 동이 / 따라 주는 친구 없이 홀로 마시노라 / 잔 들어 밝은 달을 맞이하고 / 그림자 더하니 세 사람이 되었고녀".

지난 1969년 7월 20일의 사건이다. 아폴로 11호를 타고 가서 인류 최초로 달에 첫발을 내디뎠던 닐 암스트롱(Neil Armstrong) 내뱉은 첫 마디이다. "이것은 비록 한 인간의 작은 발걸음에 지나지 않을지 모르지만, 인류로서는 위대한 도약이다(That's one small step for man, one giant leap for mankind)". 그 순간 과학이라는 가공할 핵폭탄이 수많은 사람들의 또랑또랑한 미지의 꿈을 야멸치게 폭파시켜 산산조각내서 허공으로 날려 보낸 격이 아닐까? 서정과 꿈의 대상이었던 달이 과학에 의해 강제로 발가벗겨진 삭막한 세월에 달의 이모저모를 캐는 사고(思考)의 여정이 과연 의미가 있는지 헷갈린다.

---

* 망(望) : 음력 보름이나 지구를 중심으로 해와 달의 위치가 일직선이 되는 때 또는 그때의 달을 뜻한다.

* 양력으로 2018년 1월에는 보름이 두 번 있는 달이다. 즉, 1월 1일은 음력으로 2017년 11월 15일로 이날 뜬 보름달은 울프문(molf moon)이다. 그리고 1월 31일은 음력으로 2017년 12월 15일로서 이날 뜨는 보름달은 슈퍼문(super moon)인 동시에 블루문(blue moon)이며 그리고 블러드문(blood moon)이 되는데, 이는 지난 1983년 이후 35년 만에 맞는 특이한 경우라고 한다.

* 삭(朔) : 해와 지구 사이에 달이 들어가서 일직선으로 되는 때이다.

실개천에서 강으로

빗방울이 땅에서 흘러가는 물길 얘기이다. 크고 작은 빗방울이 땅에 떨어져 높은 곳에서 낮을 곳으로 물길이 열리며 흐르는 아주 작은 개천이 실개천이다. 이와 엇비슷한 의미로 가늘게 흐르는 개천이 소류(小流)이다. 그런가 하면 폭이 아주 좁다란 작은 물줄기를 실개울이라고 부르며, 골짜기나 들에 흐르는 작은 물줄기를 개울이라고 한다.

실개울이나 개울 따위가 흘러내리며 한둘 혹은 몇 개가 모여 산골짜기나 평지에서 흐르는 자그마한 내를 시내 또는 소계(小溪)라고 호칭한다. 그리고 시내보다는 크고 강보다는 조금 작은 물줄기가 내 혹은 개천(開川)이다. 또한 내와 시내를 아울러 이르는 말이 계천(溪川)이다. 그런데 육지의 표면에서 일정한 물길을 따라 흐르는 큰 물줄기 다시 말하면 크고 작은 강이나 시내를 아우르는 말이 하천(河川)이다. 이런 개념 때문인지 우리 법률 조문에는 하천 및 하천 부속물이 속한 토지를 하천부지(河川敷地)라고 법률용어로 명기하고 있다.

조금만 가물어도 물이 마르는 개천을 일컬어 건천(乾川)이라고 한다. 이 개념에 연상되는 게 벼농사를 짓는 논 중에서 물이 부족하여 하늘에서 비가 내리기만 학수고대해야 하는 천수답(天水畓)인 하늘바래기가 떠오른다.

두 갈래 이상의 물줄기가 한데 모이는 지점을 두 물 머리 또는 합수머리라고 하며, 내나 강에서 바닥이 얕거나 폭이 좁아 물살이 빠르게 흐르는 곳을 여울, 천탄(淺灘), 물여울이라고 한다. 그런데 여울이 턱져 물살이 세차게 흐르는 곳이 여울목이며 이곳을 흐르는 물소리는 시끄럽고 소란스러워 부산한 모양새이다.

도랑은 작고 폭이 좁은 개울의 또 다른 이름이다. 이와 유사한 의미로 빗물이나 허드렛물이 흐르는 작은 도랑을 구거(溝渠), 도랑, 개골창 등으로 불리기도 한다. 그리고 물이 흐르도록 판 좁은 개울을 물돌, 도랑, 물도랑, 수거(水渠) 따위로 호칭한다. 한편, 논농사를 지으려고 논에 물을 대기 위해서 둑을 쌓고 냇물을 끌어들이는 물길이 보(洑)이다.

자연적으로 흐르는 물길 외에 사람이 물을 관리하거나 용수(用水)를 위해 인위적으로 만든 물길에 대한 이름이다. 먼저 개거(開渠), 암거(暗渠), 구교(溝橋)가 떠오른다.

위를 덮지 않고 그대로 터놓은 수로 혹은 도로나 운하가 통하도록 철도나 궤도의 밑을 가로지르게 뚫어, 위를 터놓은 작은 도랑을 개거(開渠), 개수로(開水路), 겉도랑, 명거(明渠)라고 한다. 그리고 땅속이나 구조물 밑으로 낸 도랑이 암거(暗渠), 속도랑이다. 또한 콘크리트나 돌 따위로 만든 지하의 물길이 운하나 둑을 비롯해 도로 따위의 밑을 가로질러 물이 통하게 만든 인위적 물길을 구교(溝橋), 도수거(導水渠)라고 한다.

물이 있는 곳에서 농업이나 공업용수 따위를 끌어들이기 위해 만든 물길을 용수로(用水路), 빼낸 물을 흘려보내기 위해 만든 도랑을 배수로(排水路), 배수구(排水口)라고 부른다. 그리고 논에 물을 대거나 빼기 위하여 둑이나 방죽 따위 밑으로 뚫어 놓은 구멍이 수멍이다.

물은 높은 곳에서 낮은 곳으로 흐르는 게 자연의 이치이다. 그런데 강이나 개천 따위의 물이 흐르는 줄기가 물길 혹은 하도(河道)이다. 또한 물을 보내거나 끌어들이는 통로를 물길이라고도 하며, 이를 수도(水道) 또는 수로(水路)라고 얘기한다.

작은 빗방울이 땅에 떨어지며 분수계(分水界)를 따라 높은 곳에서 낮은 곳으로 자연스럽게 실개천이나 소류가 형성된다. 그리고 이들이 하나둘 합쳐지면서 실개울이나 개울을 이룬다. 아울러 실개울이나 개울이 다시 시내나 소계가 형성된다. 한편, 시내나 소계가 몇 개씩 모이며 개천이나 계천이 형성된다. 또한 이보다 상위의 큰 개념으로 개천이나 작은 강을 포함하는 하천이라는 표현이 사용된다. 이 하천의 여러 물들이 합수되며 큰 강이 이루어진다. 우리는 넓고 길게 흐르는 큰 물줄기를 강(江)이라고 부른다. 그러므로 강은 육지를 흐르는 물의 최상위 개념이다.

강을 생각한다. 우리나라에서 제일 긴 강은 압록강(803km)이고, 동양에서는 중국의 양자강(6,300km)이며, 세계에서는 라인강(6,648km)이다. 그런데 온갖 자연환경에도 굴하지 않고 도도히 흐르던 민물인 강물은 바다에 유입되면서 지체 없이 바닷물로 변한다. 따라서 강의 끝은 민물이 자연으로 부여받은 마지막 자태의 민낯이다. 이처럼 기나긴 여정 끝에 바닷물과 몸을 섞는 순간 자신의 색깔이나 정체성을 버리는 연유가 궁금하다. 이는 새로운 탄생을 위한 창조적 파괴(Creative Destruction)이며 유기적인 승화일까 아니면 고단했던 한 살이를 미련 없이 접고 회귀라는 하늘의 섭리에 충실한 적응의 면모일까?

돌 이야기

돌을 생각한다. 지천으로 널려 흩어져 나뒹구는 까닭에 천덕꾸러기 대접을 받는 경우가 부지기수이다. 하지만 돌처럼 쓰임새가 다양한 존재도 드물다. 흔하기 때문에 성이나 담을 비롯해 탑 혹은 방천(防川)을 쌓거나 징검다리를 놓기에 적합해 널리 유용하게 쓰인다. 그런가 하면 맷돌, 연자방아, 절구, 돌확, 숫돌, 부싯돌, 돌베개로 다시 태어나기도 하며 예술품인 조각은 물론이고 다양한 토목과 건축의 요긴한 재료이기도 하다. 또한 예로부터 어린이들 놀이기구인 사방치기나 공깃돌로 쓰이기도 했다. 한편, 머릿돌, 표지석, 간판석, 비석, 제단, 묘지의 석물, 전통 한옥의 구들 따위는 우리에게 친근한 용도로 거듭난 돌의 재발견이다. 이들 용처 외에도 헤아리기 어려운 돌의 쓰임새에 따른 호칭과 만남을 위한 언중(言衆)의 말밭으로 여행이다.

주위에서 흔히 사용되는 쓰임새이다. 정초식(定礎式)에서 연월일 따위를 새겨서 일정한 자리에 앉히는 돌이 머릿돌이다. 한편, 건물의 기초를 튼튼히 하기 위해 기둥 밑에 괴는 돌이 주춧돌이다. 이 돌에는 대개 정초(定礎)라는 글과 공사 시작 날짜인 역사를 새긴다. 정초석의 유의어로 주초석(柱礎石), 모퉁잇돌, 주추, 초반(礎盤), 초석(礎石) 따위가 있다. 그리고 구김 없이 반드러워지도록 옷감 따위를 두드릴 때 밑에 받치는 돌이 다듬돌이다. 이의 유의어는 침석(砧石)이다. 아울러 건축에서 필요한 크기로 자른 돌의 표면이나 모서리를 곱게 다듬은 돌 역시 다듬돌이라고 호칭한다.

고인돌에서 예를 찾아보기 쉬운 굄돌과 받침돌과 만남이다. 물건의 밑을 받쳐 쓰러지거나 기울어지지 않도록 괴는 돌이 굄돌로서 본딧말은 고임돌이다. 고인돌에서 덮개를 받치고 있는 넓적한 돌을 또한 굄돌이라고 하며 다른 말로는 지석(支石)이다. 한편, 받침돌은 세 가지 유형의 의미로 쓰인다. 첫째로 물건의 밑을 받치는 돌로서 비슷한 말이 대석(臺石) 혹은 지석(支石)이다. 둘째로 고인돌에서 덮개돌을 받치는 돌을 역시 받침돌이라고 하고 다른 말로 고인돌이나 굄돌이라고도 한다. 셋째로 대장간의 모루처럼 기구를 만들 때 받치던 돌 역시 받침돌이라고 하고 비슷한 의미로 쓰이는 말이 대석(臺石) 또는 모룻돌이다. 그리고 부시로 쳐서 불을 일으키는 데 쓰는 차돌을 부싯돌이라고 하며 비슷한 말로 수석(燧石)이나 화석(火石)이라고 이른다.

어디에 놓느냐에 따른 구분이다. 먼저 징검다리를 만들기 위해 놓은 돌이나 땅바닥에 띄엄띄엄 놓아 질척질척한 날에 디디고 다니게 한 돌이 징검돌이다. 한편, 디디고 다닐 수 있게 드문드문 놓은 평평한 돌이나 마루 아래 같은 데에 놓아서 딛고 오르내릴 수 있게 한 돌이 디딤돌이다. 이와 비슷한 말이 석계(石階), 섬돌, 보석(步石) 따위이다. 이들 외에도 길을 걸을 때 방해가 되는 돌이 걸림돌이고, 길을 가는데 발끝에 차이는 돌이 거침돌이다. 또한 땅 위로 내민 돌멩이의 뾰족한 부분인 돌부리는 시골길을 걷는데 경계 대상으로 위험하기 이를 데 없다. 같은 돌이라도 어디에 어떻게 놓이는가에 따라 대접이 판이할 밖에 도리가 없지 싶다.

어떤 문제 해결에 어떻게 쓰이느냐에 따른 호칭이다. 경계를 표시하기 위해 세운 돌이 경계석(境界石)으로 경곗돌이나 계석(界石)으로도 불린다. 집채의 낙숫물이 떨어지는 곳 안쪽으로 돌려가며 놓은 돌이 댓돌이며 비슷한 말로는 대석(臺石)이나 석계(石階) 혹은 섬돌이라고도 한다. 한편, 교회의 주춧돌이라는 뜻으로 예수 그리스도를 비유적으로 이르는 말이 모퉁잇돌이다. 그리고 말에 오르거나 내릴 때에 발돋움하기 위하여 대문 앞에 놓는 큰 돌이 노둣돌이며, 이의 다른 호칭이 하마석(下馬石) 또는 승맛돌이다.

모양새에 따른 호칭이다. 모난 데가 없이 둥글둥글하게 생긴 큼지막한 돌이 뭉우리돌이다. 이를 무석(無隅石) 혹은 뭉어리돌이라고도 한다. 또한 모나지 않고 동글동글한 돌이 몽돌이며 이의 다른 이름이 환석(丸石)이다. 이들과 달리 모양이 모지고 날카롭게 된 돌의 제주 방언이 섭돌이다.

무언가를 잘 갈무리하기 위해 누르는 쓰임에 대한 호칭이다. 김칫독 안의 김치 포기를 눌러놓은 넓적한 돌이 김칫돌이다. 화로의 불이 쉬 사위지 않도록 눌러 놓는 조그마한 돌 혹은 기왓장 조각이나 병의 치료를 목적으로 불에 달군 돌이 불돌이다. 이를 비슷한 말로 불작지나 불자갈이라고도 한다. 물건을 꾹 눌러 두는 데 쓰는 돌로써, 흔히 독이나 통 안에 든 절임 혹은 김치를 눌러 놓은 돌이 누름돌이다. 그리고 물건을 지지르는 돌이 지지름돌이다. 예를 들면 오이를 간장에 담그고 지지름돌을 얹어 놓은 경우에 쓰이는 돌을 의미한다.

크기에 따른 구분이다. 먼저 부피가 매우 큰 돌이 바위로써 바

윗돌이나 암석(巖石) 혹은 석암(石巖)이라고도 부른다. 돌멩이보다 크고 바위보다 작은 돌이 돌덩이이고, 돌덩이보다 작은 돌이 돌멩이이다. 그리고 강이나 바다의 바닥에서 오랫동안 갈리고 물에 씻겨 반질반질해진 잔돌이나 자질구레하고 아무렇게나 생긴 돌멩이가 자갈이다. 이 자갈을 비슷한 말로 돌멩이, 돌, 자갈돌, 조약돌 따위로 부르기도 한다. 이들과 약간 궤를 달리하는 개념일지라도 직경이 2~30cm쯤 되는 둥근 돌을 호박돌이라고 한다. 이는 주로 건축이나 토목공사에서 골재로 쓰이는데 알돌이라고도 칭한다.

같은 돌이라도 다른 행성에서 태어나 우여곡절을 겪으며 지구촌으로 쏟아져 날아온 진객 중의 진객인 운석(隕石)은 현실적으로 어떤 보석보다도 귀한 칙사 대접을 받고 있다. 한편, 화석(化石)은 지질 시대에 생존한 동식물의 유해와 활동 흔적 따위가 퇴적물 중에 매몰된 채로 또는 지상에 그대로 보존되어 남아 있는 것을 통틀어 이르며 통상적인 돌과는 궤를 달리한다. 이는 생물의 진화를 비롯해서 그 시대의 지표 상태를 아는 데에 크게 유익하다.

같은 뿌리로서 생성과정이 화성암이나 퇴적암 혹은 변성암으로 조금씩 궤를 달리했을 뿐이다. 그럼에도 불구하고 푸대접을 넘어 애물단지 취급을 받는가 하면 쓰임새나 용처에 따라 엄청 존귀한 게 돌의 실상이며 진면목이다. 하기야 이같이 극과 극에 달하는 대접을 받는 경우가 어디 돌에만 적용되리요. 세상만사가 그와 별반 다르지 않을 성싶다. 이런 맥락에서 욕심을 버리라는 의미에서 황금을 보기를 돌같이 하라는 의미의 견금여석(見金如石)이란 말속에는 사리에 어긋나는 치명적인 논리적 모순이 포함된 게 아닐까!

눈을 기리며

환희의 서설(瑞雪)이다. 첫눈이 내릴 때면 가슴이 뜨거워지고 기다림이나 약속의 환상적인 순간처럼 공연히 설렌다. 남녘에 둥지를 튼 이후 심해진 병증이기도 하다. 아스라이 가물가물한 어릴 적 동무가 어른거리기도 하고 된통 앓았던 풋풋한 짝사랑의 희미한 그림자도 어렴풋이 떠오른다.

지난날 무언가를 위해 집을 나서는 참에 눈이 내리기 시작하면 일이 잘 풀리라고 축복을 내려주는 상서로운 눈인 서설 같은 느낌이 다가왔다. 그래서 마음은 천군만마의 응원군을 얻은 것 같은 희망적인 상념에 잠겨 마냥 즐거웠다. 나는 사계절 중에 겨울을 으뜸으로 꼽는다. 거기에는 풍진에 찌든 세상을 깡그리 뒤덮고 하얀 순백의 세상을 연출해 내는 눈(雪)이 있기 때문이다. 이 요술쟁이 눈과의 조우이다.

눈의 결정은 판(板)이나 각기둥(角柱) 혹은 바늘(針) 따위의 다양한 결정체를 띠는데, 육각형이 많다. 실제로 어떤 모양을 띠느냐는 주로 결정을 이룰 당시 기온에 따라서 좌우된다. 기본적으로 눈의 갈래는 다음 몇 가지로 나뉜다.

먼저 기온이 낮지 않은 포근한 날에 온화한 지역에서 많이 내리는 눈으로써 여러 개 눈의 결정이 엉겨 붙은 눈송이가 함박눈(snow flake)이다. 그리고 기온이 낮고 바람이 강할 때 함박눈보다 미세한 얼음 결정의 형태인 눈으로서 잘 뭉쳐지지 않는 건조한 가루 모양이 가루눈(粉雪 : powder snow)이다. 또한 비와 눈이 함께 내리는 경우나 눈이 녹아 비와 섞여 내리는 현상이 진눈깨비(sleet) 혹은 얼은눈이다. 아울러 불안정한 대기층에서 내리는 눈으로 백색의 불투명한 얼음 알갱이 형태가 눈싸라기(snow pellets) 혹은 싸락눈이다.

땅에 쌓인 눈이 어느 정도 높이까지 날려 올라가 눈높이의 시야를 악화시키는 것을 날린눈이라고 한다. 그리고 기온이 높을 때 내리는 눈으로 수분을 많이 머금은 것을 젖은눈(濕雪), 기온이나 햇빛을 비롯하여 비바람 따위의 영향으로 표면이 굳어진 것을 굳은 눈이나 오래된 눈이라고 부르기도 한다.

눈에 대한 또 다른 다양한 애칭과 만남이다. 사람의 키만큼 오는 길눈 혹은 잣눈, 눈이 내린 그대로 쌓인 깨끗한 숫눈, 가랑비처럼 자잘하게 내리는 가랑눈, 밤사이에 살짝 내려 어린아이들을 기쁨과 즐거움을 주는 도적눈 혹은 도둑눈, 새봄을 시샘하듯이 벚꽃 흩날리듯이 내리는 것이 갈기눈이다. 히말라야 정상에 쌓여 있는 것 같은 만년설, 발자국이 겨우 생길 정도로 내린 것이 자국눈 혹은 포슬눈이다. 한편, 장독대 같은 곳에 소담스럽게 내려 풍요로움을 나타내는 복눈(福雪), 발등까지 빠질 만큼 내린 발등눈이다. 그리고 뒤덮은 눈 위를 아무도 지나가지 않은 길이 숫눈길이고, 눈이 쌓였는데 조붓하게 뚫린 길이 눈구멍길이다.

그 옛날 평양 기생으로 알려진 매화의 시조 가락에 나타난 봄에 내리는 눈인 춘설(春雪)이 퍽이나 인상적이다.

매화 옛 등걸에 봄철이 돌아오니
옛 피던 가지에 피엄즉도 하다마는
춘설이 난분분하니 필동말동 하여라

서산대사가 즐겨 암송했으며 이양연(李亮淵 : 1771~1853)의 시 일 수도 있다고 알려진 답설야중거(踏雪野中去)는 눈길을 걷는 자세를 통해서 우리가 삶을 살아가는데 많은 생각을 일깨워주는 선시(禪詩)이다.

눈 덮인 들판을 걸어 갈 때(踏雪野中去)
그 발걸음을 어지러히 걷지마라(不須胡亂行)
오늘 내가 걸어간 발자취가(今日我行跡)
반드시 뒷사람의 이정표가 될지니(遂作後人程)

사람의 손가락 지문(finger print) 다르듯이 눈의 결정체도 같은 것이 하나도 없다고 하니 엄청 특이한 자연현상이 아닐 수 없다. 눈은 애나 어른을 불문하고 몽환적인 세계로 이끌어 사랑의 불씨를 지피는 마력을 가진 게 아닐까! 세월의 수레바퀴를 따라 뒤안길로 사라진 추억의 편린을 되살려 가슴을 따스하게 불을 지펴주는 겨울의 진객 눈에 대해 애정은 영원불변이리라.

결혼기념일 이름

지난 갑오(甲午)의 동짓달에 결혼 39주년이 지났다. 하지만 우리 내외는 그날을 입에 올리지 않고 우물쭈물 지나쳤다. 매년 그날이 오면 읊고 지나가던 아내도 이제는 지쳤는지 아니면 무심한 나를 닮아 잊었었는지 진정한 속내가 몹시 궁금하다. 결혼기념일을 제대로 기억했다가 무엇인가 멋있는 추억거리를 만들었던 적이 없다. 그런데도 그날을 어떻게 부르는지 제대로 알아보려고 이런저런 자료를 들춰봤다.

같은 결혼기념일이라도 갓 결혼해서 알콩달콩 살아가는 젊은 부부에게는 서로의 사랑을 수시로 확인할 필요가 상당했던가 보다. 서양에서 시작된 습속일지라도 기념일 명칭이 결혼 15년 차까지 거르지 않고 이름이 붙어있다. 여기서 결혼기념일의 일부와 친견이다.

1주년이 지혼식(紙婚式 : paper wedding)이다. 선물은 종이로 된 그림이나 책 또는 상품권을 주고받는다. 2주년이 고혼식(藁婚 : straw wedding) 혹은 면혼식(綿婚式 : cotton wedding)이다. 상징 보석은 우애, 총명, 불변, 진리를 뜻하는 가넷(garnet)이고 선물은 무명이나 밀짚으로 만든 제품이다. 3주년이 과혼식(菓婚式 : candy wedding)으로 상징 보석은 청순, 순결, 건강, 장수를 뜻하는 진주(pearl)이고, 선물은 과자나 사탕 종류로 알려져 있다. 4주년이 혁혼식(革婚式 : leather wedding)으로 상징 보석은 청렴, 결백, 장미, 지성을 의미하는 토파즈(topaz)이고, 선물은 가죽제품이다. 5주년이 목혼식(木婚式 : wooden wedding)으로 상징 보석은 행운, 진실, 불변을 뜻하는 사파이어(sapphire)이고, 선물은 나무 제품이다.

10주년이 석혼식(錫婚式 : tin wedding)으로 상징 보석은 영원한 사랑이나 순수 혹은 고귀를 뜻하는 다이아몬드이며, 선물은 주석(朱錫) 제품이다. 15주년이 동혼식(銅婚式 : copper wedding) 혹은 수정혼식(水晶婚式 : crystal wedding)이고 상징 보석은 열정이나 진실 또는 사랑을 상징하는 수정이며, 선물은 동이나 수정 제품으로 한다. 20주년이 도기혼식(陶器婚式 : china wedding)으로 상징 보석은 성실, 친절, 신의, 행복, 행운을 함축하는 에메랄드(emerald)이고, 도자기류를 선물로 준다. 25주년이 은혼식(銀婚式 : silver wedding)으로 상징 보석은 은이며 선물 또한 은제품이다. 30주년이 진주혼식(眞珠婚式 : pearl wedding) 혹은 상아혼식(象牙婚式 : ivory wedding)이며 상징 보석은 순결, 청순, 건강, 장수를 뜻하는 진주이다. 이때 선물은 진주나 상아 제품을 준다. 35주년이 산호혼식(珊瑚婚式 : coral wedding) 혹은 비취혼식(jade wedding)이며 상징 보석은 부부의 금슬이나 화합을 뜻하는 산호이고 선물은 산호나 비취 제품으로 한다.

40주년이 벽옥혼식(碧玉婚式 : sapphire wedding)이고 상징

보석은 사파이어이며 선물은 사파이어를 건넨다. 45주년이 옹옥혼식(紅玉婚式 : ruby wedding) 혹은 명주혼식(明紬婚式 : silk wedding)이고 상징 보석으로 루비이며 선물은 루비나 견직(絹織) 제품으로 한다. 50주년이 금혼식(金婚式 : gold wedding)으로 상징 보석은 금이며, 선물은 금제품이다. 55주년이 취옥혼식(翠玉婚式 : emerald wedding)이고 상징 보석은 에메랄드이며 선물도 비취 종류를 주고받는다. 60주년을 회혼식(回婚式) 또는 회혼례(回婚禮)라고 부른다. 한편, 75주년을 금강혼식(金剛婚式 : diamond wedding)이라고 하며, 상징 보석은 영원한 사랑, 순수, 권력, 성공, 안정을 뜻하는 다이아몬드이고 선물 역시 다이아몬드 제품으로 한다.

예로부터 우리 조상들은 사람이 사람답게 잘 살려면 3가지의 60년, 즉 3갑(甲)을 누려야 한다고 했다. 그것은 첫째로 60살을 살아 회갑(回甲)을 맞이해야 하고, 둘째로 결혼하여 부부가 60년을 해로하여 회혼례(回婚禮)를 맞아야 하며, 셋째로 과거(科擧)에 합격하여 방(榜)이 붙고 벼슬길에 나서 60년 나라의 녹(錄)을 받는 회방(回榜)을 맞는 것이라고 일렀다.

예이 비해서 과학 문명이 발달하고 살기 좋은 세상이라고 자타가 공인하는 현실에서 우리는 이들 3가지 중에서 몇 가지나 누린 삶이었을까! 이런 측면에서 나는 30년 조금 넘게 일하다가 직(職)에서 물러났으며, 회혼례는 고사하고 벽옥혼식에 이르려면 아직도 일 년 가까이 기다려야 한다. 그래도 이순의 후반 고개를 넘고 있는 아내와 고희의 초입에 들어선 내가 입때까지 별 탈 없이 동행하고 있다는 사실이 뿌듯하고 행복하다.

텃새와 철새

텃새와 철새는 적응이라는 관점에서 모두 탁월한 선택이며 적응이다. 우리말에서 터는 '건물이나 구조물 따위를 짓거나 조성할 자리'로 정의하고 있다. 이 터라는 말을 바탕으로 파생된 말의 예이다. 집터가 딸리거나 집 가까이 있는 밭을 터전이라고 부른다. 그런가 하면 먼저 자리 잡은 사람이 뒤에 오는 사람을 업신여겨 위세를 떨치거나 괴롭힘을 텃세라고 한다. 이들 말과 뿌리를 같이하고 생겨난 또 다른 말 중의 하나가 텃새이지 싶다. 새가 일정한 서식지에서 붙박이로 눌러사는지 여부에 따라 텃새와 철새로 나뉜다.

평생 동안 거의 일정한 지역에 머물며 살면서 번식하는 새를 텃새라고 부르며 유사한 개념으로 유조(留鳥)라고도 한다. 우리 강산에 뿌리내리고 붙박이 토종으로 살아가는 텃새도 큰 범주에서 가름할 때 두 가지 유형이 있다. 첫째로 경천동지할 천재지변이 없는 한 태어나 둥지를 튼 지역의 생활권을 벗어나지 않고 살아가는 진박새, 어치, 말똥가리, 동박새, 종다리, 까치, 꿩, 멧비둘기, 까마귀, 올빼미, 수리부엉이, 박새, 오색딱따구리, 참새, 흰빼검둥오리 같은 무리들이 여기에 속한다. 둘째로 여름철엔 한반도의 북쪽이나 깊은 산지를 찾아가 번식을 하고 난 뒤에 가을부터 이듬해 봄까지 남부지방이나 평지로 옮기는 식의 떠돌이 생활을 하는 새매, 말똥가리, 굴뚝새, 물까마귀 따위도 텃새이다.

텃새 중에 희귀종으로 멸종 위기에 내몰린 무리 중에서 천연기념물로 지정하여 보호하는 몇 가지 예이다. 크낙새(제197호), 매(제323-7호), 흑비둘기(제215호), 올빼미(제324호), 새매(제323호) 등이 언뜻 떠오른다.

알을 낳아 새끼를 부화해 기르는 번식지와 추운 겨울을 나는 월동지가 따로 정해져 있어 철 따라 옮겨 다니며 사는 새를 철새라고 한다. 이 철새와 유사한 뜻으로 기후조(氣候鳥)나 표조(漂鳥) 혹은 후조(候鳥)라고도 한다. 그런데 철새는 다시 겨울새(winter bird), 여름새(summer bird), 나그네새(migratory bird)로 갈래 짓는다.

겨울새는 가을에 북쪽에서 날아와 겨울을 나고, 이듬해 봄이 오면 다시 북쪽으로 돌아가 번식하며 여름을 보내는 철새로서 동조(冬鳥) 또는 한금(寒禽)이라고도 호칭한다. 기러기, 고니, 독수리, 두루미, 재두루미, 논병아리, 흰꼬리수리, 청둥오리, 쇠기러기, 가창오리 따위를 비롯해 헤아리기 어려울 만큼 많은 종류가 있다.

여름새는 봄에서 초여름에 걸쳐 남쪽에서 우리나라로 날아와 번식한 뒤에 가을에 다시 남쪽으로 가는 철새로서 하조(夏鳥)라고도 한다. 여기에 속하는 새는 제비, 두견새, 개개비, 꾀꼬리, 뜸부기, 뻐꾸기, 파랑새, 물총새, 솔부엉이 따위가 그들이다.

나그네새는 북쪽 번식지로부터 남쪽 월동지로 이동하는 도중인 봄이나 가을에 지나가며 잠시 한반도를 경유하는 동안 머무르며 쉬었다 가는 새로서 도요새, 물떼새, 제비갈매기, 흰배멧새, 꼬까참새 등이 이들 부류에 속한다.

종잡기 어려운 지구 온난화 현상 때문이라고 단정하기 어려울지라도 철새가 은근슬쩍 이 땅에 눌러앉아 이주민으로 둥지를 틀고 텃새들의 이웃으로 다부지게 자리 잡는 경우가 늘어나고 있다. 대표적인 예가 여름 철새인 물닭(coot)과 겨울 철새인 흰뺨검둥오리(spot billed duck)이다. 이들은 결국 귀화종으로 적(籍)을 올리고 뿌리를 내린 셈이다.

철새는 먼 거리를 이동하며 다양한 자연의 정경과 아름다움을 조감하며 즐길 수 있겠다는 낭만을 염두에 그릴 법하기도 하다. 하지만 먼 거리를 이동하는 행위는 처절한 삶을 위한 투쟁이라는 관점에서 보면 주어진 열악한 환경을 스스로 극복해 나가려는 냉엄한 생존전략으로 목숨을 걸고 선택의 여지가 없이 순응해야 하는 순리의 단면이기도 하다.

하나의 예이다. 전문가들에 따르면 러시아 중북부나 동북부, 시베리아 북부, 알래스카 서부에 번식하는 검은물떼새(golden plover)는 아르헨티나의 넓은 초원지대에 살기 위해서 1만 3천 킬로미터를 여행한다는 얘기이다. 그들은 이런 험난한 긴 여행을 통해서 겨울 없이 매년 두 번이나 여름을 맞으며 부여된 자연환경에 적응하는 승리자로서 지혜로움의 표상일지도 모른다.

소속 정당을 바꿔서 선출직에 입후보하는 경우를 비롯하여 별다른 연고가 없는 지역에 떠돌이 정치인이 슬며시 밀고 들어와 자리를 꿰차려고 할 때 야멸치게 몰아세우는 말 중의 하나가 철새 정치인이다. 원래 철새의 행위는 자기에게 주어진 열악한 환경을 지혜롭게 극복하려는 탁월한 대응이다. 따라서 조금이라도 민망스럽다거나 자연의 섭리를 비롯하여 사회 규범에 어긋나지 않는 떳떳하고 자랑스러운 적응 형태이다. 그런데도 두길보기를 하다가 소속 정당을 식은 죽 먹듯이 바꾸는 경우나 부평초처럼 유랑하다가 구차한 변명을 주워섬기면서 지역구를 수시로 바꾸는 떠돌이 정치인 부류를 왜 철새에 비유하기 시작했는지 그 연유가 궁금하다. 아마도 서푼짜리도 되지 않는 뜬구름 같은 명예에 눈이 멀어 매두몰신하는 파렴치를 폄하하려는 삐딱한 마음이 담겨 있지 않을까!

그리 오래되지 않은 우리의 얘기이다. 산업화 바람이 거세게 몰아치면서 농어촌에서 농·수산업을 천직으로 여기며 삶을 꾸리다가 부평초처럼 도시로 밀려나 철새같이 새로운 정착지를 찾아 헤매던 새로운 개념의 실향민들이 부지기수였다. 이들 신종 디아스포라(diaspora)가 도시민으로 뿌리내리며 부(富)까지도 축적했다. 이들에 비해서 고향과 선산을 지키며 태를 묻은 곳에 똬리를 틀고 영원한 지킴이를 자청했던 부류도 적지 않았다. 그들 옹고집 텃새들이 누리는 삶의 질이나 문화적 환경은 고향을 등졌던 유랑민들에 비해 까마득하게 뒤처진 게 움직일 수 없는 현실이다. 이런 맥락에서 토박이 텃새가 발 빠르게 현실을 극복해 나가려는 철새 무리를 무조건 싸잡아 몰아세우며 질시하거나 폄훼할 일이 아닌 듯하다.

고개 소고

산악이 발달한 지형적 영향을 받은 까닭이었으리라. 우리 주위엔 고개나 령(嶺)을 비롯한 재라는 이름이 붙은 곳이 헤아릴 수 없이 많다. 사전에 따르면 령(嶺)은 "재나 산의 이름 아래에 쓰이는 접미사."라고 풀이하면서 대관령과 추풍령을 예로 열거하고 있다. 그런가 하면 고개(mountain passes)는 "산으로 가로 막힌 두 지역을 넘어가는 길목으로 양쪽 지역을 잇는 중요한 길."이라 밝히고 있다. 한편, 재는 "사람이 넘어 다닐 수 있도록 길이 나 있는 높은 산의 고개."라고 정의한다. 이들을 좀 더 살필 요량으로 자료에 가까이 다가갔더니 령은 현(峴), 치(峙), 점(岾), 항(項) 따위의 한자어와 고개, 재, 목, 퇴, 티와 같은 순수한 토박이말을 뒤섞어 다양하게 불러왔었다.

지리학적인 관점에서 령(嶺)은 산줄기가 낮아져 안부(鞍部 : 봉우리와 봉우리 사이의 우묵한 곳)를 이루는 부분을 호칭하는 말이다. 이는 단층선(斷層線)을 따라 발달하거나 습곡작용(褶曲作用 : folding)*을 받아 낮아진 곳에 형성된다. 보편적으로 령은 분수계(分水界 : drainage divide)*를 이룬다. 그리고 령의 양쪽에 낮은 골짜기를 따라 길이 길게 발달하는 게 보편적인 현상이다. 이렇게 발달한 양쪽 골짜기를 연결하는 령을 중심으로 교통로가 발달했다.

다양한 명칭 중에 가장 많이 사용되는 것이 령(嶺)이다. 이는 단순하게 고개만이 아니라 산맥(山脈)을 대표하는 이름으로 마천령(摩天嶺)이나 차령(車嶺)식으로 통용되기도 한다. 또한 치(峙)는 토박이말인 고개나 재 따위와 같은 의미로 쓰인다. 그런데 치(峙)는 '산 우뚝한 치'자로 그 자체가 고개를 뜻하기 때문에 웅치(熊峙), 유치(油峙)*, 유치(柳峙), 울치(蔚峙), 율치(栗峙), 솔치(松峙), 선치(蟬峙), 구치(龜峙)의 경우와 같이 하나의 접미어로 이루어진 지명이 사용되기도 한다. 또한 일반적으로는 우금치(牛禁峙)나 희여치(希汝峙) 처럼 쓰이고 있었다. 이에 반하여 일부 지방에서는 행치령(杏峙嶺), 고치령(古峙嶺), 광치령(廣峙嶺), 후치령(厚峙嶺), 주치령(走峙嶺)과 같은 형태로 고개를 의미하는 말을 중복해서 사용하는 경우가 숱했는데, 이는 어쩌면 '처갓집', '역전앞'과 같은 유형의 모순이 내포된 예가 아닐까.

현재 점(岾)은 거의 쓰이지 않는 지명이다. 하지만 그 옛날 문경새재를 초점(草岾 : 억새풀고개)라고 불렀다는 기록과 강화의 하점면(河岾面)이 보일 정도이다. 아울러 '고개 현'자인 현(峴)을 사용한 고개 이름은 상당히 흔하게 쓰이고 있다. 예를 들면 아현(阿峴), 도리현(桃里峴), 만리현(萬里峴), 성항현(城項峴), 율현(栗峴), 용현(龍峴) 등이 그들이다. 그리고 항(項)은 안부(鞍部)를 뜻하는 말로서 낮은 고개에 붙였다는 전언으로 서천의 장항(長項), 일산의 장항(獐項), 홍성의 구항(龜項), 부산 강서의 대항(大項) 등이 보였다.

한자로 표기하려는 때문일까? 언중(言衆)이 입말로 재라고 말하면서도 표기에서는 한자의 치(峙)로 쓴 경우가 허다하다. 간월재(肝月峙), 갈두재(葛頭峙), 덕산재(德山峙), 석남재(石南峙), 솔재(松峙), 용화재(龍化峙) 등이 그런 유형들이다.

토박이말 중에서 고개와 재는 전국적으로 널리 쓰였다. 한편, 목은 비들목, 명지목, 장터목, 밀목, 오리목 따위의 예가 보였다. 또한 티는 말티나 솔티 등의 예가 눈에 띄었다. 그리고 퇴는 그 사용 예를 찾기 어렵게 사라졌었다.

우리 정서에 고개는 실존과 상상 속에 고루 존재했던 것 같다. 상상의 고개로서 민요인 경기아리랑의 가사 "아리랑 아리랑 아라리요 / 아리랑 고개로 넘어 간다"에서 나타나는 고개가 그 예이리라. 이에 비해 뚜벅이처럼 발품을 팔지 않으면 움직이기 어려웠던 시절 현실의 고개에는 형용하기 어려운 수많은 사연이 오롯하게 새겨졌을 게다.

험한 고개를 넘어 천만리 머나먼 유배지로 한 많은 귀양살이를 떠나던 조선 시대 충신 이항복은 절절한 연군(戀君)의 심정을 이렇게 읊고 있다.

철령(鐵嶺) 높은 봉(峰)을 쉬어 넘는 저 구름아
고신원루(孤臣寃淚)를 비삼아 띄워 다가
님 계신 구중심처(九重深處)에 뿌림이 어떠하리

그 옛날에도 나라님이나 고관대작들은 아무리 험한 고갯길이나 먼 길도 아랫것들이 나름대로 탈 것을 준비하기 때문에 그다지 어려움을 겪지 않았을 것이다. 하지만 민초들은 단 한 발짝을 움직여도 자신의 다리품을 팔아야 했다. 그것도 삶을 위해 무거운 짐을 이거나 걸머져야 했던 민초들을 비롯하여 등짐장수(負商)나 봇짐장수(褓商) 등이 인적이 드문 험준한 고개를 넘으며 겪은 한 많은 사연이 구절양장처럼 서리서리 쌓여 어쩌면 그들이 넘었던 고개보다도 더 높아졌을 게다.

켜켜이 한이 쌓인 고개이기에 대중가요에 흔히 등장하지 싶다. 울고 넘는 박달재, 비 내리는 고모령, 추풍령, 단장의 미아리 고개 따위가 이런저런 사연을 말해주는 대표적인 예이다. 그런가 하면 문사(文士)가 읊조린 고개는 사뭇 서정적이고 낭만의 대상이 되기도 했다. 가람 이병기님은 아차산이란 시조에서 이렇게 낭랑하게 들려주고 있다.

고개고개 넘어 호젓은 하다마는
풀 섶 바위 서리 빨간 딸기 패랭이 꽃
가다가 다가도 보며 휘휘한 줄 모르겠다

옛날 옛적 터널도 없으며 다른 교통수단도 변변치 않았던 시절 크고 작은 고개를 넘던 시절을 회상한다. 고개 너머 저쪽에 볼 일을 위해 높고 지루한 데다가 인적이 없는 고갯길은 어쩌면 끈기나 체력 시험장을 방불케 했으리라. 고개로 올라가는 길인 고갯길에 들어서기 무섭게 험한 길인 고개티를 만나 가쁜 들숨과 날숨을 몰아쉬며 허기진 배를 부여잡고 어렵사리 고개의 마루터기인 고개턱에 도착하여 쉬면서 숨을 돌렸으리라.

높은 마루터기에 앉아 고개의 양쪽을 굽어보며 조금 전에 지나왔던 길을 더듬어보고 가야 할 길을 어림짐작으로 그리면서 무슨 생각에 이르렀을까? 디지털 시대인 지금은 전국이 사통팔달로 잘 닦인 길로 이어지고 높고 험한 고개에는 예외 없이 터널이 뚫려 있다. 따라서 그 옛날 걸어서 험준한 고개를 넘어야 했던 시절 괴나리봇짐에 여벌의 짚신 몇 켤레가 덜렁대던 우스꽝스러운 과객의 모습은 상상 속에서도 아련하다.

---

* 습곡작용(褶曲作用) : 지각(地殼)이 횡압력(橫壓力)을 받아 구부러지는 현상을 뜻한다.

* 분수계(分水界) : 물이 서로 다른 수계(水界)로 흘러가는 유역의 경계. 일반적으로 산마루나 산맥으로 이루어져 있어 분수령(分水嶺)이라고 한다. 하지만 평야나 고원이 분수계를 이루는 경우도 있다.

* 유(油) : 조선 시대 우유 또는 유제품(乳製品)을 유(油), 유(乳), 낙(酪), 타락(駝酪), 유락(乳酪) 등으로 호칭했다.

Ⅱ. 명태의 또 다른 이름

명태의 또 다른 이름

여러 이름을 쓰는 사람은 사기꾼같이 구린 구석이 있거나 떳떳하지 못한 경우가 많다. 이에 비해서 서민들의 사랑을 독차지 해오던 명태(明太)는 무척 다양한 이름으로 호칭돼도 문제 될 게 없다. 지역과 상태나 포획 방법 따위에 따라 헤아리기 어려울 만큼 다양한 이름으로 불리고 있다. 이처럼 다양한 이름으로 호칭되는 까닭은 우리 서민 생활에 그만큼 친숙한 먹거리였다는 사실을 방증한다고 봐도 무리가 없지 싶다.

지역에 따라 강원도와 경기도 이남에서는 북어(北魚), 동해연안에서는 동태(凍太)라고도 부른다. 한편, 갓 잡아 자연 그대로의 싱싱한 상태를 생태(生太) 혹은 선태(鮮太), 주낙으로 잡으면 조태(釣太), 낚시로 잡으면 낚시태, 유자망(流刺網)으로 잡으면 그물태 혹은 망태(網太)로 호칭된다.

명태의 새끼를 노가리 혹은 앵치라고 한다. 이 처럼 성어와 새끼의 이름이 다른 몇 가지 예이다. 숭어 새끼를 모쟁이, 가오리 새끼를 간자미, 농어 새끼를 껄떼기, 갈치 새끼를 풀치, 방어 새끼를 마래미, 고등어 새끼를 고도리, 전어 새끼를 전어사리라고 부른다.

명태가 잡힌 계절을 기준으로 겨울에 잡으면 동태(凍太), 봄(3~4월)에 잡히는 것을 춘태(春太), 가을에 잡으면 추태(秋太), 산란하여 살이 별로 없어 뼈만 앙상한 것을 꺾태, 산란 전에 알을 밴 상태로 잡힌 것을 난태(卵太)라고 호칭한다. 또한 명태는 어느 달에 잡히느냐에 따라 일태(一太), 이태(二太), 삼태(三太), 사태(四太), 오태(五太), 동지받이, 섣달받이 등으로 이름이 붙여진다. 명태의 크기에 따라서 대태(大太), 중태(中太), 소태(小太), 왜태(倭太), 아기태로 구분하기도 한다. 그 외에도 명태가 금처럼 귀하다는 뜻에서 금태(金太), 원양과 동해안 것을 구분하기 위해서 진태(眞太), 머리를 잘라내고 몸통만 건조시킨 것을 무두태(無頭太)라고도 부른다.

또 다른 관점에서 명태의 구분이다. 바다에서 갓 잡아 올린 것을 생태, 잡아서 꽁꽁 얼린 것이 동태이다. 아울러 반쯤 말린 것을 코다리, 바닷가에서 완전히 말리면 북어, 명태 새끼를 말린 것을 노가리 혹은 앵치, 북어와 달리 높은 대관령이나 한계령 고갯마루나 고랭지 벌판에서 겨우내 말린 것이 황태(黃太)이다.

명태를 황태로 건조시키는 과정에서 덕장의 기후조건이 완벽해야 특급 품질이 만들어진다. 그러므로 명태를 건조시키는 덕장의 환경 조건이 부적합하거나 관리 상태가 기본 요건을 충족시키지 못하면 불량 제품이 발생하게 마련이다. 이 불량품의 유형을 대강 다음과 같이 나뉜다.

명태를 건조시키는 과정에서 지나치게 바람이 많이 불어와서 육질이 흐물흐물해진 찐태, 기온이 높은 날이 오래 지속되어 검게 변한 먹태, 기온이 높아 충분히 얼부풀기가 반복되지 않고 곧바로 건조되어 딱딱한 깡태, 속살이 딱딱하여 부드럽지 못한 골태(骨太), 건조과정에서 기온이 곤두박질하여 제대로 건조되지 않고 꽁꽁 얼어붙은 채 말라버린 백태(白太), 내장을 제거하지 않고 통째로 건조시킨 통태(統太), 건조과정에서 몸통에 흠집이 생긴 파태(破太), 부주의나 관리 부실로 건조시키다가 땅에 떨어진 낙태(落太) 등이 그들이다.

이들 외에도 해안지방에서 바람과 햇볕으로 빨리 건조시킨 바닥태(바람태), 공장에서 기계로 급속히 얼부풀게 만들어 푸석푸석해진 냉동진공태(백태)가 있다. 또한 강원도 간성 앞바다에서 잡은 것을 간태(杆太), 육지에서 먼 큰 바다에서 잡힌 것을 원양태(遠洋太), 얼려 말린 최상품질의 것을 북홍어(北薨魚)라고 한다. 그 외에도 북한에서는 소금에 절인 것을 간명태(염태(鹽太)), 배를 갈라서 내장을 빼고 소금에 절여서 넓적하게 말린 것을 짝태라고 한다. 한편, 초겨울에 도루묵 떼를 쫓는 명태를 은어받이라고 부른다. 또한 함경도에서는 동짓달에 잡히는 것을 동지받이라고 호칭한다.

명태라는 이름의 유래이다. 조선 중엽 함북 명천군(明天郡)에 살던 태모(太) 씨가 낚시로 잡았다고 해서 명태(明太)라는 이름을 붙였다고 한다. 그리고 오래전부터 우리 바다에 살았던 것으로 짐작되지만 1530년 신동국여지승람(新東國輿地勝覽)에 무태어(無泰魚)라는 이름으로 함경도 경성(鏡城)과 명천(明天) 토산물이라고 적시하고 있다는 보고이다. 원래 명태는 강원도 연안에서 많이 잡혔다. 그러나 무명어(無名魚)는 먹지 않는다는 미신 때문에 기피했었다. 하지만 함경도에서도 잡히면서 명태라는 이름이 붙여진 다음부터 식용으로 널리 보급되었다고 한다.

명태는 그 다양한 이름이 부끄럽지 않게 하나도 버릴 게 없다.

우선 생태와 동태, 절반쯤 건조된 코다리와 완전히 건조된 북어를 비롯하여 황태 등은 용도에 맞춰서 생태찌개, 북어국, 김치소, 황태국, 명태찜, 북어포로 쓰인다. 또한 내장은 창란젓, 알은 명란젓, 머리는 귀세미젓, 아가미는 서거리젓을 담는다. 우리 서민들과 애환을 함께하던 다양한 이름의 명태가 지구 온난화 때문인지 점차 우리 바다에서 사라져 간다는 사실이 못내 아쉽다.

서리

서리하면 가장 먼저 떠오르는 말은 추상(秋霜)이다. 서리에 연관되어 뇌리에 새겨진 편린을 떠올린다. 6·25전쟁이 휴전으로 숨가쁘게 치닫던 어린 시절의 회억(回憶) 가운데 두 가지이다.

가을이 깊어지며 나락이 익어 가기 시작하면 논둑이나 개울가 숲으로 벼메뚜기를 잡으러 다녔었다. 하지만 메뚜기가 하도 빨리 튀고 날아다니기 때문에 쩔쩔매며 우물쭈물 허둥대기 일쑤였다. 그렇게 끌탕을 치다가 무서리가 내릴 만큼 싸늘해진 아침나절에 서둘러 들판으로 나가면 추위로 둔해진 그들이 제대로 날거나 도망을 가지 못해 믿기지 않을 만큼 쉽게 잡을 수 있었다. 또 다른 회상의 조각이다. 가을이 깊어 초겨울로 들어서 갑자기 기온이 곤두박질쳐 추위에 벌벌 떨면서 이른 시각에 넘던 고갯마루 능선에 얼을 뺄 정도의 선경을 펼치던 새하얀 상고대(rime)*의 황홀경은 반세기가 넘은 여태까지도 내 가슴을 쿵쾅대게 한다.

지표면 가까운 위치 기온이 0℃ 아래로 떨어지면 대기 중에 포함되어 있는 수증기가 지면이나 지면상의 물체를 비롯해 설면(雪面) 따위에 승화*하여 생겨나는 결정체가 서리(frost)로서 다양한 모양을 띤다. 흔히들 서리가 내린다고 얘기한다. 그렇지만 서리는 공중에서 내리는 것이 아니고 눈에 보이지 않는 공기가 머금고 있던 수증기가 지표면 위에서 응결한 얼음이다.

우리나라에서 서리가 내리기 시작하는 시기인 상강(霜降)은 24절기 중에서 열여덟 번째이다. 이는 음력 9월 중기(中氣)*에 들어 있어 양력으로 10월 23일 아니면 24일이며 황경(黃經) 210도이다.

일반적으로 흰서리라고 지칭되는 결정은 대기 중의 수증기가 중간 과정인 액체상을 거치지 않고 얼음으로 형성된 것이다. 그런데 기온이 영상이 되면 서리는 이슬이 된다. 이슬이 형성된 뒤에 기온이 영하로 내려가면 얼어버리기도 한다. 그러나 이는 서리와 구별이 불가능하다.

입자 형태의 서리를 상고대라고 한다. 이는 과냉각수적(過冷却水滴 : 영하의 온도에서 공기 중에 부유하는 물방울)이 영하의 기온에 놓여있는 어떤 물체와 충돌하는 찰나에 얼어서 상고대 층을 형성한다. 상고대 층은 입자들 사이에 공기를 함유하고 있는 작은 얼음 알갱이로 구성되어 있기 때문에 흰색을 띄지만 알갱이 모양의 외형적 특징을 보인다. 그런데 상고대 현상이 가장 빈발하는 곳은 과냉각수적을 머금은 구름으로 덮인 산 정상 부근이며 항공기에서 흔히 발생하는 착빙(着氷)의 형태이기도 하다. 또한 기온이 곤두박질하여 날씨가 고추같이 매서울 때 하천, 호수, 연못, 샘 주위에서 나타나기도 한다.

서리는 가을 상강 무렵에 처음 내리는 묽은 서리를 무서리, 늦가을 매섭게 추워진 날씨에 되게 내리는 서리를 된서리, 나무의 가지나 풀에 등에 내리는 서리를 수상(樹霜) 또는 상고대, 유리 창문에 생기는 서리를 창상(窓霜)이라고 부르기도 한다. 한편, 같은 '서리 상(霜)'자를 사용해 표기해도 시상(柹霜)은 '곶감 표면에 생기는 흰 가루'를 뜻하므로 보통의 쓰임새와 다르다.

전문가들에 따르면 서리의 결정(結晶)은 주상(柱狀)과 판상(板狀)으로 나뉜다. 일반적으로 주상이나 침상(針狀)의 결정은 매우 낮은 영하의 기온에서 형성되고, 판상은 전자보다 조금 높은 기온에서 형성되는 결정이라는 얘기이다.

서리는 기상 현상에 지나지 않는다. 하지만 식물의 생육이나 성장기간을 정의하는 기준이 되기도 한다. 예를 들면 서리에 가장 약한 농작물을 기준으로 할 때 식물의 성장 기간은 봄에 된서리가 마지막으로 내린 종상(終霜)날로부터 가을에 첫 된서리가 내린 초상(初霜)날까지의 무상기간(無霜期間)을 성장 기간으로 정의하기도 한다.

일반적으로 서리를 얘기하는 우리와는 달리 원예학(園藝學)에서는 식물을 죽이는 원인이 되는 것으로서 식물의 세포에 함유되어 있는 용액이 동결(凍結)되는 현상을 일컬어 서리라는 개념으로 받아들인다. 식물 중에서도 잎이나 열매 등에 함유된 용액이 많고 묽은 경우에 치명상을 입게 마련이다. 이런 경우처럼 승화에 따라 흰서리를 형성하지 않고 된서리가 형성되는 것을 검은서리(black frost)라고 부르기도 한다.

일터를 따라 남녘의 마산에 뿌리 내린 지 서른여섯 해째이다. 따뜻한 지방의 도시 복판에 둥지를 틀었던 관계로 최근에 서리가 내리는 생생한 모습을 제대로 본 기억이 도통 없다. 하물며 이 지역에서 상고대 구경은 당최 언감생심이다. 어쩌다가 매스컴이 전하는 비경의 모습을 들여다보며 지난 세월을 더듬거나 불가피한 일로 대진고속도로를 달리는 과정에서 먼발치 지리산 자락에 피어난 상고대를 스쳐 지나다가 눈에 담으며 지난날의 어렴풋한 추억을 회상하는 게 고작이다.

내 머리 위에도 세월의 더께인 백발이 볼썽사납게 내려앉은 여태까지도, 갑자기 내려간 기온으로 인해서 들판이나 산야를 희뿌옇게 뒤덮고 있는 상서로운 서리를 밟고 싶기도 하다. 그런가 하면 산자락 된비알이나 저 멀리 정상에 피어난 상고대의 비경이 무척 그리워 간헐적으로 그리움이 솟구친다. 이런 갈증을 풀 수 있는 날을 꿈꿔본다. 새하얀 서리나 신이 빚은 걸작 같은 상고대의 아름다운 자태를 음미할 겨울 여행을 올해라도 떠날 수 있는 기회가 주어진다면 축복일 터이다. 하지만 과연 그런 행운의 여신이 내 손을 잡아 이끌어 줄지 모르겠다.

* 상고대 : 목가(木稼), 무송(霧淞), 수상(樹霜 : air hoar), 수가(樹稼), 수빙(樹氷), 수괘(樹掛), 수개(樹介), 나무서리라고도 한다.

* 승화(昇華) : 기상학에서는 수증기로부터 얼음으로 바뀌거나 얼음으로부터 수증기로 바뀌는 현상을 의미한다.

* 중기(中氣)와 절기(節氣) : 24절기 중에서 '매달 중순에 드는 절기'를 중기(中氣)라고 한다. 한편, '매달 상순에 드는 절기'를 절기(節氣)라고 한다.

쓰임새와 돈의 이름

돌고 도는 돈의 이름과 상면이다. 같은 돈도 용처에 따라 상큼한 멋과 맛깔스런 호칭이 붙여지게 마련이다. 그 같이 고상한 품격의 뼈대를 지닌 개념으로 거듭나 고유한 때깔을 뽐내는가 하면 더럽고 천하게 쓰이는 경우도 흔하다. 그들은 자기들을 부리는 언중(言衆)의 폐부에 곰살갑게 똬리를 틀고 새콤달콤한 맛과 향을 자랑한다. 다양한 쓰임새에 걸맞게 돈의 이름을 일일이 열거하기는 무척 어려운 일이다. 하지만 우리 말밭에 뒤죽박죽으로 섞여 있어 갈래에 따라 깔끔하고 일목요연하게 정리하는 일은 전문가의 식견이 있어야 하는 몫이 아닐까! 그런 까닭에 문외한으로서 모래알 속에서 보석을 찾아내듯이 돈의 이름 찾기 여정은 무진장 흥미로운 여로가 될 성싶다.

이웃과 스스럼없이 어우러지는 삶을 누리기 위해서는 호불호를 차치하고 축하의 뜻으로 전하는 축하금, 초상집에 부조하는 부의금이나 남의 죽음을 슬퍼하는 의미의 조의금, 다른 사람의 괴로움이나 슬픔을 덜어주기 위한 위로금, 어떤 일을 하는데 용기나 의욕을 내라는 뜻의 격려금 따위를 주고받을 수밖에 없다.

이는 우리네 정서상 품앗이나 두레같이 끈끈한 선린관계이자 미풍양속이다. 이렇게 가용에 쓰이는 돈 중에는 부부 사이에 소유 주체가 불분명하여 다툼이나 시비가 일면 철면피한 남정네들은 '주머닛돈이 쌈짓돈' 운운하며 적당히 눙치거나 둘러대며 얼렁뚱땅 궁지를 넘기기도 한다.

조직사회에서 더불어 살아가노라면 때로는 선행이나 뛰어난 업적을 이뤄 상금을 받을 수도 있고, 직장에서 업적이나 공헌도가 높아 상여금을 받는 횡재를 누리기도 한다. 그런가 하면 어렵사리 장만한 낡은 아파트 재건축을 한다고 재건축 분담금 통지서를 받는가 하면, 우여곡절을 겪으며 창업한 1인 기업이 장려금 대상이 되는가 하면, 뜻하지 않게 윗사람으로부터 하사금을 받는 행운이라도 따른다면 운수 대통인 셈이다.

아무리 신산한 삶이라도 사회생활을 하다 보면 때로는 자선단체 같은 곳에 기부금을 쾌척하거나 종교인의 경우는 주일이나 축일에 헌금을 한다. 또한 밉상으로 계륵(鷄肋) 같은 존재의 정치인들이 밉지만, 친소에 따라 보험을 들거나 적선을 하는 셈 치고 후원금을 내기도 한다. 그 외에도 경우에 따라서는 작별할 사람에게 전별금을 건네는 인사도 잊지 않는 게 우리네 뿌리 깊은 정이다. 이런 까닭에 수입이 빤한 샐러리맨들은 비상시에 긴요하게 쓸 요량으로 비자금을 여투려고 아등바등하는지도 모른다. 하기야 비자금은 기업을 하는 사람들에겐 뜨거운 감자이며 멀리하기 어려운 요물 같은 존재가 아닐까!

팍팍한 세상 때문에 영혼마저 메말라 버렸던가? 요즈음 인륜지대사를 앞두고 예비 사돈댁에 까발려놓고 얼토당토않은 지참금을 요구하는 수전노를 닮아 쓰레기 같은 인간 말종도 더러 있다. 내 집이 없어 남의 집을 전전하면서 가용을 위한 생계형 대출의 원금에다가 이자를 더한 상환금을 제때 갚지 못해 연체를 밥 먹듯이 하기로 한다. 게다가 주기적으로 전세나 월세에 따른 계약금이나 중도금 혹은 잔금 문제로 끌탕을 치며 곤고한 나날을 꾸리는 서민들과 다른 세계에 사는 별종들의 얘기이다. 어쩌다가 상류사회 기득권층에서 오랑캐들이나 하는 짓으로 알려진 지참금을 요구할 만큼 영혼이 더럽게 타락했는지 아무리 접어 주려해도 어처구니가 없는 변태이다. 상류층일수록 누리는 명예(noblesse)만큼 의무(oblige)를 다해야 존경을 받는 법인데 반드시 깨부숴야 할 악습이다.

현대를 살면서 전기요금이나 수도요금 같은 각종 공과금 부담은 필연적이다. 한편, 사노라면 때로는 규칙을 위반하거나 잘못을 저질러 벌금을 무는가 하면, 과속으로 도로교통법 위반함으로써 탐탁하지 않은 범칙금 고지서가 집으로 날아들기도 한다. 이와 유사해 보이지만 어린이 보호구역에 불법 주차를 하면 과태료가 부가된다. 아울러 부지불식간에 남에게 손해를 끼친 대가로 오지게 변상금을 지불할 처지로 몰리기도 한다. 늘 험한 일만 겪고 서럽게 사는 게 아니다. 이웃이 어쩌다가 영어의 몸이 되었을 경우 국밥이라도 사 먹으라고 다소간의 차입금을 넣어주는 따스한 마음은 진정한 정의 표시이리라. 가뭄에 콩이 나는 격일지 몰라도 호시절을 만나면 뜻하지 않은 선행이나 업적으로 포상금을 받는 것을 비롯해 원조금, 각종 보조금이나 지원금의 수혜를 받는 축복을 누리기도 하는 게 우리의 생이다.

크나큰 약속을 일방적으로 파기하고 위약금을 지불하지 않고 도피하여 현상금이 걸렸던 사람도 법정에 서면 변호사에게 변론을 의뢰하고 착수금을 지불한 다음에 법적인 보호를 받는 좋은 세상이다. 삶의 여정에서 재화를 매개로 하는 헤아릴 수 없이 많은 상거래가 이루어진다. 이때 예약에 담보로 치르는 관행인 예약금이나 용역 따위를 제공하기로 하고 전체 금액의 일부를 먼저 받는 선수금을 비롯하여 재화나 서비스에 대한 대가를 미리 지급하는 선급금이 당사자 사이에 오가게 마련이다.

상거래에서 필연적인 지급금과 미지급금(미불금)을 샅샅이 뒤져 미수금을 관리를 해야 한다. 아울러 거래 이행에 필수적인 위탁금이나 보증 등을 목적으로 맡기는 예치금, 채무 변제를 확보하기 위한 수단으로 채권자에게 제공하는 담보금, 적립금 따위를 꼼꼼하게 따지고 챙겨서 최종적으로 잔여 인수금을 지불하려는 대응 자세가 바람직하다.

사회적 합의에 따른 법규가 개인의 견해와 상충되는 경우가 종종 발발해 크고 작은 갈등을 겪기도 한다. 영어의 몸이 되면 신체적 구속은 물론이고 지녔던 현금도 강제로 영치금으로 예치해야 한다. 그 외에도 법규에 따라 나라나 공공단체가 징수하는 징수금이나 아파트에 거주하려면 내키지 않더라도 관리비에 수선 충당금을 군소리 없이 납부하는 게 기본적인 의무 중의 하나이기도 하다.

어떤 일에 드는 경비를 대기 위해 여럿에게 나누어 떠맡기는 돈인 폐기물 분담금, 행정기관이 기업에 명령한 폐수배출시설을 제대로 갖추지 않았을 경우 부과하는 과징금 등도 볼멘소리 없이 다소곳하게 따라야 하는 게 성숙한 민주시민의 의식이다. 이런 돈의 범주와 격을 달리하는 또 다른 얼굴이다. 어쩌다가 투자한 회사가 자기자본 중에서 자본금을 초과하는 금액인 잉여금이 크게 증가하거나 배당금이 지난해에 비해 몇 배로 증가하는 대박은 표정 관리가 어려운 꿈의 실현이리라.

탈무드에서 "돈으로 열리지 않는 문은 없다. 하지만 돈을 너무 가까이 하지 마라. 왜냐하면 돈을 밝히면 지혜로운 눈이 먼다."라고 충고했다는 얘기이다. 이런 까닭에 예로부터 황금 보기를 돌같이 하라(見金如石)라고 경고했던가? 누군가 일갈한 "돈이 없으면 부자처럼 행동하고, 돈이 있으면 가난한 사람 행세를 한다."는 일깨움에 뜻을 더하고 싶다. 참되게 돈을 부리고 지니기 위해서 "돈을 하인으로 삼지 않으면 돈이 주인이 된다."는 금언의 진솔한 의미를 두고두고 곱씹어 볼 참이다.

담

담은 순수한 우리말로서 '건물이나 대지의 경계선이나 설치물의 주위에 두른 구조물.'을 이른다. 이를 한자어로 장(墻), 원(垣), 장원(墻垣), 원장(垣墻), 장옥(墻屋) 등으로 표현한다. 그리고 순수 우리말과 한자를 합성해서 담장이라고도 한다. 담이라는 표현 대신에 담벼락을 사용하기도 한다. 담벼락이란 담과 벼락이 합쳐진 말로서 담이나 벽을 통틀어 지칭하거나 매우 미련해서 어떤 사물을 전혀 이해하지 못하는 사람을 뜻한다. 여기서 벼락은 경기나 황해 지방에서 쓰는 벼랑의 방언이다.

담의 기능을 생각한다. 실제로 담의 기능은 다양한데 그중에 대표적인 몇 가지를 간추리면 다음과 같다. 첫째로 공간의 구획(區劃) 기능, 둘째로 화재와 같은 위험 방지 기능, 셋째로 외부의 침입이나 들여다보는 것 방지 기능, 넷째로 위엄과 존엄성을 상징하는 기능 따위가 있다.

담은 재료를 무엇을 사용했느냐에 따라 호칭을 달리했다. 먼저 풀이나 나무 또는 돌 따위 같은 간단한 재료를 엮거나 쌓아서 경계를 지어 집 둘레를 막아 안쪽이 들여다보이지 않게 만든 것을 울, 울타리, 울짱, 책(柵), 장리(墻籬), 번리(藩籬), 위옹(圍擁), 이락(籬落), 파리(笆籬), 번원(藩垣)과 같은 다양한 이름으로 호칭해 왔다. 다음으로 흙이나 돌 혹은 벽돌(甓墻) 등을 재료로 단단하고 반영구적으로 쌓는 방식이다. 이 방식에서 대규모로 구축하여 성벽이나 성곽의 형태로 발전하기도 했다.

구체적으로 우리 문화나 생활에 스며들었던 담장의 종류는 매우 다양한 모습으로 변천되어 왔던 흔적이 남아있다. 담장의 대표적인 유형이다.

첫째로 생울(生垣)이다. 이는 집 주위에 탱자나무, 사철나무, 가시나무, 개나리 같은 관목을 심어서 울타리를 만드는 방법으로 농촌이나 산간에서 주로 사용하는 방법이다.

둘째로 울타리(책(柵) 혹은 리(籬))이다. 이 방법은 서민들의 가옥인 초가에서 많이 사용되었으며, 수수깡이나 섶나무 혹은 싸리나무 따위의 나뭇가지를 엮어서 만들었다. 여기서 말뚝 같은 것을 일렬로 죽 늘어서게 박은 울 또는 집이나 정원 둘레에 죽 벌여 박은 긴 말뚝을 뜻하는 목책(木柵)은 그 옛날 방어시설로 쓰였었다. 즉, 선사시대 마을 주위에 구덩이를 파고 목재를 박아 서로 연결하여 만들었던 담이기도 하다. 그런데 이 경우 목책만 있는 경우도 있으나 환호(環濠 : 취락(聚落)을 감싸는 형태의 도랑)와 목책을 함께 만들기도 했다.

셋째로 토담(土墻)이다. 이는 진흙에 지푸라기 혹은 석회를 섞어 쌓는 과정에서 중간 중간에 잔돌을 넣으며 맨 위에는 짚을 엮거나 기와로 지붕을 덮는 방식이다. 보통의 민가나 농촌에서 가장 보편적인 담의 형태이다. 그리고 토담을 토원(土垣)이나 토장(土墻) 혹은 흙담이라고도 호칭한다.

넷째로 판담이다. 이 담은 널빤지로 바깥 틀을 만들고 그 사이에 진흙, 잔돌, 지푸라기, 석회 따위의 혼합물을 부어 굳힌 뒤에 널빤지를 떼어 내어 축조하는 방식이다. 그 예를 안동의 하회마을에서 찾아볼 수 있다.

다섯째로 판장(板墻)이다. 이는 널빤지로 막은 담장이다. 축조 방법은 나무 기둥을 일정한 간격으로 세운 다음에 바닥과 중간 그리고 맨 위 등의 세 군데에 가로로 인방(引枋)*을 놓고, 인방 위에 널빤지를 붙여 만드는 방식이다.

여섯째 돌담(石墻)이다. 이에는 두 가지 종류가 있다. 먼저 막돌을 쌓은 막돌담(雜石墻)이 있다. 이는 잡석으로 허튼층쌓기(막쌓기)*를 한 다음에 지붕을 얹는 방식으로 견고하면서도 자연미가 돋보인다. 농어촌에서 많이 사용하는 축조방법으로서 제주도의 담도 여기에 속한다. 다음으로 네 모 반듯한 사고석(四塊石)*으로 축조한 사고석담(四塊石墻)이다. 이 방식은 상류층 주택, 궁궐, 사찰, 분묘 따위의 중요 건축에서 잘 다듬어진 사고석을 바른층쌓기(켜쌓기)*를 한 뒤에 수키와와 암키와로 지붕을 덮는 방식이다.

일곱째 복합담이 있다. 이는 담을 쌓는데 진흙과 돌 그리고 기왓장을 차례로 쌓아 축조한 담으로서 담의 재료가 여러 가지가 복합되었다는 의미로 붙인 명칭이다.

여덟째 벽돌담(甓墻)이다. 벽돌을 쌓아 축조한 담으로서 상류층 주택 담에는 검은 회색 벽돌이 주로 사용되었다. 그리고 궁궐 안의 담에는 검은 회색과 붉은 벽돌을 함께 사용해 축조했다. 담 위쪽에는 모두 암키와 수키와로 지붕을 덮었었다.

아홉째 영롱담(玲瓏墻)이다. 벽돌이나 기와로 담을 쌓을 때 중간 중간에 십자(十)무늬나 반달무늬를 내어 아름답게 장식하던 방식이다.

열째 꽃담(花墻)이다. 이 방식은 담을 축조하는 과정에서 색깔 전돌(전통벽돌)과 흰 화장 줄 눈, 색전돌과 삼화토(三華土), 무늬를 새겨 구운 도판(陶版), 암키와와 수키와 따위로 여러 가지 무늬와 그림을 만들어 아름답게 꾸민 장식담으로 담장미술의 압권이며 백미라는 귀띔이다. 이 꽃담에는 길상문자(吉祥文字)를 비롯하여 기하학(幾何學), 일월성신(日月星辰), 십장생(十長生), 용봉(龍鳳), 화초(花草) 따위의 무늬가 사용되었다. 이 꽃담을 화담(花墻)이나 화초장(花草墻) 또는 화문담(花文墻)이라고도 부르며 경복궁 자경전(慈慶殿) 서쪽의 샛담 외벽의 꽃담과 십장생굴뚝이 대표적인 예이다.

내 어린 시절만 하더라도 민초들의 움막이나 초가 등에 생울이나 울타리 아니면 토담과 흙담이 흔했다. 그런데 지금은 거의 사라지고 거의가 삭막하기 짝이 없는 블록이나 시멘트 담으로 바뀌어 엄청 을씨년스럽다. 아울러 부촌이나 대갓집 담장에서 쉬 찾을 수 있었던 사고석담이나 멋들어진 벽돌담을 비롯해 영롱담이나 꽃담은 눈에 불을 켜고 자료를 뒤져가며 찾지 않는 한 흔적조차도 확인이 어렵다. 우리는 발전이라는 미명하에 사려 깊지 못한 난개발을 자행했던 업보 때문에 잃은 문화유산이 너무도 많은 게 아닐까? 이런 맥락에서 숭고한 전통의 혼을 깡그리 잃고 파리변물(笆籬邊物)에 지나지 않을 부질없는 겉껍데기만 움켜쥔 채 외화내빈의 꼴로 살아가는 문화적 가난뱅이가 아닌지 돌아볼 일이다.

---

* 인방(引枋) : 기둥과 기둥 사이 또는 출입문이나 창 따위의 아래위에 가로

놓여 벽을 지탱하는 나무나 돌을 뜻한다.

* 허튼층쌓기(막쌓기) : 크기가 다른 돌을 줄눈을 맞추지 아니하고 불규칙하게 쌓는 방법이다.

* 사고석(四塊石) : 직사각형 모양으로 가공된 돌의 형태이다.

* 바른층쌓기(켜쌓기) : 일정한 규격의 석재를 수평 줄눈이 일직선 되게 쌓는 방법이다.

동물 새끼의 명칭

경이로운 어린 생명이라서 정을 듬뿍 담아 다양한 이름을 붙였을까. 갓난아기 다시 말하면 신생아를 통상적으로 아기라고 호칭한다. 좀 더 구체적으로 나뉠 때 갓 태어나서부터 돌전까지의 아기를 영아(嬰兒), 생후 1년부터 5세까지의 어린아이를 유아(幼兒)라고 호칭한다. 천금같이 귀한 아이들이 먹성 좋고 건강의 상징으로 여겨지는 돼지처럼 무럭무럭 자라라는 기원을 담은 뜻이었을까? 그 옛날 우리 조상들은 지체의 높고 낮음이나 빈부의 차를 따지지 않고 모든 계층에서 새로 태어난 아기를 가돈(家豚), 돈아(豚兒), 미돈(迷豚), 돈견(豚犬), 약식(弱息) 따위로 부르는 게 보편적인 정서였다. 사람의 경우와 엇비슷하게 동물의 어린 새끼를 특별히 다른 이름으로 부르는 것 또한 언중(言衆)의 언어 관습으로 자연스럽게 자리 잡았었다. 그 세계로 초대 여행이다.

농경문화와 밀접한 연관 관계를 가졌던 동물의 새끼에 대해서는 빠짐없이 곱고 감칠맛 나는 토박이말 이름이 붙여졌다. 먼저 소의 새끼는 송아지, 태어난 지 얼마 안 되는 소의 새끼나 암소 뱃속에 있는 새끼를 송치, 한 살 된 송아지는 하릅송아지, 뿔이 날

만한 정도의 송아지를 동부레기, 중소가 될 만큼 자란 큰 송아지를 어스럭송아지, 아직 큰 소가 되지 못한 수송아지를 엇부루기, 작은 수소를 일컬어 부룩소, 열 살이 된 소를 담불소*, 귀가 작은 소를 귀다래기라는 애정 어린 이름을 붙여 불러왔다. 특히 농사에서 중요한 몫을 했던 소의 호칭을 보면서 선조들의 애정과 시선은 섬세하고 따스했으며 소박하고 그윽함을 에둘러 표현했던 속내를 엿볼 수 있었다.

개의 새끼를 강아지*, 털이 짧고 부드러운 강아지를 쌀강아지, 한 배에서 난 세 마리의 강아지를 솥발이, 걸음을 떼어 놓기 시작한 강아지를 발탄 강아지라고 한다. 또한 닭의 새끼는 병아리, 알에서 갓 깬 병아리를 솜병아리, 말의 새끼는 망아지, 그 해에 태어난 말을 금승말, 이마가 흰 망아지를 태성, 그해에 난 돼지는 햇돝, 일 년 된 돼지 새끼를 애돝이라고 칭했다. 이들 외에도 포유류 중에서 호랑이 새끼를 개호주, 곰 새끼를 능소니, 노루 새끼를 장사니, 돌고래 새끼를 가사리라고 한다. 참고로 한 배에 낳은 여러 마리의 새끼 가운데 맨 먼저 나온 새끼를 무녀리*라고 이른다.

물고기 새끼의 경우이다. 우리에게 친근한 명태의 새끼를 노가리 혹은 앵치, 고등어 새끼를 고도리, 갈치 새끼를 풀치, 숭어 새끼를 모쟁이 혹은 동어, 가오리 새끼를 간자미, 조기 새끼를 꽝다리, 전어 새끼를 전어사리, 농어 새끼를 껄떼기, 청어 새끼를 굴뚝청어, 방어 새끼를 마래미, 붕어 새끼를 쌀붕어, 잉어 새끼를 발강이, 파라미 새끼를 열피리, 열목어 새끼를 팽팽이, 누치의 새끼를 모롱이라고 부른다.

예로부터 날짐승을 애소리라고 했다. 우리의 산과 들을 오가며 살고 있는 장끼와 까투리 사이에 태어나는 새끼인 꿩병아리를 꺼

병이(꺼병이)라고 한다. 불과 반백 년 전만 하더라도 매를 길들여 사냥을 하던 모습이 흔했었다. 하지만 지금은 매가 우리 산야에 서식하는 조류인지 의문이 들 정도로 희귀해진 까닭에 그 새끼인 초고리의 도전적인 모습을 마주해 볼 길이 없다. 따라서 요즘 아이들은 매 꼬리에 달았던 명패인 시치미를 구경한 적이 전혀 없지 싶다. 한편, 태어난 지 1년이 안 된 새끼를 잡아 길들여서 사냥에 쓰는 매를 보라매라고 한다.

동물은 아니지만 여기서 몇 가지 곤충의 경우를 넌지시 넘겨다본다. 매미의 애벌레는 굼벵이, 누에나방의 애벌레는 누에, 모기의 애벌레는 장구벌레, 반딧불이 애벌레는 개똥벌레, 잠자리의 애벌레는 물송치 혹은 학배기이다. 또한 명주잠자리의 애벌레는 개미귀신, 각다귀의 애벌레는 머루, 가두배추밤나비의 애벌레는 돗벌레라고 부른다.

우리 주위에 헤아릴 수 없을 만큼 수많은 동물과 곤충들이 먹이사슬을 이루고 가파른 긴장 속에 먹고 먹히며 생태계를 유지하고 있다. 이 무수한 동물이나 곤충 중에서 인간과 직간접적인 관계가 깊은 부류들은 나름대로 애증이 점철되며 그에 상응하는 대접을 받아왔다. 그에 따라 어린 새끼나 애벌레들도 각별한 명칭이 붙여져 사람의 입에 오르내려 왔으리라. 이들 명칭을 잠시 들여다보다가 팔은 안으로 굽는다는 비불외곡(臂不外曲)을 실감했다. 왜냐하면 우리 조상들의 농경 생활과 밀접한 관계를 가진 소에 대한 명칭에서 생각하는 무게가 확연하게 표 날 정도로 유난스러웠다는 이유에서이다.

* 담불 : 말(馬)이나 소(牛)의 열 살을 일컫는 말이다.

* 강아지 : 주로 어린 자식이나 손주를 귀엽게 이르는 말 혹은 자식을 속되게 이르는 말이기도 하다.

* 무녀리 : 언행이 좀 모자라서 못난 사람의 비유할 경우에 쓰는 말이기도 하다.

땔거리

땔감을 되새겨 본다. 사전에 따르면 땔감은 '불을 때는 데 쓰는 재료'라고 정의하며 유사어로 땔거리라고 밝히고 있다. 석유가 나지 않고 석탄 조달이 원활치 않았던 시대에 우리 선조들은 취사와 난방에 쓰였던 땔거리로 십중팔구는 야생풀이나 나무에 의존했다. 그런 연유로 땔거리 자체가 나무 위주였던 때문에 땔감을 준비하는 일을 '나무한다.'라고 표현했다.

야생풀과 나무를 기본으로 하는 땔거리를 갈래지으면 첫째로 통나무를 쪼갠 장작, 둘째로 솔가지나 잡목의 가지를 자른 가지나무, 셋째로 풀이나 작은 관목을 섞어 벤 풀과 나무, 넷째로 솔가리 따위의 낙엽이나 검불 등을 갈퀴로 긁어모은 갈퀴나무가 있다. 그 옛날 땔거리는 주로 농한기에 장만했으며, 한 해의 농사일이 얼추 마무리될 무렵이면 삼동의 겨우살이 준비와 내년 농사를 채비하기 시작했다. 이때 대표적인 남정네의 일거리가 땔거리 장만이고 아낙네의 가장 큰 일거리가 김장을 담그기였다.

구체적인 땔거리 이름과 조우이다. 먼저 통나무를 적당한 길이로 잘라서 쪼갠 땔나무가 장작이다. 장작 중에 덜 마른 것을 희나리라고 한다. 그리고 장작을 세는 단위로 개비, 단(짚이나 땔나무 혹은 푸성귀 따위의 묶음), 가리(곡식 땔 나무 들을 쌓은 더미로서 1가리는 20단이다), 뭇(장작이나 푸성귀 따위를 적당하고 알맞게 묶은 단위), 강다리(1강다리는 100개비), 조짐(쪼갠 장작을 사방 여섯 자(尺) 부피로 쌓은 것을 세는 단위) 등이 쓰였다.

나뭇가지를 바탕으로 하는 땔거리이다. 잔가지로 된 땔나무가 가다귀, 잔가지나 잔줄기로 된 땔나무가 마들거리, 부러뜨려 땔 수 있는 싸리 따위의 잡목 가지로 된 땔나무를 물거리, 살아 있는 나무에 붙어 있는 말라 죽은 가지를 삭정이 혹은 삭정가지, 산판(山坂)의 나무를 한목에 베어낼 때, 베어낸 큰 나무에서 쳐낸 굵고 긴 가지로 된 땔나무를 발매치 혹은 발매나무라고 부른다. 그리고 불을 때는 데 쓰는 말린 소나무 가지를 솔가지, 잎이 다 떨어진 나뭇가지를 졸가리, 옆으로 길게 뻗은 나뭇가지를 땔나무로 이르는 말이 화라지이다. 한편, 송진이 많이 엉킨 소나무 가지나 옹이를 관솔이나 송명(松明)이라고 칭한다. 원래 송명은 관솔에 붙인 불을 뜻하며 다른 이름으로 관솔불이나 송거(松炬) 혹은 송화(松火)라고 하여 횃불로 쓰이기도 했다. 또한 일부지방에 통용되는 방언이지만 땔감의 그루터기를 고주배기라고도 한다.

잔 나뭇가지와 야생풀이 섞인 땔거리이다. 마른 나뭇가지나 풀 혹은 낙엽 따위를 통틀어 이르는 말이 검불, 풀이나 나뭇가지 따위를 베는 대로 바로 묶어서 말린 땔나무가 날단거리, 말라서 땅에 떨어져 수북이 쌓인 솔잎으로 주로 불쏘시개로 사용되는 것을 솔가리, 갈퀴로 긁어모은 검불이나 낙엽 혹은 솔가리 등의 땔나무를 갈퀴나무, 가을에 억새나 참나무 등의 잡목 혹은 잡풀을 베어서 말린 땔나무가 풋장이다. 이 풋장 가운데 억새가 많이 섞인 것을 억새반지기라고 부른다.

톱으로 나무 따위를 켜거나 자를 경우에 쓸려 나오는 가루를 톱밥이나 거설(鋸屑) 혹은 목설(木屑)이라고 호칭한다. 한편, 나무를 깎거나 다듬을 때 떨어져 나오는 잔 조각을 지저깨비, 통나무의 표면에서 떼어낸 널조각이 죽데기이다. 그 옛날에는 이들 톱밥이나 죽데기도 소중한 땔거리로 쓰였다.

연소하면서 매캐한 연기가 나지 않게 하거나 실내에서 정갈하게 쓸 요량으로 나무를 불에 구워낸 검은 덩어리가 숯이다. 이는 공기를 차단하거나 아주 적게 만든 상태에서 나무를 가열했을 때 생기는 고체 물질로서 우리나라에서는 재질이 단단한 참나무를 사용하여 만드는 데 목탄(木炭)이라고도 한다. 숯은 만드는 방법에 따라 두 가지로 나뉜다. 화력(火力)이 가장 센 참숯으로 빛깔은 약간 흰색을 띠는 것을 백탄(白炭), 순간적인 화력은 강하지만 품질이 거칠고 불땀이 약한 참숯을 검탄(黔炭)이라 한다. 한편, 덜 구워져서 불을 붙이면 연기와 냄새가 나는 숯이 냉과리다.

산업화와 궤를 같이하며 취사나 난방용 땔거리도 나무에서 연탄을 기반으로 하는 구공탄(九孔炭)으로, 구공탄에서 석유를 근간으로 하는 기름이나 가스로 변화됨으로써 그 옛날에 비하면 상전벽해의 엄청난 변화로 천지개벽에 버금갈 지경이다. 땔거리 문화가 변화를 거듭하면서 씨가 마를 절체절명의 위기로 내몰려 황폐해졌던 들이나 민둥산에 야생풀과 나무가 제 세상을 만나 하늘을 찌를 듯이 무성해졌다. 그렇게 살이 오동통하게 오르고 훤해져 옛과 영판 다른 모습으로 탈바꿈하여 싱그럽고 수려한 자태를 한껏 뽐내는 모양새에서 꽃다운 갑순이의 아름다움이나 우람한 돌쇠의 늠름한 기품이 넘쳐나 마냥 듬직해진 산야가 미쁘다.

굿

어린 시절 내게 굿판은 두려움의 대상으로 피하려고 애를 썼다. 민속에서 무당(巫堂)은 '귀신을 섬겨 길흉을 점치고 굿을 하는 것을 업으로 하는 사제자.'라고 이른다. 그런데 무당은 여자 무(巫)에게만 사용하는 중립적 용어이고, 남자 무는 박수라고 호칭한다. 무당에 의해서 시끌벅적하게 펼쳐지게 마련인 굿의 종류와 전체적인 모양은 매우 다양하다. 하지만 큰 줄기를 중심으로 갈래지으면 얼추 다음과 같다. 나라굿, 천신굿, 신령기자굿, 진오기굿, 용신굿, 성주받이굿, 마마배송굿, 도당굿, 병굿, 풍농굿, 천존굿, 여탐굿 따위로 나뉜다.

원칙적으로 나라굿은 궁궐의 하명을 받아 행해졌다. 이를 맡던 무당을 나라무당 혹은 국무(國巫)라고 불렀다. 이 굿은 다음 세 가지 형태로 구분된다. 첫째로 좁은 의미에서 나라굿으로 궁궐 안에서 벌이던 굿이 이 범주에 속하며 대부분 동쪽의 각심절 본무당이 맡았다. 둘째로 나라제당굿이다. 조선조에서 왕궁은 굿을 벌이던 당(堂)을 궁궐 밖에 두고 제당이라 호칭했다. 그 제당에서 벌이던 굿은 서쪽에 구파발본무당이 맡았다. 셋째로 바깥굿과 외방굿이다. 궁궐의 명을 받들어 서울 변두리나 지방에서 벌이던 굿을 말한다. 지금의 후암동에 우수재서낭이라는 지역의 수호신을 받들던 사당이 있었다. 이곳에서 바깥굿이나 외방굿을 자주 행했다. 주로 남쪽 노들본무당이 이 굿을 맡았다.

신령기자굿은 무당이 자신들의 화복을 겨냥해 펼치던 굿으로 허줏굿, 내림굿, 강신굿, 진적굿으로 나뉜다. 여기서 허줏굿은 특정한 사람이 무당이 될 징조가 보이면 무당 주재하에 굿판을 벌인다. 이때 그에게 들었을지 모르는 잡귀나 잡신을 몰아내 원래의 정신으로 돌아오도록 하는 의식이다. 그런 뒤에 내림굿을 해야 할지 여부는 허줏굿을 주관했던 무당의 판정에 따라 결정된다. 둘째로 내림굿 혹은 강신굿이다. 허줏굿으로 무당 자질을 보였던 사람이 무당의 정신(正神) 때문으로 판명되면 이 굿을 행함으로써 새로운 무당이 탄생된다. 셋째로 진적굿이다. 무당은 매년 혹은 한 해 걸러 한 번씩 자기가 모시는 신령을 위해서 굿마당을 펼쳐 신령을 기쁘게 해드리는 의식이다.

천신(薦新)굿은 단골무당들이 집안을 위해 대개 한 해 걸러 행한다. 새로운 과일을 신령에게 바치고 재수를 기원하며 비손하는 굿으로 상류층이나 부유층이 굿을 벌일 때 점잖게 천신굿이라고 호칭한다. 그리고 하층민이나 빈곤층의 사람들이 행하면 재수굿이라고 불렀다.

진오기굿은 전형적인 사령제(死靈祭)로서 영혼들을 저승세계로 안전하게 이르도록 인도하는 굿이다. 이 굿은 쌍궤새남(상진오기), 얼새남, 평진오기 등 세 가지로 나뉜다. 먼저 상류층이나 부유층에서 행하면 쌍궤새남 혹은 상진오기이고, 중류층이 행하면 얼새남이다. 한편, 하류층이 행하면 평진오기라고 한다. 그런데 이 진오기굿은 서울이나 경기를 비롯하여 황해도 지역에서 부르는 명칭이고, 충청도에서는 오구굿, 함경도에서는 망묵이굿, 평안도에서는 수왕굿, 전라도에서는 씻김굿, 제주도에서는 시왕맞이, 강원도에서는 오구라지라고 부른다.

병굿은 병이 났을 때 하는 굿으로 상류층이 벌이면 격에 맞춰 우환(憂患)굿, 하층민이 하면 푸닥거리라고 한다. 용신굿은 용신(龍神)을 위해 벌이는 굿으로 강이나 바다에서 배를 타고 벌인다. 마마배송굿은 천연두를 좌지우지한다고 믿었던 마마신(天然痘神)을 받드는 한편 공손히 보내드리기 위해 벌이는 굿이다. 그 옛날 남아 선호 사상으로 남자아이는 가정의 장래를 짊어질 존재로 여겼다. 그런 때문에 어느 집안을 막론하고 득남을 원했는데, 이 목적 달성을 위해서 성주받이굿을 벌였었다. 풍농굿은 풍년을 기원하며 벌이는 굿이다. 그리고 도당굿은 마을의 수호신을 모시던 제당이나 무당의 당집에서 한 해 걸러 한 번씩 마을 수호신을 위해 제상을 차려 놓고 노래와 춤으로 신령을 기쁘게 해드리기 위해 비손하던 굿이었다.

천존(天尊)굿은 기우제를 비롯하여 역병, 재앙, 천재지변, 병충해 따위가 전국에 창궐할 때 왕궁에 의해 베풀어지던 굿들이 이 카테고리에 속한다. 여탐굿은 환갑이나 결혼식같이 집안에 기쁜 일을 조상에게 알리는 굿이다. 여기에는 혼인이 있을 때 행하는 혼인여탐굿, 환갑날에 행하는 환갑여탐굿이 있다. 이 여탐굿을 원래는 예탐(豫探)굿이라고 했다.

굿은 형태에 따라 선굿과 앉은굿으로 나눌 수 있다. 우선 선굿은 무당이 서서 하는 굿으로 일반적인 굿이다. 한편, 앉은굿은 충청도 지역에서 무당이 앉아서 주로 독경을 한다는 의미에서 붙여진 이름이다. 그런데 일반적으로 굿은 같은 목적으로 펼쳐져도 지역에 따라 내용이나 명칭이 조금씩 차이를 보이는 게 상례이다.

굿을 주관하는 무당은 강신무, 독경무, 세습무 등으로 구분된다. 첫째로 강신무(降神巫)는 강신 체험을 통해 된 무당으로써 내린무당이나 신들린무당이라고 한다. 둘째로 독경무(讀經巫)는 독경을 중심으로 하는 무의 형태이다. 셋째로 세습무(世襲巫)는 조상 대대로 무업을 이어받아 형성된 무당이다.

무속인들을 성격상으로 분류하여 무당형, 단골형, 심방형, 명두형으로 나눈다.

무당형은 강신체험을 겪고 성무의식인 내림굿을 통해 무가 되어 춤과 노래로 굿을 주관하고 영력(靈力)으로 점을 치며 예언을 한다. 옛날에는 중북부지방에 분포된 무당이나 박수 등을 무당형으로 분류했지만 오늘날엔 전국에 고르게 분포되어 있다. 다음으로 단골형은 혈통에 따라 사제권이 계승되어 인위적으로 무당이 된 세습무로써 어릴 때부터 기예를 배우고 익혀 신을 모시지 않고 자신만의 춤과 노래로 굿을 주관한다. 영호남에 분포되어 있고, 강원도의 화랭이와 진도의 씻김굿을 주관하는 단골네가 대표적이다.

심방형은 제주지역이 분포되어 있으며 무당형과 단골형의 중간형으로 영력을 중시하고 신에 대한 믿음이 확고하다. 그러나 몸에 신이 직접 강신하지 않았고 굿을 할 때 영통(靈通)이 없어 무점구(巫占具)들을 통해 신의 뜻을 물어 간접적으로 전달하는 특징을 지녔다.

명두형은 어린아이가 죽은 혼신이라는 태자귀 등이 몸에 실려 점을 치는 강신무로서 명두, 태주, 동자, 선녀 따위로 호칭된다.

이들은 어린아이 목소리나 휘파람 소리 등으로 혼을 부르며 영력이 뛰어나다. 그러나 굿을 주관하기 어렵고 귀신의 장난에 휩쓸리기 쉬운 무의 형태이다. 이들 이외에도 보살형, 역술형, 법사형 등의 새로운 형태가 생겨나고 있다는 견해도 있다.

무속의 세계를 어렴풋하게라도 알아볼 요량으로 나름대로 책이나 자료를 뒤지거나 어렵사리 무속인을 찾아가 그 세계 얘기를 나눠 봐도 앎이 얕고 식견이 좁기 때문인지 맹입직문(盲入直門 : 봉사 문고리 잡기)의 경지를 벗어날 길 없어 좌충우돌하면서 빙산의 일각을 건네다 보던 주제를 벗어나지 못했다. 그럼에도 불구하고 모두를 얻은 양 무엄하게도 미진한 상태에서 돌아다보지도 않고 발을 빼고 어쭙잖게 글을 정리했다.

벼의 고찰

벼(稻)의 구분과 우리 주식문화(主食文化)의 변화에 대한 편감이다. 벼는 밀(小麥)이나 보리(大麥)와 함께 세계 3대 곡물 중에 하나이다. 식물학적으로 벼속(oryza)에는 지구상에 대략 20종이 있다. 이들 중에 재배되는 벼는 전 세계적으로 분포하는 아시아종(oryza sativa l.)과 서아프리카 일부에서 밭벼(陸稻)로 재배하는 아프리카종(oryza glaberrima steud.) 등 두 가지 종이 있다는 전문가들의 보고이다.

생태학적으로 벼를 처음 분류한 학자는 일본의 가토(加藤)이다. 그는(1928) 동남아 각 지역에서 수집한 품종들 사이의 잡종 불임 정도와 형태적 차이에 따라 안남미로 불리는 인디카(indica)형과 한국과 일본에서 주로 재배하는 자포니가(japonica)형 두 개 군(群)으로 구분했다. 물론 교잡친화성이라는 측면에서 인디카형과 자포니카형의 중간적 특성을 보이는 자바니카(javanica)형이 보였다. 하지만 이는 여러 가지 관점에서 자포니카형과 유사한 경향을 보여 열대자포니카형으로 명명했다.

벼의 껍질을 벗긴 알맹이를 쌀이라 하며, 이는 우리 주식의 재료이다. 그런데 인디카형과 자포니카형 벼의 품종적 특징은 이렇다.

인티카형 벼의 쌀알은 길쭉하고 끈기가 없어 부슬부슬 흩어져 버린다. 이런 특징 때문에 오므라이스(omelet rice)나 카레라이스(curry and rice)와 같이 접시에 담아내는 요리의 재료에 맞춤한 쌀이다. 전 세계 쌀 생산량의 90% 정도가 인디카형 품종이다. 이는 인도, 방글라데시, 파키스탄, 중국의 남부, 베트남, 태국, 인도네시아, 필리핀, 미얀마 등의 지역에서 주로 재배된다.

우리나라와 일본에서 선호하는 자포니카형 벼의 쌀은 낟알이 짧고 둥글며 기름지고 찰기가 많다. 이는 한국, 일본, 중국 동북 3성, 유럽, 미얀마, 태국, 라오스, 중국 운남성 산간지역 등에서 재배된다.

쌀은 투명도에 따라 멥쌀과 찹쌀로도 나뉜다. 여기서 멥쌀은 반투명한 데 비해서 찹쌀은 뽀얗고 불투명한 유백색(乳白色)이다. 그리고 멥쌀이 약간 더 무겁다. 전문가들에 따르면 쌀의 전분은 주로 아밀로스(amylose)와 아밀로펙틴(amylopectin)이라는 두 가지의 다당류로 구성되어 있다고 한다. 그런데 찹쌀은 대부분이 아밀로펙틴으로 이루어져 있고, 멥쌀은 찹쌀에 거의 없는 아밀로스 함량이 최고 30%를 넘게 점유하는 특징을 가졌다. 결국 찹쌀과 멥쌀의 구분은 아밀로스와 아밀로펙틴 함량의 차이이다.

벼는 논벼(水稻)와 밭벼(陸稻)로 나뉜다. 하지만 지구촌에서 처음 벼를 재배하기 시작하던 무렵에는 논벼와 밭벼의 구별이 없었다. 그런데 오랜 기간 논과 밭에서 재배해오던 벼 사이에 가뭄을 견뎌내는 특성의 차이가 발생하면서, 점진적으로 생태적 분화가 이루어져 두 가지로 갈라졌다는 학설이다.

쌀은 산지가 어디냐에 따라서 경기미, 호남미, 김포미, 이천미 따위로 호칭된다. 그리고 벼를 정미소에서 도정(搗精)하는 정도에 따라 현미, 5분도미, 7분도미, 백미 등으로 구분하고 있다. 한편, 쌀을 뜻하는 한자의 '쌀미(米)'자는 벼이삭을 본뜬 상형문자라는 견해가 정설이지 싶다. 그런데 어떤 사람들은 "米(쌀미)"자를 '八十八'로 파자(破字)하여 쌀농사는 최소한 88번 돌봐야 한다면서 노동집약적이며 손이 많이 가기 때문에 힘이 드는 일이라고 풀이하기도 한다.

우리 식생활을 주도한 중요한 곡물에 대한 예의일까! 동의보감 본초강목(本草綱目)에 쌀에 대해 기술된 내용이다. 우선 "멥쌀인 갱미(粳米)는 성질이 평(平)하고 이 달며………, 찹쌀인 나미(糯米)는 성질이 차고 맛이 감고(甘苦)하며……"라는 식으로 적시하고 있다. 이를 미루어 생각할 때 그 옛날에는 식량이라는 본연의 용도 외에도 건강을 다스리는 민간요법으로 쓰임새를 규명한 슬기로움이 아닐까라는 유추를 해본다.

쌀에 얽힌 역사의 일화 한 토막이다. 1882년에 발생했던 임오군란(壬午軍亂)의 발단은 군병들에게 지급한 쌀에서 비롯되었다. 그해 6월 5일 도봉소(都捧所)에서는 무위영 소속의 구(舊) 훈련도감 군병들에게 군료로 지급했던 쌀에 겨와 모래가 섞였을 뿐만 아니라, 그 양도 절반에 지나지 않았다. 이에 분노한 병사들의 심한 항거가 임오군란의 직접적인 도화선이 되었다.

옛날에 견줄 때 오늘날 우리의 식문화(食文化)는 천지개벽을 들먹일 만큼 변했다. 누구나 하루 삼시 세끼 쌀밥 먹는 것이 최대의 행복이라고 여기던 때가 불과 반세기 전의 일이었다. 이를 방증하는 실제적인 단면이다. 통계청에 따르면 우리나라의 1인당 연간 쌀 소비량은 1970년 136.4kg이던 것이 1984년 130.1kg으로 감소

했다. 그 후 2003년에는 83.2kg으로 급격히 줄어들었다는 얘기이다. 또한 2013년에는 기껏해야 67.2kg으로 줄었다는 보고이다.

요즈음 상류사회에서는 쌀값보다 생수 값이 더 든다는 얘기가 결코 과장이 아니지 싶다. 그럼에도 불구하고 우리 정부가 물가를 조사하는 기본 품목으로 포함될 만큼 여태까지 심정적으로 중요시 여기는 쌀이다. 하기야 아직도 북한에서 대다수 주민의 소박한 꿈이 여봐란듯이 "이밥에 소고기 국을 먹는 것."이라는 얘기이다. 그런 북한에 춘궁기인 봄철에 이팝나무 꽃이라도 흐드러지게 활짝 피어 군무라도 펼친다면 초근목피로 어렵게 연명할 이들에게 시각적이고 정신적인 위안이라도 되련만. 온통 민둥산 칠갑이라는 동토에서 그 또한 꿈일러라.

가택신

'신들의 정원'이 떠오르게 마련인 가택신과 조우이다. 민간신앙에서 어떤 연유로 집안에 성주신(成造神), 조왕신(竈王神), 삼신(三神), 풍신(風神), 측신(厠神), 대감신(大監神 혹은 장군신(將軍神)), 우마신(牛馬神), 지신(地神), 우물신(龍神), 칠성신(七星神), 업신(業神), 철륭신(장독대신), 조상신(祖上神), 군웅(群雄 혹은 軍雄), 문신(門神), 마마(媽媽 혹은 손님), 수비(隨陪), 제석신(帝釋神) 등의 많은 신들을 불러들여 가택신으로 모시게 되었을까? 인륜과 천륜으로 맺어진 가장 기초적인 공동체가 가정이다. 이 같은 가정의 안녕이나 화평이 사회나 나라의 기틀을 굳건하게 다지고 융성의 초석이 된다는 가치관이 그렇게 이끌지 않았을까 싶다.

예로부터 가화만사성(家和萬事成)이나 수신제가/치국평천하(修身齊家/治國平天下)라고 일러왔다. 이 말은 가정의 중요성을 역설하는 뜻을 담고 있다. 가정을 화목하게 이끌고 가족의 안녕을 위해 진력해도 미치지 못하는 부문이 있었을 게다. 이런 부족한 측면 대해서는 절대적인 힘과 능력을 지닌 다양한 신에게 기대어 비손하며 위안을 받고픈 마음에서 그리했으 리라. 왜냐하면 '세력 있는 집안의 오만하고 고약한 하인'인 들때밑 같이 못되고 중뿔난 잡귀들을 엄하게 다스리기 위한 방편으로 말이다. 그처럼 병마나 화(禍)를 피하려는 순박한 염원에 따라 수많은 가택신(家宅神)을 불러들여 신봉했으리라는 섣부른 추측에 이른다.

조곤조곤 따져 봤더니 그 옛날 우리 가정에는 수많은 신들이 우글거리며 떠들썩했지 싶다. 그 때문에 주눅이 들거나 괘씸죄에 걸릴까 봐서 허리를 제대로 펴지도 못했을 것 같다. 이런 분위기에 압도되어 맘 놓고 나대거나 함부로 헛기침도 못 했을 법하다는 옹졸한 생각에서 벗어나기 어렵다. 설상가상으로 가세가 빈한하여 겨우 단칸방의 게딱지 같은 집을 지니고 살던 민초들의 경우 떼 지어 왁자지껄 득실거리던 신만으로도 집안이 넘쳐나서 엄청 곤혹스러운 상황은 아니었을까!

많은 신이 존재해도 그들 사이에는 서슬이 시퍼런 서열을 비롯해 엄한 법도와 추상같은 지휘 체계가 존재했던 것 같다. 우선 성주신은 가내의 평안과 부귀를 관장하는 지존의 가택신이며 그 휘하에 다양한 신이 주특기에 따라 역할을 분담했을 것이라는 사실은 실로 놀랄 일이다. 이는 오늘날 대통령을 보좌하는 각 분야의 전문가인 수석 비서관 그룹이나 행정부의 장관을 연상케 한다. 총사령관격인 성주신은 그 많은 참모 신을 부리기 위해서 지능지수(IQ)가 매우 높은 천재 수준이 아니면 불가능했지 싶다. 신들의 갈래와 전문 영역을 살짝 들여다본다.

조왕신은 삼신과 함께 육아를 담당하면서 가정 내에서 발생하는 일을 꼼꼼하게 적바림해서 옥황상제에 보고하는 임무를 맡고 있으며, 부엌신이나 아궁이신 또는 부뚜막 신으로 불렸다. 삼신은 산신(産神)으로 아기를 잉태시키거나 길러준다. 풍신은 영등(靈登) 혹은 영동이라고도 하며 풍재(風災)나 풍랑(風浪)을 면케 해 달라고 모신다. 농경사회에서 중요한 재산인 소를 수호하는 신이 우마신이며 마부신, 쇠구영신, 마귀신, 구신(廐神) 등으로 불린다. 대감신이나 장군신은 벼슬을 한 문관이나 무관의 신으로 재앙이나 어린아이의 병을 막아줌으로써 도액(度厄)을 한다고 믿었다. 측신(廁神)은 변소를 관장하는 신으로 뒷간신, 변소각시, 변소장군, 정낭각시로도 불리는 젊은 여성신이라는 관념이 지배했다.

우물신은 우물을 마르지 않으며 정갈하게 관리하는 신으로서 용신(龍神), 용왕, 용궁신, 사해용왕신으로 호칭되었다. 칠성신은 사람의 수명과 부귀, 농사와 생사를 비롯해서 화복(禍福)의 업무를 관장했다. 업신은 곳간과 재산을 지키는 신으로서 살림을 늘리거나 집을 지키는 역할을 하며 보통 구렁이 모습으로 눈에 띈다고 믿어왔다. 조상신은 4대조 이상의 선영(先塋)을 신으로 모시는 것을 가리킨다. 한편, 장독대는 집안의 주요 공간인 동시에 가내의 평안과 무병을 관장하는 철륭신이 지키고 있다고 믿고 섬겨왔다.

문신은 불행이 범접하지 못하도록 문을 지키는 신으로 수문신이나 수문장으로 불리기도 했다. 제석신은 한 집안의 수명이나 곡물, 의류, 화복 따위를 담당하는 신으로 모셨다. 수비는 주신(主神)을 따라다니는 잡귀 잡신류로서 수부 혹은 한자어로 수배(隨陪)라고 한다. 마마는 집집마다 찾아다니며 천연두를 앓게 한다는 귀신으로 호귀(胡鬼), 두신(痘神), 강남별성(江南別星)을 비롯해 다양한 이름으로 불렸다. 그리고 지신(터줏신)은 땅(터)을 맡아 다스리는 신이다. 한편, 군웅(가업수호신) 장군신의 일종이다. 이같이 다양한 가택신이 존재했다지만 일부의 기능이나 전문

분야가 중첩되기도 한다는 지적이 만만찮다.

호랑이 담배 먹던 시절인 그 옛날의 아날로그 시대에 우리의 가정을 지배했던 그 많은 신들은 어디로 갔을까? 그 시절 이 땅에 뿌리 내리고 호가호위하던 그들은 활화산에서 분출되는 용암처럼 아날로그 문화를 깡그리 뒤덮은 디지털 문화층 아래에 화석으로 굳어 화려했던 지난날 영화의 흔적이 온새미로 남아있을지도 모를 일이다.

디지털 문화가 지배하는 오늘날 그 옛날 수많은 신이 관장하던 역할은 누가 어떻게 대행하고 있을까? 그 옛날 우리 문화의 배경은 감(感)을 바탕으로 육감이나 영(靈)이 지배하는 감과 직관의 영적문화였다. 이에 비해서 현대의 디지털 문화는 계량과 계수를 바탕으로 하는 과학적인 서구문화가 온 누리를 꽉 틀어쥐고 있다. 결국 서양이 선도하면서 발달시킨 과학 문명의 총아이며 꽃인 다양한 가전제품들이 그 떼거리 신의 역할을 대행하고 생명이나 질병에 대한 위험은 첨단 예방의학이나 의술을 위시해서 맞춤형 백신이나 치료 약이 대행하는 게 아닐까!

게다가 지구촌을 하나로 묶어 주고받는 소통의 문제를 인터넷이라는 실체도 없이 느슨한 요술망(妖術網)이 광속으로 해결해준다. 그리고 위험한 일은 로봇이라는 괴물에게 떠맡기는 게 슬기로운 생존의 지혜로 굳어졌다. 이렇게 온 누리가 첨단과학을 바탕으로 톱니바퀴처럼 돌아가는 이즈음 그 옛날 가택신들이 떼거리로 타임머신 타고 구경 나온다면 재미있는 해프닝이 빈발할 것이다. 그 신들이 경천동지할 생경한 충격을 받아 기함하여 경기(驚氣)를 일으켜 병원응급실로 직행하는 불상사가 발생하지 않는다고 장담할 수 있을지 모르겠다.

기우제

요즘은 흔적을 찾기도 어려운 기우제 얘기이다. 우기와 건기가 뚜렷하고 강우량이 절대적으로 부족함에도 불구하고 제대로 된 수리시설을 거의 찾아보기 어렵던 그 옛날의 사정이다. 열악한 자연환경에서 농사를 생업으로 하려면 물은 무엇보다도 우선하는 필요 충족요건 중의 하나이었으리라. 그 시절에 끝 모를 가뭄이 이어져 불볕 무더위 속에 논밭의 농작물이 타들어 가 실농의 위기에 처하면 온 나라가 심리적으로 쫓기게 마련이다. 이럴 때면 자연스럽게 위로는 지엄한 나라님을 비롯해 아래로는 이름 없는 백성에 이르기까지 청우(請雨) 의식인 기우제(祈雨祭)를 떠올릴 수밖에 도리가 없었다. 이 기우제를 도우(禱雨)라고도 한다.

제(祭) 중에서 기우제는 헤아리기 어려울 만큼의 다양한 장소에서, 각계각층의 제주(祭主)나 주재자(主宰者)에 의해서 모셔지는 유례를 찾을 수 없는 특이한 형태이다. 먼저 기우제가 이루어지는 장소는 종묘, 사직, 궁전, 신사, 절, 대천, 명산 등과 같이 거의 제한이 없다. 그리고 기우제의 제주에 해당하는 주재자는 지엄하신 나라님, 문무백관, 승(僧), 서민, 부녀자, 무당 같은 모든 사람이 필요에 따라 자발적으로 떠맡았다. 한편, 기우제에 모시는 신으로 천신, 풍운뢰우, 용신, 산신, 산천신, 조상신 따위가 등장한다. 이처럼 다양한 신을 모시는 것은 다른 제에서 보기 힘든 모양새이다.

기우제는 신에게 읍소하는 호소나 밀당을 통한 대항을 비롯해 화해 등의 방법을 통해 청우(請雨)를 실현시키거나 온갖 법칙이나 음양오행을 이용하여 비를 유도하려는 의도가 복잡다양하게 얽혀있다. 또한 기우제에 임하는 관점은 도덕적이나 주술적 측면을 부각시키는 두 가지 유형으로 나뉠 수 있다.

도덕적 맥락이다. 극심한 가뭄 같은 천재지변은 나라님이나 관리의 부덕에 기인한다는 생각에서 스스로 반성하고 근신하면서 선행을 베풀었다. 중국의 청나라 강희제 때 간행된 연감유함(淵鑑類函)의 청우조(請雨條)에 기우제를 모실 때 다음과 같은 일곱 가지를 함께 시행해야 한다는 내용이 있다. 이러한 철학은 소외된 계층의 백성까지 따스하게 감싸야 하늘도 감응한다는 이치이기도 하다. 이 내용은 조선의 세종대왕 시절에 예조판서였던 신상(申商：1372~1435)이 옛사람들이 가뭄에 행하던 기우행칠사(祈雨行七事)라고 새삼스럽게 일깨워 주기도 했다.

첫째로 억울한 죄수를 방면해 주고 실직한 사람을 서용(敍用)할 것, 둘째로 환과고독(鰥寡孤獨)을 구휼(救恤)할 것, 셋째로 부역과 조세를 감할 것, 넷째로 인재를 등용할 것, 다섯째로 간사한 자를 물리칠 것, 여섯째로 과년한 남녀를 결혼시키고 젊은 홀아비와 과부를 혼인시킬 것, 일곱째로 수라상에 올리는 찬(饌)의 가지 수를 줄이고 풍악을 울리지 않을 것 따위가 그것이다.

주술적인 맥락의 살핌이다. 단군신화에 따르면 환웅이 풍백(風

伯), 우사(雨師), 운사(雲師) 등을 거느리고 곡식이나 인명 그리고 질병, 청우(請雨) 따위의 다종다양한 다스림을 했다는 사실에서 다분히 주술적인 측면이 엿보인다*. 그런가 하면 신라의 진평왕 시절 여름에 대한(大旱)이 들어 장(市場)을 옮기며 용(龍)을 그려 청우를 했다는 기록*이나 고려의 현종 때 가뭄으로 토룡(土龍)을 만들고 무당을 불러 모아 비를 기원했다는 기록* 등이 주술적 색채가 짙다. 그 외에도 조선의 학자 성현의 수필집 용제총화(慵齊叢話)에 기우에 대해 다음과 같이 적시하고 있다. "도성 내의 1만 호에서 병에 물을 채우고 거기에 버드나무 가지를 꽂았다."고 밝히고 있다. 또한 조선 시대에 왕궁에서 푸른 옷을 입은 동자들이 경회루 등의 연못 둘레를 징을 치고 돌며 도마뱀을 넣은 항아리를 버드나무 가지로 두드리며 비를 빌었던 사실 등이 기우제의 주술적인 성격을 의미하는 흔적이다.

이름 없는 백성들에게도 여러 기우 풍습이 있다. 그런데 통상적으로 동제(洞祭)의 형태로 기우제를 모신 뒤에 여러 가지 주술적인 방법이 사용되었다. 대표적인 방법으로 용신(龍神)이 산다고 믿는 연못에 호랑이 머리나 개의 생피를 뿌려 오염시킴으로써 용이 비를 내려 그것을 씻어 내리기를 바라는 풍습이 그것이다. 또 다른 예로서 사립문에 금줄을 쳐놓고 처마 끝에 물병을 거꾸로 매달아 비가 내리기를 기원하기도 했다.

기우제 풍습은 지구촌에 널리 전해오던 습속인가 보다. 서양에서는 로마 신화에 등장하는 제우스신이 비를 내린다고 믿어 제우스의 신목(神木)인 떡갈나무 가지에 물을 적셔서 기원했다는 얘기이다. 중국의 경우는 용이 비를 관장한다고 믿어 용신에게 지렁이를 바치는 기우제가 아직까지 이어진다고 한다. 한편, 인도에서는 개구리에게 물을 뿌리는가 하면, 모조 뱀을 만들어 물을 뿌리거나 끼얹는 풍습이 전해진다. 아울러 일본의 사이타마현(埼玉県)의 기우제에서는 보릿짚과 대나무로 용의 모양을 만들어 연못으로 끌고 들어가 물보라를 일으키며 비를 기원한다는 전언이다. 그 외에도 여러 예가 여기저기에서 보이고 있다.

내 어린 시절에도 동제(洞祭) 형태로 모시던 기우제를 여러 번 구경했다. 하지만 그동안 우리는 전향적인 치산치수 정책을 펼쳐 가뭄이나 홍수의 피해 방지에 혁혁한 성과를 거뒀다. 때문에 주술적 혹은 도덕적 맥락을 차치하더라도 아름다운 협동과 상생을 추구하는 자조(自助) 정신이 또렷한 기우제를 구경할 길이 영영 사라졌다는 생각에 미치자 마음 한구석이 텅 빈 것 같이 허허롭다.

---

* 풍백(風伯), 우사(雨師), 운사(雲師) : 차례로 바람이나 비 그리고 구름을 주관하는 주술사로 추정된다.

* 삼국사기(三國史記), 권(卷) 4, 신라본기(新羅本紀)

* 고려사(高麗史), 권(卷) 14, 오행지(五行志)

떼

자연환경 속에서 무리를 이룬 "떼"를 어렵지 않게 발견할 수 있다. 떼의 뜻과 순기능을 비롯해 부정적인 측면을 들여다보련다. 신록이 우거질 무렵에 무궁화나무의 새순에는 여럿이 옹기종기 모여 사는 진딧물 무리와 오월동주하고 있는 개미 떼 그리고 그 주위를 맴도는 무당벌레 떼거리가 벌이는 삼중주의 이유가 무척 흥미롭다. 거기에는 약육강식의 자연법칙에 적응이라는 심오한 이치가 담겨있다. 진딧물이 무당벌레에 잡아먹히지 않기 위해 단물을 배출하면 개미가 받아먹는 대신에, 개미는 무당벌레가 진딧물에 접근하거나 잡아먹지 못하도록 번을 서면서 밀착 경호를 하는 서슬 퍼런 삶의 현장이다.

여럿이 함께 모여 있는 상태를 떼나 무리라고 이른다. 또한 이와 유사한 개념으로 군중, 군집, 군취(群聚), 당(黨), 패(牌) 등이 있다. 여기에 등장하는 떼를 얕잡아 이르는 말로서 떼거리라고 호칭한다.

아직도 저잣거리 뒷골목에서는 이권 다툼 때문에 불한당이나 왈패들이 패당(牌黨)을 지어 잔혹한 싸움질로 사회질서를 어지럽히는 경우가 이따금 발생해 우리를 경악케 한다. 이 패당을 줄여서 패라고도 하며 다음과 같은 뜻이 함축되어있다. 먼저 서로 어울려 다니는 사람의 무리를 뜻한다. 6·25전쟁으로 어수선 하던 시절에 서울의 동대문 시장을 중심으로 한 저잣거리에 정치깡패들이 패를 지어 다니며 온갖 비리를 저질러 지탄의 대상으로 등장했던 기억이 새롭다. 또한, 동아리나 무리를 세는 단위로서 패이다. 예를 들면 '세 패로 나누어 택시를 타고 예식장으로 향했다.'와 같은 쓰임새이다. 그리고 패를 얕잡아 이르는 말이 패거리이다. '나는 너의 패거리와 다시는 상종하지 않을 것이다.'처럼 쓰인다.

동식물의 경우 특정한 환경에서 상호 유기적인 관계를 맺고 함께 사는 생물의 모임을 군집 혹은 군취(群聚)라고 한다. 예를 들면 '겨울 철새가 군집을 이뤄 이동한다든지, 창녕 화황산에 억새가 군집을 이뤄 자생한다.'는 것 같은 의미이다. 아울러 짚이나 땔나무 혹은 채소 따위의 묶음이나 그 묶음을 세는 단위를 단이라고 부른다. 묶음 자체를 지칭하는 경우가 짚단이나 나뭇단 또는 열뭇단 등이다. 한편, 묶음을 세는 단위로 나무 열 단이나 시금치 다섯 단이 그 예이다. 그리고 곡식이나 땔나무 등을 쌓은 더미 혹은 곡식이나 땔나무 등을 쌓은 더미를 세는 단위를 나타내는 말이 가리(나무 1가리는 20단임)이다.

그 옛날 우리 조상들은 농사를 지으며 농사일을 공동으로 하기 위해서 만든 조직으로 두레가 있었다. 이는 농사일을 시킨 뒤에 현금이나 현물로 품삯을 지불하지 않던 노동 형태로서 상호협력 공동 작업을 펼칠 것을 목표로 동네 단위로 만들어진 조직이다. 그런데 다변화로 첨예한 대립과 갈등이 상존하는 오늘날엔 일정한 역할을 가지고 여럿이 한데 모여 떼를 이룬 무리나 모임이 집단이다. 예를 들면 종교인집단, 소비자집단 등으로 집단 이기주의에 함몰되어 갈등의 골이 심해져 심각한 사회문제로 대두되기도 한다.

당(黨)이란 말이 자주 쓰인다. 이는 첫째로 정치에 대한 이념이나 정책이 일치하는 사람들이 그 정치 이상을 실현하기 위하여 조직하는 단체를 뜻한다. 그런데 우리의 현실은 사적인 견해나 이익을 위해 떼거리로 패를 이뤄 작당하여 번드르르한 이름의 정당(政黨)을 들먹이며 호가호위하는 정치인이 숱하다. 둘째로 여럿이 모여 한동아리를 이룸을 나타내며, 이 경우를 지칭하는 유사어가 무리이다. 셋째로 뜻이나 이익을 같이 하는 사람들끼리의 결합체라는 의미이며, 붕당(朋黨)을 뜻하는 관계로 '협잡꾼들이 붕당을 이뤄 설쳐댄다.'와 같이 쓰인다.

정치인들은 수많은 사람이나 한곳에 모인 많은 군중 앞에만 서면 표를 의식하는 때문인지 보편타당한 생각과 판이한 언행으로 지탄을 받는 경우가 흔하다. 그런데 한곳에 모인 많은 사람을 회중(會衆)이라고도 이른다. 한편, 불교에서는 많은 중이나 신도, 비구(比丘), 비구니(比丘尼), 우바새(優婆塞), 우바이(優婆夷) 등을 통틀어 이르는 말로 대중(大衆)이라고 표현한다.

같은 종류끼리 군집을 이루어 일정한 질서나 조직 체계를 갖춘 모임이나 사회를 세계(世界)라고 하는데 유사한 개념이 사회나 집단이다. 그 예로서 주먹세계, 동물 세계 등을 열거할 수 있다. 아울러 이념 또는 목적 따위를 같이 하는 사람의 집단을 역시 세계라고 표현하는데, 예를 들면 예술인의 세계가 그것이다. 한편, 요즈음 초등학교나 중등학교에서 학습효과를 높이기 위해 올망

졸망한 학동들을 대여섯 명씩 짝을 지어 엮은 모임 혹은 어떤 목적을 위하여 또는 어떤 일을 함께하려고 여러 사람이 모인 모임을 모둠이라고 한다. 그 예는 다음과 같다. 금년에 초등학교에 입학한 손주 학교에 갔더니 아이들의 책상이 몇 모둠으로 나뉘어 있었다.

우리말에 여럿을 함축하는 말 중에 떼와 무리가 으뜸으로 친근했는데, 주로 교육에서 도입한 모둠이란 말도 그들에 버금갈 만큼 빼어나고 걸출한 표현이지 싶다. 설렁설렁 일지라도 우리 입에 친근한 말들을 다시 되새겨보며 다양한 표현만큼 내 언어 생활은 풍요롭지 못했다는 자괴감에서 자유롭지 못했다.

밥의 민낯

우리와 떼래야 뗄 수 없는 밥이다. 쌀이나 보리 같은 곡식을 씻어 솥 따위에 안친 후에 물을 붓고 낟알이 풀어지지 않을 만큼 끓여서 익힌 음식 혹은 끼니로 먹는 음식물인 밥의 민낯과 만남이다. 우리의 음식문화에서 밥이 차지하는 비중은 그 어느 것에 비견할 수 없을 정도로 절대적이다.

우리 먹거리 문화의 대들보 같은 존재인데도 불구하고 밥이라는 이름이 붙었는데도 그 뜻하는 바가 너무 동떨어진 경우가 숱하다. 우선 가위질에서 발생하는 부스러기인 가윗밥, 개구리밥과의 다년생 수초(水草)인 개구리밥, 개의 먹이를 일컫는 개밥, 물고기의 먹이나 미끼를 뜻하는 고기밥, 괭이밥과의 다년생풀인 괭이밥, 가을에 감을 따면서 까치 같은 날짐승에게 겨우내 먹으라고 따지 않고 나뭇가지에 몇 개 남겨놓는 감인 까치밥, 꽃의 한 기관인 꽃밥, 골풀과에 속하는 다년생풀인 꿩밥, 낚시의 미끼인 낚싯밥, 널을 뛸 때 각자의 체중에 따라 중간에 짚단이나 가마니로 괴어놓은 양쪽으로 각기 차지하는 널의 길이를 의미하는 널밥, 엿물을 짜낸 밥찌끼인 엿밥이 그런 류이다.

대패질에서 깎여 나오는 얇은 나무오리인 대팻밥(포설(鉋屑)), 도장을 찍을 때 쓰는 인주인 도장밥, 낚시의 미끼로 쓰이는 떡밥, 낚시에서 물고기가 일정한 곳으로 모이도록 미끼로 던지는 먹이인 밑밥, 옷 솔기 같은 데서 뜯어낸 실의 부스러기인 실밥, 연꽃의 열매인 연밥, 쟁기질을 할 때 쟁기 날에 깎여 나오는 흙인 쟁깃밥, 야생 매를 포획하여 길들일 때 줄 한끝에 매어주는 밥(줄)이나 줄질을 하는 과정에서 줄에 쓸리어 떨어지는 부스러기를 뜻하는 줄밥, 누에에게 처음으로 뽕잎을 썰어서 주는 먹이인 첫밥, 톱질에서 쓸려 나오는 가루인 톱밥 따위의 밥은 밥이로되 먹거리 반열과는 격과 차원이 다르다.

밥을 구분하는 보편적인 기준은 주된 재료에 따라 이름을 붙이는 방법이다. 쌀밥(이밥)과 꽁보리밥, 메조밥, 차조밥, 기장밥, 수수밥, 오곡밥, 잡곡밥, 콩나물밥, 나물밥, 감자밥, 멥쌀로 지은 메밥, 무밥, 밤밥, 배아미(胚芽米)밥, 현미밥, 잡곡을 넣어 보통과 다르게 지은 별밥(별식), 보리밥, 굴밥, 송이밥, 약밥, 옥수수밥, 완두콩밥, 찹쌀밥(찰밥), 햇보리밥, 강낭콩밥, 거피팥밥, 청태콩밥, 메밥, 칠분도밥, 콩밥, 팥밥, 햅쌀밥, 흰밥 등이 언뜻 떠오른다.

밥을 어디에 어떻게 담느냐에 따라 그릇에 수북이 담은 밥이 고봉밥, 고봉밥과 유사한 밥인 감투밥, 공기에 담은 밥을 공깃밥, 도시락에 반찬을 곁들여 담은 밥을 도시락밥, 주먹만 한 크기로 뭉친 밥 덩이가 주먹밥이다. 한편, 어떻게 먹느냐에 따라 갈래지으면 다음과 같다. 국에 만 밥은 국밥, 떡국에 밥을 넣어 끓인 것인 원밥수기, 김으로 밥을 말아 싼 것은 김밥, 반찬 없이 먹는 밥은 깡밥, 반찬을 밥 위에 얹어 먹도록 요리한 밥은 덮밥, 굿을 하며 귀신에게 주려고 물에 말아 던지는 밥이 물밥이다. 이들을 비롯해서 볶음밥, 비빔밥, 초밥, 횟밥, 쌈밥 등이 그것이다.

밥을 어떤 위치나 용도인가에 따라서 나뉘기도 한다. 하는 일 없이 거저먹는 밥을 공밥, 군식구에게 먹이는 밥을 군밥, 남의 눈치를 봐가면서 얻어먹는 밥을 눈칫밥, 남의 집을 옮겨 다니며 일을 해주고 얻어먹는 밥이 드난밥이다. 그리고 들일을 할 때 야외로 내다 먹는 밥을 들밥, 모내기할 때 들판에서 먹는 밥이 못밥이다. 한편, 굿을 할 때 바치는 밥을 굿밥, 천지 신령께 제를 올리기 위해 지은 메밥을 노구메, 삼신(三神)에게 차리는 밥을 삼신메, 스님이 밥을 먹기 전에 귀신에게 주려고 한술 떠 놓은 밥을 여동밥, 상가(喪家)에서 죽은 사람의 넋을 부를 때 저승사자에게 대접하는 밥을 사잣밥, 제사상에 진설한 밥이 제삿밥이다.

밥이 무르고 된 상태나 누른 정도에 따라 이렇게 구분하기도 한다. 몹시 된 밥을 고두밥, 두 번 삶아 짓는 꽁보리밥을 곱삶이, 고들고들하게 지은 밥을 된밥, 죽처럼 진밥을 죽밥, 질게 지은 밥을 진밥, 삼층(맨 위는 설거나 질고, 중간은 제대로 되고, 맨 밑은 타고)이 되게 지은 밥을 삼층밥, 찹쌀이나 멥쌀을 물에 불려서 시루에 찐 밥은 지에밥, 솥 바닥에 눌어붙은 밥을 누룽지, 솥 바닥의 누룽지에 물을 부어 불려서 긁은 밥이 눌은밥(눈밥)이다.

밥을 짓는 용기(用器)에 따라 가마솥 밥, 무쇠솥 밥, 냄비 밥, 돌솥 밥, 놋쇠로 만든 작은 솥에 지은 밥인 새옹밥, 날달걀의 속을 비워내고 그 속에 불린 쌀을 넣고 은은한 잿불에 지은 밥인 옴밥, 갓 지은 뜨거운 밥 위에 찬밥을 올려 데운 밥인 되지기가 있다. 또한 밥을 언제 어떻게 먹느냐에 따라 다양한 명칭으로 호칭된다. 먼저 아침밥, 점심밥, 저녁밥을 비롯해서 찬밥, 식은 밥, 더운밥(溫飯)이 있다. 일을 하다가 새참에 먹는 밥인 참밥, 출산 후에 처음으로 먹는 밥인 첫국밥, 출출할 때 별미로 먹었다는 헛제삿밥(안동의 별미), 술을 담글 때 쓰는 지에밥인 술밥, 먹다가 그릇에 남긴 밥인 대궁, 밤늦게 야식으로 먹는 밥인 밤밥(야식)이 생각난다. 그 외에도 한 말 정도의 쌀로 지은 밥인 말밥, 쌀 한 섬으로 지은 밥인 섬밥, 밥이 상해 시큼하게 변한 밥인 쉰밥이 있다.

한 가지 맹랑한 구석이 있다. 기본적으로 밥은 다양한 이름이 붙여지지만 먹을 대상을 잘 못 만나면 야박하고 천박한 호칭으로 불리게 되는 게 법도이다. 실제로 누가 먹느냐에 따라 그에 합당하게 호칭하는 게 세상의 합당한 정서일까!

같은 밥이라도 삼신(三神)께 올리면 삼신메, 천지 신령께 올리면 노구메, 귀신께 올리면 메, 저승사자께 올리면 사잣밥이 된다. 그런데 이 밥을 조석으로 부처님께 공양으로 올리면 젯밥, 임금님께 올리면 수라가 된다. 또한 어르신이나 양반께 올리면 진지이고, 아랫것들이 끼니를 때우기 위해 먹으면 예외 없이 입시라고 한다. 그리고 옥에 갇힌 죄수에게 좁은 배식구(配食口)로 들이미는 옹색한 밥을 이구동성으로 구메밥이라 한다. 이런 서슬 시퍼런 기준을 들여다보며 나 자신이 기를 쓰고 매일 세끼 꼬박꼬박 찾아 먹고 있는 밥은 무엇으로 불려야 하는지에 대해 생각이 미치면 심기가 불편하고 밥맛이 확 달아나 애꿎게 헛기침만 해댄다.

Ⅲ. 황희 정승과 꺽다거

황희 정승과 꺽다거

이름과 자와 호

헷갈리는 교수 명칭

니트족

고집의 승화

붓을 생각함

오관게와 식시오관

소인배

이별

눈을 돌아봄

도장의 명칭과 쓰임새

친구

황희 정승과 끽다거

황희 정승에 관련된 일화이다. 감나무에 열린 홍시를 두고 자기 집 하인과 옆집 하인이 말다툼을 하는 얘기이다. 이와 관련하여 으레 떠오르는 내용이 당나라의 선승(禪僧)인 조주(趙州) 종신선사(從諗禪師)의 선문답에서 유래 되어 선미(禪味)가 물씬 풍기는 끽다거(喫茶去 : 차나 한잔 하고 가게나)라는 화두이다.

그 연유는 여기에 비롯된다. 흠결로 칠갑을 한 것이 마뜩치 않아 세속의 껍데기를 훌훌 벗어버리고 죽장망혜(竹杖芒鞋)에 단출한 걸망 하나를 달랑 걸머지고 줄달음을 치고픈 삶이었다. 그런데도 대덕고승이나 선지자의 고고한 경지는 언감생심이고 그림자조차도 따라잡을 수 없다는 자괴감이 불러일으키는 부러움 때문이다.

어느 날 황희 정승이 사랑에서 책을 읽고 있는데 뒤뜰에서 다투는 소리가 들려 웬일인가 싶어 들창을 열고 내다봤다. 담장을 사이에 두고 자기 집 하인과 옆집 하인이 입에 거품을 물은 채 말다툼을 벌이고 있었다.

헛기침으로 자기 존재를 알리면서 저간의 이유를 자기 집 하인에게 물었다. 기다렸다는 듯이 "우리 감나무에 열린 홍시를 옆집에서 자기들의 것이라고 박박 우기고 있습니다. 분명히 담장 안쪽 우리 땅에 뿌리를 내린 감나무 열매를 어째서 자기들 것이라고 억지를 쓰는지 모르겠습니다."라고 볼멘소리를 따발총 쏘듯이 쏟아냈다. 그 말을 잠자코 듣고 있다가 "그렇지! 그것은 당연히 우리 것이지!"라고 했다.

이번엔 옆집 하인에게 물었다. 다소곳이 고개를 숙이고 반격의 기회를 엿보던 그가 때를 만났다는 듯이 "감나무는 대감님 댁의 땅에 뿌리를 내렸지만, 가지가 우리 집으로 넘어와 있습니다. 그런 까닭에 이 홍시는 우리 집을 비추는 햇볕을 받아가며 자랐을 뿐 아니라 봄부터 가을까지 감나무 잎을 매일 쓸면서 얼마나 많은 고생을 했는지 모릅니다. 이 같은 정황을 감안할 때 저희 집 감입니다."라고 나름대로의 이유를 존조리 들이댔다. 그 대답을 진득하게 듣고 나서 "말을 듣고 보니 자네 얘기도 옳네."라고 대꾸해 주면서 "그러므로 그 홍시는 자네 집 것일세."라고 했다.

남편의 대거리 모양을 묵묵히 지켜보던 그의 부인이 "영감께서는 이 사람 말도 옳고, 저 사람 말도 옳다고 광대덕담 하듯이 말씀하시니 그래서 어디 영(令)이 서겠습니까!"라며 앞으로 아랫사람들에게 말발이 서겠느냐는 뜻에서 힐난조로 따졌다. 입을 꼭 다물고 진지한 자세로 아내의 말을 모두 듣고서는 "듣고 보니 부인의 말도 옳습니다."라고 했다.

천하의 명재상이 직관적인 사리 판단의 갈피를 잡지 못해 구렁이 담 넘어가듯 어물쩍 넘어갈 요량으로 의뭉스럽게 모두가 옳다고 했을까? 사회적 통념이나 관습을 비롯해 실정법에 정통으로 달관했을 그가 모두가 옳다고 천명한 이면을 유추해 본다. 아마도 거기에는 양쪽 집 하인과 자기 부인의 눈높이에 맞춰 생각할 수 있는 여백과 판단의 근거를 나름대로 존중해 줌으로써 누구도 상처받지 않도록 보듬으려는 배려가 전제되었으리라.

이 일화에 관련되어 떠오르는 끽다거에 대한 유래이다. 당나라 시절 주조선사는 차(茶)를 즐겼다. 어느 날 선사가 거처하는 절을 찾은 납자(衲子)*에게 "이전에 이곳에 왔던 적이 있느냐."고 묻자 "그렇다."고 대답했다. 그러자 선사는 그렇다면 끽다거라고 말했다. 그리고 동행했던 또 다른 납자에게도 "너 역시 이전에 이곳에 왔던 적이 있느냐."고 묻자 "그렇지 않습니다."라고 대답했다. 그 말을 듣고 있던 선사는 또다시 끽다거라고 말했다. 그 광경을 물끄러미 지켜보고 있던 원주(院主)*가 같은 질문에 다른 대답을 했는데도 한결같이 끽다거라고 했느냐고 따지자 "내가 그랬던가?"라면서 그럼 너도 끽다거라고 했다.

선사의 이 말씀으로부터 유래된 끽다거는 그 후 선종의 유명한 화두가 되었다. 젊은 납자들에게 생뚱맞게 끽다거라고 말한 것은 함량 미달인 필부의 부적절한 수인사가 아니었음은 불문가지이다. 두 젊은 납자나 원주가 비록 똑같은 차를 마시지만 느끼는 차 맛이나 향기는 각자의 깨달음이나 수행 정도에 따라 감성적으로 천양지차일 것이다. 그러므로 각자가 지닌 성품이나 근기(根機)*의 수준에 따라 그에 합당한 깨달음을 얻으라는 가르침과 큰 뜻을 담은 설파이지 싶다. 이런 맥락에서 황희 정승의 정신세계나 깨달음의 경지와 조주선사의 그것을 천칭(天秤)에 무게를 달아 본다면 어느 한쪽으로 심하게 기울지 않고 평형에 근접했을 성싶다.

중국의 차 문화는 아주 오랜 역사를 자랑한다. 그들은 차를 단순하게 맛이나 향을 음미하는 수준을 초월하여 정신과 영혼을 정화시키는 신기한 기운을 지녔다고 믿어 부처에게 정성을 다해 올리거나 귀인을 받들고 존경하는 의미로 접대하는 문화가 자리 잡았다고 한다. 중국의 영향을 받아 우리의 명절에 차를 올리는 습속이 자리 잡으며 차례(茶禮)라는 말이 생겨났다는 견해가 지배적이다. 이런 문화의 바탕이 되는 차를 화두로 삼았다는 사실은 공명과 공감의 수월성을 전제조건으로 고려했을 게다.

하늘의 이치를 깨우치고 자연의 섭리를 터득하여 세상사에 막힘없는 무애의 경지에 다다를 수 있는 걸까? 일찍이 공자는 일흔에는 하고 싶은 대로 행해도 법도에 어긋남이 없다는 뜻으로 종심(從心)이라고 일렀건만 그 언저리에도 이르지 못해 일희일비를 되풀이 하며 삶을 꾸리는 옹색한 처지이다. 따라서 달관의 경지에서 세상을 조감한 도인처럼 누군가에게 화두를 던져주고 깨달음의 희열에 이르는 과정을 지켜본다는 것은 터무니없는 탐욕이리라.

득도를 겨냥한 수행자에게 끽다거라는 화두를 되새겨본다. 이리저리 아귀를 맞춰 봐도 보통 사람이 입에 담기는 까마득하게 드높은 뜻을 응축한 심오한 일갈이다. 제아무리 동경해도 그 경지에 이를 길이나 방법은 막막하고 칠흑같이 깜깜하다. 그런 까닭에 부질없는 집착이나 탐욕을 과감하게 내려놓거나 비우는 게 진솔한 내 모습이나 참된 길을 찾는 지혜와 조우의 첩경이 아닐까!

---

* 납자(衲子) : 납의(衲衣)를 입은 승려. 다시 말하면 중을 이르는 말이다.

* 원주(院主) : 불교에서 삼직(三職)의 하나이다. 주지와 절의 사무를 총괄하는 감무(監務)를 도와 절의 재산을 관리하는 승직(僧職)을 지칭한다.

* 근기(根機) : 중생이 교법을 듣고 제각기 이를 깨달을 만한 능력이다.

이름과 자와 호

어린 시절 이름과 자와 호의 구별이 엄청 헷갈렸다. 돌이켜보면 역사나 고전문학을 배울 때 제대로 의미도 모르는 채로 위인들에 대해서 이름(名 : 본명)과 자(字)와 호(號)를 기계적으로 외웠었다. 예를 들면 조선 중기의 대표적인 문신이고 시인이며 관동별곡을 지은이의 이름은 정철(鄭澈)이고, 자는 계함(季涵)으로, 호는 송강(松江)이라고 암송하면서 기억하려고 애썼다. 게다가 시호(諡號)는 문청(文淸)이었다는 사실까지도 말이다. 같은 사람을 이름과 자와 호로 구분하면서 아호(雅號), 당호(堂號), 별호(別號), 시호(諡號), 댁호(宅號), 필명(筆名), 법명(法名), 예명(藝名) 등으로 복잡하게 호칭한 이유를 어렴풋이 알게 된 것은 훨씬 세월이 지난 뒤였다.

반상의 구별이 엄연하고 양반이 지켜야 할 덕목과 명예를 생명보다 중하게 여기던 시절에 체통이나 자존심은 무엇과도 바꿀 수 없었다. 이 같은 세상에서 하찮은 아랫것들이 지체 높은 양반의 이름을 이웃집 강아지 부르듯이 함부로 불러대면 영이 서지 않아 볼썽사나운 꼴이 벌어졌을 법하다. 이런 맥락에서 혼란과 모순을 방지하고 위계질서를 유지하기 위한 방편으로 이름과 자와 호를 사용하는 묘책을 만들어낸 게 아닐까 싶다.

조선 시대 사대부나 왕가에서 아이를 낳으면서 이름(본명) 이외에도 어린 시절에 부를 아명(兒名)을 짓는 게 보편화된 풍습이었다. 그런데 아명에 반드시 고매한 내용을 담으려고 했던 것은 아닌 것 같다. 왜냐하면, 유명한 황희 정승의 아명이 도야지였다는 사실이 그를 증명한다. 어린아이들은 아명으로 부르다가 남자 나이 20세가 되거나 여자가 15세에 이르면 오늘날 성인식에 해당하는 관례(冠禮)를 치른다. 이때부터 성인이기 때문에 아명을 버리고 관자(冠字)라 해서 새로 지어주는 이름이 자(字)이다. 성군 세종대왕의 자는 원정(元正)이며, 고산(孤山) 윤선도의 자는 약이(約而)였다.

성인식 즈음하여 자를 지은 이후에는 임금이나 부모와 스승 같은 웃어른에게 자신을 지칭할 때는 이름을 알려야 했다. 그러나 동년배이거나 손아래 어린 사람에게는 자를 밝혔다. 이와 같이 이름과 자를 구분해서 사용하는 게 반가의 법도였다. 그런가 하면 다른 사람을 부를 때도 손위에게는 자를, 손아랫사람한테는 이름을 입에 올려야 했다. 그런데 자를 지을 경우 자신의 기호나 웃어른들이 당사자의 덕과 인품을 고려하여 작명하기도 했다.

성골과 진골이 유별하고 왕후장상 같은 귀골과 노예와 하찮은 천골의 구분이 명확하며 직업의 귀천이 명명백백했던 시절 아랫것들이 감히 양반의 이름이나 자를 마구 입에 올릴 수 없었다. 그럼에도 다양한 사회계층 간의 상하좌우로 교류가 빈번해지면서 이름을 사용할 필요성은 더욱 증가하게 되었다. 하지만 이름이나 자는 부모나 웃어른이 아니면 함부로 부를 수 없기 때문에 누구나 자연스럽게 호칭이 가능한 호(號)의 사용이 보편화되었다. 결국, 이름이나 자 이외에 누구나 쉽게 부를 수 있는 이름이 호이었다. 이 호를 아호, 당호, 별호, 필명 등으로 불렀다. 넓은 의미에서 보면 예명(藝名), 법명(法名), 택호(宅號), 시호(諡號) 따위도 호에 해당한다. 이들에 대해서 생각해 보기로 한다.

아호(雅號) 얘기다. 이는 문인이나 예술가들이 자기 작품에 이름 대신 쓰는 이름이다. 신체적 장애를 극복하고 우리 한국화 화단에 커다란 족적을 남겼던 김기창 화백의 운보(雲甫) 그리고 당나라의 대표적인 시인이었던 이백의 호인 이태백(李太白)이 예로서 필명(筆名)이나 예명(藝名)과 혼용된다. 그런가 하면 별호(別號)는 본명 이외의 이름으로서 다른 사람이 당사자의 성격이나 용모 혹은 특징을 따서 지어 부르는 별명 같은 것이다. 실제로 다산 정약용은 오른쪽 눈썹 위에 천연두를 앓았던 흔적이 남아 있다고 해서 삼미자(三眉子)라는 별호가 붙었다. 또한 댁호(宅號)는 주택의 위치를 당사자의 호로 부르는 것이다. 예를 들면 정동대감, 계동마님 혹은 여자들의 친정 지명을 따서 마산댁이나 청주댁으로 부르는 경우이다.

당호(堂號)는 애초에 당우(堂宇)인 본채와 별채에 따로 붙인 이름이었다. 그런데 이 이름이 그 집 주인을 의미하는 이름이 되어 당호가 본명에 대한 별칭으로 불려 진 것으로서, 신사임당의 사임당(師任堂)이 그 예이다. 그리고 법명(法名)은 불문에 귀의해서 승려가 된 경우나 불도를 닦는 신도에게 의식에 따라 속세의 이름 대신 지어주는 승명(僧名)을 뜻한다. 조계종 초대종정이었던 효봉 스님은 원명(元明)이라는 법명을 가졌었다. 그 외에도 벼슬이나 관직을 가졌던 사람이 사망한 뒤에 그 공적에 따라 왕으로부터 제수받은 이름이 시호(諡號)이다. 조선 후기에 노론의 영수이며 문신이었던 우암 송시열의 시호는 문정(文正)이었다.

이름과 자와 호에 대해서 곰곰이 생각해 봐도 복잡하게 그들을 사용하는 시대에 태어나지 않은 게 다행이다. 아무리 나를 부풀리고 화려하게 포장해도 이름 이외에 다른 자나 호를 지을만한 주변머리가 못되기에 내뱉는 독백이다. 이 세상에는 어감이 좋거나 이지적인 기품을 풍기는 이름도 헤아릴 수 없을 정도로 많다. 그런데 지금의 내 이름은 세련미도 없을 뿐 아니라 호칭하기도 어려워 매우 아쉽다. 그렇지만 구태여 긍정적인 면을 찾으라면 희소성에 의미를 부여할 수 있겠다. 현실이 이런 지경인데 나의 이름을 짓는데 절대적인 영향력을 행사했던 내 할아버지가 생존해 계셨다면, 변변치 못한 손자에게 어떤 뜻을 함축하는 자와 호를 지으라고 조언하셨을지 궁금하기 이를 데 없다.

헷갈리는 교수 명칭

대학의 구성원은 학생과 교수 그리고 직원 등 세 부류로 갈래지을 수 있다. 여기서 교수와 직원을 하나로 뭉뚱그려서 교원이라고 부른다. 그런데 전통적으로 학생의 강의와 연구를 담당하는 집단을 통틀어 싸잡아 부르는 이름이 교수이다. 단순하게 불리던 교수도 꼼꼼히 따져보면 시간강사, 전임강사, 조교수, 부교수, 교수를 비롯해 원로들에게 부여했던 석좌교수나 명예교수 등으로 갈래지어 각각에 합당한 대우를 해왔다.

우리의 대학은 기껏해야 한 세기를 조금 더 넘긴 때문에 역사가 매우 짧다. 그동안 우리 사회는 상전벽해를 연상하리만큼 급속한 변화의 소용돌이가 휘몰아쳐 정신이 혼미해질 지경이었다. 그 변화의 원동력과 단초를 대학이 제공하던 시절 그 아우라는 대단했다. 그런 역할을 하면서도 대학은 거세게 몰아치는 변화를 외면해온 셈이다. 구태의연하게 상아탑 속에 갇혀 묘언(妙言)이나 기언(奇言)을 비롯해 교언(巧言)으로 자기 합리화라는 매너리즘에 빠지지 않았었는지 성찰이 필요하지 않을까! 게다가 설상가상으로 고루한 학문의 전당이라는 자가당착이나 오만과 모순의 나락에 빠져 헛된 몽상을 탐닉해온 꼴이다. 이 때문에 변화하라는 고언을 애써 내치며 뭉그적거리다가 슬기로움을 잃지 않았었는지 맹성이 절실한 현실이다.

그동안 현실과 동떨어진 환상에 빠져 허우적대던 대학에 대한 날 선 비판과 조롱이 숱했다. 그럼에도 불구하고 뼈저린 반성을 외면한 채 되레 유야무야 어물쩍 넘기기 급급했던 것은 아닐까! 하나의 예로서 대학의 중심축 중의 하나인 교수 집단을 비아냥대던 내용이다. 대학에서 전임강사는 세상에 있는 것 없는 것을 포함해 자기가 모르는 것까지 세상 모든 것을 강의하며, 조교수는 책에 있는 것만, 부교수는 자기가 아는 것만, 정교수는 학생이 알아들을 것만 골라서 가르친다고 몰아붙이는 낯 뜨거운 면박을 받기도 했다. 이 같은 날 선 비판을 좋게 받아들이면 경륜을 쌓을 수록 핵심이나 요점이 무엇인지를 터득하고 그에 합당하게 대처하는 슬기로운 지혜에 이른다고 위안할 수 있다. 이를 부정적인 견해에서 보면 변화를 거부하고 주어진 현실에 타협하여 적당히 안주한다는 무서운 경고이며 맹성과 통찰을 일깨우려는 촌철살인의 충언이 아니었을까!

대학의 때늦은 자구책이며 몸부림의 방증일까? 대학에서 머물다가 물러선지 그리 오래지 않았다. 그런 처지인데 이즈음 대학의 교수 명칭을 보면 정확히 어떤 임무가 주어지며, 어떤 예우를 받는지 당최 가늠이 되지 않아 헷갈려서 끙끙대기 일쑤이다. 나이 탓으로 머리가 흐리멍덩해지기 때문일까! 하여튼 최근 대학에서 붙여준 별의별 명칭이 통용되고 있다.

강의전담교수, 연구교수, 특훈교수, 겸임교수, 초빙교수, 기금교수, 특임교수, 특임연구교수, 외래교수, 객원교수, 전문교수, 계약

교수, 대우교수, 예우교수, 강의초빙교수, 명예특임교수, 임상교수 등을 위시해서 여러 유형의 교수가 더 존재하며 앞으로도 유사한 새로운 명칭의 교수가 속속 등장할 가능성은 엄청 크다. 게다가 대학과 전혀 관계가 없는 연수원에서 강의하는 경우까지 버젓이 ○○연수원 교수, △△수련원 교수, □□교육원 교수라는 명함을 마구 찍어서 뿌려댄다. 이 때문에 교수라는 명함이 저자골목에 버려진 업소 홍보용 명함 같이 지천으로 널려있는 모양새이다. 이렇게 넘쳐나는 명함은 개에게 던져 줘도 물고 가지 않을 것이라는 자괴감이 듦은 나 혼자만의 속 좁은 생각일까!

어떤 신문의 칼럼에서 적시했던 내용 요약이다. 여러 갈래의 교수가 봇물 터지듯이 등장하면서 더욱 고약한 비하가 등장한 모양이다. 자질이 의심스럽다고 초딩교수(초빙교수), 예산만 축내는 적자교수(석좌교수), 돈 되는 자리에 모여드는 개근교수(객원교수) 따위는 구체적으로 직명을 곧바로 빗댄 조롱이다. 그런가 하면 모두를 싸잡아서 교수는 아무도 모르는 걸 가르치면서 사기를 칠 수 있는 경지에 이른 이를 말한다는 독설로 일갈하며 조롱하기도 했다. 그에 더해서 박사란 나만 모르는 줄 알았더니 남들은 정말 아무것도 모르더라는 사실을 증명한 사람에게 수여하는 학위라는 개떡 같은 비웃음거리로 전락한 작금의 현실이다.

다양한 명칭의 교수 등장이 진정 21세기 디지털시대의 변혁에 합당한 최선책이라면 얼마나 좋을까! 물론 급변하는 사회에 능동적인 대처를 위한 방책으로서 다양한 역할을 염두에 두고 골몰한 결과에 따른 대응 방안이라는 충정을 부정하고 싶지 않다. 하지만 현실적으로 대학이 생존을 위한 교수 확보율을 높이기 위한 편법으로써 나타난 병리 현상이 아닌지 걱정하는 이들이 많다는 사실을 곰곰이 되씹어 볼 일이다. 다시 말하면 대학 평가의 잣대 중에 하나인 교수 확보율 높이기 위한 편법으로 등장했다는 삐딱한 시선을 깡그리 정면으로 부정할 수 있을까?

대학의 교수도 십여 년 전부터 정년제 교수와 비정년제 교수로 나뉘어 채용해왔다. 그러므로 그 역할이나 예우 수준을 가늠하기 어려울 정도 많이 등장한 다종다양한 교수를 정년제교수와 비정년제 교수로 구분해서 후자가 많다면 색안경을 쓰고 들여다보며 번민을 거듭해 볼 구석이 더 커진다.

오늘날 우리 사회의 다양한 계층에서 요구하는 호락호락하지 않은 전문지식이나 급변하는 사회적 요구에 부응해야 한다. 그러기 위해서는 대학도 전향적으로 창조적 파괴(creative destruction)나 구조 조정을 통한 환골탈태의 자구책이 절실하다. 따라서 수많은 분야에서 갈고 닦은 천금 같은 실무경험이나 다양한 특수 지식을 갖춘 전문인이 대폭적으로 과감하게 수혈되어야 할 당위성이 인정된다. 이런 관점에서 여러 명칭으로 공급되고 있는 전문교수들의 뛰어난 지식과 경험이 학생들에게 온새미로 전달되고 연구의 결실로 이어져 혁혁한 업적을 거둬 칭송을 받는 대학으로 우뚝 서야 한다.

우리의 대학 역사를 서양에 견주면 일천하다. 그동안 요즈음 처럼 대학이 사회적으로 까발려져 치부를 적나라하게 드러냈던 적이 있을까! 고고한 학문의 전당이며 상아탑으로 융숭한 대접과 존경의 대상에서 어쩌다가 동네북으로 전락하여 헉헉대는 처참한 꼴로 전락했을까?

지나치게 많아진 대학과 대학생 수, 거대한 공룡같이 외형적으로 비대해져 경쟁력을 스스로 갉아먹은 대학의 구조적 모순, 교육 내용에 비해 턱없이 비싸다고 야멸친 험구의 대상으로 전락한 등록금, 학점성형이나 학점 인플레 현상의 만연, 연구나 교육은 등한시하고 철밥통을 지키기에 골몰한다는 비난을 옴팡 뒤집어쓴 교수, 국제화나 세계화에 둔감한 대학문화 등이 총체적인 부실을 초래했을 개연성을 부정하기 어렵다. 그렇지라도 내일의 가능성을 대학에서 찾아야 한다는 당위성을 온새미로 부정하지 않는다. 이런 맥락에서 대학이 뼈를 깎는 참회와 성찰을 통해서 거듭나려는 질실한 변화과정의 필요 충족조건으로서 다양한 이름의 교수 등장이라면 금상첨화일 터인데.

니트족

니트족(NEET : Not in Education Employment or Training)은 누구일까. 교육과 훈련을 받지 않으며 일도 하지 않고 구직활동도 하지 않는 2, 30대를 니트족이라고 칭한다. 이 부류가 생겨난 것은 경기침체 시기였던 1990년대 영국을 비롯해 유럽이었다는 견해이다. 그런데 경기 악화로 청년실업자가 증가에 비례하여 니트족이 점점 늘어나면서 잠재성장력을 갉아먹을 뿐만 아니라 장기적으로 방치할 경우 은둔형 외톨이로 진행될 위험 때문에 사회적 대책이 시급하다. 이같이 부모 의존적인 젊은이들을 지칭하는 말은 나라에 따라 다르게 표현하고 있다.

학교를 졸업하고 자립할 연령이 되어도 부모에게 경제적으로 의존하여 얹혀사는 젊은이들을 캥거루(kangaroo)족이라고 한다*. 지난 IMF 시절 심각한 취업난을 피하기 위해 휴학이나 외국연수라는 수단을 통해 학생 신분을 유지하거나 졸업을 한 뒤에도 취업을 하지 못하고 계속적으로 부모 도움으로 생활하는 젊은이들을 통틀어 캥거루족이라고 칭했다. 심리학자들에 따르면 이들은 성인으로서 책임을 회피하려는 일종의 피터 팬 증후군(Peter

Pan Syndrome)*이라는 얘기이다.

우리의 캥거루족은 스스로 구직의사를 접은 경우보다는 일자리가 부족해 취업경쟁에서 낙오된 사례가 더 많다. 최근 한 연구 보고에 따르면 대학을 졸업한 청년의 절반(51.1%) 정도가 이 부류에 해당한다는 분석이다*.

18세가 되면 독립을 당연하다고 믿어왔던 미국에서 대학 졸업 후에도 경제적으로 독립하지 못한 채 부모의 집에 얹혀사는 세대를 트윅스터(twixter) 또는 중간에 낀 세대(betwixt and between)로 불린다.

영국에서는 부모의 주머니 속에서 퇴직 연금을 좀먹는 애들이라는 뜻으로 키퍼스(Kippers : Kids in Parents Pockets Eroding Retirement Savings)라고 부르고 있다. 이는 부모의 품으로 돌아와 할 일 없이 기대는 자식을 지칭한다.

캐나다의 경우 대학에 진학하거나 사회생활을 위해 부모 곁을 떠났다가 실직이나 생활비 절약 따위를 겨냥하여 부모의 둥지로 돌아와서 생활하는 젊은이들을 부메랑 키즈(boomerang kids) 혹은 부메랑어(boomeranger)라고 한다. 그리고 미국과 캐나다에서는 이들을 부메랑 세대(boomerang generation)라고도 호칭한다.

독일에서는 알에서 부화된 새끼를 어미가 키워주는 새를 의미하는 뜻으로 네스트호커(Nesthocker)라고 한다. 이 말은 둥지에 웅크리고 있는 사람이라는 의미이기도 하다. 한편, 이탈리아에서는 엄마가 해주는 음식에 집착하는 장성한 자식이라는 뜻으로 맘모네(Mammone)라고 호칭한다. 그런가 하면 프랑스에서는 집에 얹혀서 사는 스물여덟 살의 자녀와 그 자녀를 쫓아내려는 부모의 얘기를 소재로 2001년에 제작된 영화의 이름을 빌려서 탱귀

(Tanguy)족이라고 부른다.

일본에서는 일정한 직업이 없는 상태에서 닥치는 대로 일하며 즐겁게 사는 젊은 층을 프리터(Freeter)족이라고 한다. 여기서 프리터는 프리 알바이터(Free Arbeiter)의 일본식 합성어이다. 이들을 패러사이트(parasite) 싱글이라고도 칭한다. 그리고 중국에서는 1가구 1자녀 정책으로 외동으로 귀하게 성장한 자녀가 어른이 되어도 독립하지 못하고 부모에 얹혀서 기생하며 재산을 축내는 경우로서 부모를 갉아먹는다는 뜻으로 컨라오족(啃老族)이나 추라오족(吃老族)이라고 한다.

최근 우리나라 사람의 평균 수명이 수직 상승하면서 불과 10년쯤 뒤인 2026년에는 65세 이상의 노인 인구 비율이 20% 이상인 초고령사회(post-aged society)로 진입하리라는 예측을 하고 있다. 이에 따라 감당하기 어려울 만큼 늘어날 환과독고(홀아비(鰥), 과부(寡), 독거노인(獨), 고아(孤))*의 직간접적인 부양 부담은 감당하기 어려울 만큼 가파르게 늘어날 전망이다.

하기야 이런 문제는 비단 우리만의 문제가 아닌 듯하다. 한 자녀 정책을 펼쳐온 중국 또한 심각하기는 우리와 호형호제할 상황인가 보다. 그들도 하나뿐인 자녀를 병이나 사고로 잃은 노인이 의지할 곳 없이 외롭고 가난하게 사는 현상인 실독가정(失獨家庭), 자녀가 둥지인 집을 떠나 노인 홀로 덩그러니 남겨지는 현상인 쿵자오(空巢)노인 문제가 상당히 심각하다는 보도가 내남의 일을 떠나서 우리를 우울하게 만들고 있다.

이런 심각한 징후는 결코 일과성 바람이나 단발성 사회문제가 아니다. 그럼에도 불구하고 젊은 층의 취업 문제가 하늘의 별따기처럼 어려워 니트족이 날로 증가하고 있다. 특히 베이비부머

세대(baby boomer generation : 1955~1963년생)의 자녀 계층인 에코 세대(echo generation : 1979~1985년생)들은 경제적으로 풍요로운 시기에 태어나 높은 교육을 받고 성장했음에도 취업의 길이 막혀 혼란을 겪고 있다. 이런 이유에서 그들의 상당수가 연애와 결혼을 비롯하여 출산을 포기한 삼포세대(三抛世代)라고 자조 섞인 표현을 서슴지 않는 암울한 현실을 일거에 힐링(healing) 할 솔로몬의 지혜는 어디에 있는 걸까?

* 캥거루족 : 캥거루는 태반이 부실하여 새끼를 1~2cm의 미숙아 상태로 출산한다. 그렇게 부실한 상태로 태어난 새끼는 독자적 생존이 불가능한 까닭에 어미의 배에 있는 육아 주머니(囊)로 들어가 1년 가까이 안전하게 성장한 뒤에 독립한다. 학교를 졸업하고도 부모의 안전망 속에 숨어 사는 격이라는 측면이 캥거루의 특이한 생태와 흡사한 원리라는 맥락에서 캥거루족이라고 붙여진 이름이다.

* 한국직업능력개발원이 2015년 8월 13일 발표한 '캥거루족의 실태와 과제'의 요약이다.

* 피터 팬 증후군(Peter Pan Syndrome) : 미국의 임상 심리학자 댄 카일리(Dan Kiley)는 몸은 어른일지라도 어른의 세계에 끼지 못하는 어른아이가 증가하는 현상을 피터팬 증후군이라고 명명했다.

* 환과독고(鰥寡獨孤) : 늙고 아내가 없는 이를 홀아비(老而無妻曰鰥), 늙고 지아비 없는 이를 과부(老而無夫曰寡), 늙고 자식이 없는 이를 독거노인(老而無子曰獨), 어리고 부모 없는 이를 고아(幼而無父曰孤)에서 따온 개념이다.

고집의 승화

고집을 어떻게 자리매김할 것인가. 어쭙잖은 앎이나 믿음을 비롯해 얼치기 견문을 하늘 같이 믿으며 남의 의견이나 뜻에 아랑곳하지 않고 자기의 의견만 굳게 내세우는 고집(固執)을 꺾지 않는 경우를 어렵지 않게 마주할 수 있다. 거기다가 보편타당한 사리나 상식에 비추어 볼 때 억지가 매우 센 옹고집(壅固執)을 피우는 경우도 부지기수인 현실이다. 적당한 고집은 자기주장이나 뜻을 펼치려는 과정에서 나타날 수 있는 까닭에 막무가내로 타박을 하거나 허물할 시빗거리가 되지 않는다.

세상은 다양한 사람들이 더불어 살아가기 때문에 이치에 닿지도 않은 것을 억지로 끌어다 붙이는 견강부회(牽强附會)에 익숙해진 경우를 흔히 맞닥뜨린다. 이런 유형을 비롯하여 사실에 반하는 억지 논리나 세상 이치에 어긋나는 가치관을 교묘하게 앞세워 남에게 지기 싫어하는 마음인 오기(傲氣)로 똘똘 뭉쳐진 이들이 현자나 선지자라도 되는 것처럼 얕은꾀로 술수를 부리며 덤터기를 씌우려 들기도 한다. 그들은 자신의 논리나 뜻이 불변의 진리라고 맹신하는 경우가 적지 않다. 이런 착각은 마음속 깊이 새기고 옴짝달싹하지 못하는 병인 집착(執着)으로 이어지게 마련이다. 이리되면 자기와 궤적을 달리하는 견해를 겸허하게 받아들여 전향적인 자세로 대처하지 못하고 배타적인 경우가 태반이다.

집착이나 과대망상은 심신을 지치게 만들어 괴로운 번뇌(煩惱)에 빠질 위험이 도사리고 있다. 이런 지경에 이르면 자기로 인해서 발생하는 모든 문제가 내재적인 요인에 연유한다는 사실을 철저히 부정하려는 경향이 뚜렷해진다. 그러면서 외부적 원인에 책임을 전가시키려는 모순에 함몰되어 '네 탓이요.'라는 변명을 입에 달고 살면서 정신적 갈등과 가치관의 혼란을 일으키며 이성이 마비되어 인격 파탄의 경지에 이른다.

자신의 입지가 위태롭거나 논리가 궁한 처지의 옹색한 이들이 모략(謀略)으로 가장하면 자칫 유능하게 비춰질 개연성을 부인하기 어려운 경우가 숱하다. 그러나 이 같은 모략과 남을 속이는 못된 꾀인 사술(詐術)을 교묘하게 위장한 담론은 세인의 마음이나 세상의 흐름을 얻기 어렵다.

사람의 됨됨이에서 본받을 바 없으며 속이 좁고 배움과 앎이 천박한 경우는 세상을 넓고 깊게 보는 지혜가 부족하여 옹졸함을 벗어나기 어려운 법이다. 이런 때문에 자기의 뜻이나 논리를 버리거나 바꾸는 것은 설 자리를 몽땅 잃는 것으로 여겨 과민반응을 나타내기 쉽다. 따라서 처절할 정도로 고집을 내세워 병적인 모습의 집착으로 비치기도 한다. 이렇게 자기보호에 함몰했다가 합리적인 가치관이나 슬기로운 판단의 기준이 흔들려, 자기 생각만을 최고선으로 여기게 마련이다. 이럴 경우 거의가 남을 업신여기거나 타인의 말에 귀 기울이지 않는 경지인 아만(我慢)의 나락으로 빠지기도 한다.

인간 세상은 다양한 사람들의 생각과 사회가 요청하는 덕목이 어우러져 상생해야 할 전제를 바탕으로 공존과 공영을 지향해야 한다는 명제를 충족시켜야 한다. 이를 위해서 때로는 과감하게 나를 버리고 공존의 법도를 따르는 열린 진취적인 자세가 필요하다. 그러므로 소승적인 사고의 노예가 되어 부질없고 허망한 고집이나 집착의 경지를 넘어서 아만에 이른다면 더불어 존재해야 한다는 법도를 따를 수 없다.

더욱이 디지털 문화의 위력이 날로 거세지는 시대에 살아남기 위해서는 소아를 버리고 해묵은 무거운 짐을 과감하게 내려놓아야 한다. 그리고 빈자리에 상생과 공영을 위한 지혜를 채워나가는 대승적인 자세가 요구된다. 나를 버리는 겸허함은 번뇌를 버리고 아무런 탐심이 없이 깨끗하게 불법을 닦는 중(僧)을 이르는 두타(頭陀)의 정신에서 배워도 모자람이 없이 넉넉하리라.

붓을 생각함

붓의 갈래와 쓰임새라는 두 가지 관점에서 얘기이다. 사전에서 붓(筆)은 글씨를 쓰거나 그림을 그리거나 색칠을 할 때 쓰는 기구라고 정의하고 있다. 그런데 이 붓은 크기나 봉오리 모양을 위시하여 재료에 따라 다음과 같이 구분한다.

붓은 크기에 따라 대필(大筆), 중필(中筆), 소필(小筆 혹은 세필(細筆))로 나뉘는데, 대필 중에는 제두필(提斗筆)이라고 불리는 초대필(超大筆)이 있다. 한편, 붓 봉오리 모양에 따라 장봉필(長鋒筆), 중봉필(中鋒筆), 단봉필(短鋒筆), 면상필(面相筆), 참새머리처럼 만든 작두필(雀頭筆), 유엽필(柳葉筆), 팔필(捌筆), 수필(水筆) 등으로 구분된다. 그리고 붓 봉을 만드는 소재에 따라 짐승의 털로 만드는 모필(毛筆), 짚으로 만드는 고필(藁筆), 풀로 만드는 초필(草筆), 나무로 만드는 목필(木筆), 뿌리로 만드는 근필(根筆) 따위가 있다.

모필의 재료인 짐승 털은 토끼, 너구리, 사슴, 양, 말 등이 보편적으로 사용되지만 때로는 고양이, 족제비, 담비, 쥐, 이리, 여우, 곰, 다람쥐, 원숭이, 물소, 돼지, 순록 등이 쓰인다.

족제비나 이리 털로 만들어 탄력이 좋은 낭호(狼毫), 토끼털로 만든 붓을 자호(紫毫)라고 하는데, 이는 옛 문헌에서나 나타난다. 2종 이상의 털을 함께 섞어 만들어 부드럽고 탄력성을 겸비한 겸호(兼毫)가 있는데, 특히 이 중에서 칠자삼양(七紫三羊)이나 오자오양(五紫五羊)은 토끼털과 양털을 섞은 것으로 오직 중국만 만든다. 그리고 염소 털로 만들어 부드러운 양호(羊毫), 쥐의 수염으로 만든 서수필(鼠鬚筆)이 있는데, 이는 중국의 왕희지(王羲之)가 난정서(蘭亭序)를 쓸 때 사용했던 붓이라는 전설이 있다. 아울러 소의 귀털로 만든 우이호(牛耳毫), 갓난아이의 머리털로 만든 태모필(胎毛筆), 닭털로 만든 계호(鷄毫), 산 말의 꼬리털로 만든 산마호(山馬毫), 다람쥐 털로 만든 청서필(靑鼠筆), 노루 겨드랑이 털로 만든 장액필(獐腋筆), 개털로 만든 구모필(狗毛筆), 담비 꼬리털로 만든 초미필(貂尾筆) 따위로 가름된다.

붓의 강약에 따라 세 가지로 나뉜다. 첫째로 경호(硬毫)이다. 이는 빳빳한 털을 사용하여 붓의 성질이 강건하고 탄력성이 적은 특성을 지녔다. 이 붓은 붓끝이 날카롭고 힘차며 단단하기 때문에 강한 글씨를 쓰는데 적합하다. 이 부류에 속하는 것으로 낭호필, 서수필, 자호필, 산마필, 우이호필 등이다. 둘째로 연호(軟毫)이다. 이 연호는 부드러운 털을 사용해 만들었기 때문에 붓의 성질이 유연하다는 특징을 보인다. 이 붓은 필획이 원만하고 부드럽게 보이지만 자칫하면 힘이 없어 보일 가능성이 다분하다. 이에 해당하는 붓의 종류는 양호필과 계호필이다. 셋째로 겸호(兼毫)이다. 이는 경호와 연호의 성질을 동시에 가지고 있는 붓으로서 초보자들이 사용하기 적합하다. 이 부류의 붓은 털이나 재질의 성분을 가감하여 부드럽고 빳빳함의 조화를 고려하여 만든다.

분명히 글은 붓끝에서 출발한다. 하지만 붓으로 글을 쓴다는 것은 지극히 쉬운 일이면서도 섣불리 다룰 경우 감당하기 어려운 결과를 초래하기 때문에 설망어검(舌芒於劍)이라는 말이 생겨났는지도 모른다. 이 같은 연유였을까? 멀리 거슬러갈 필요도 없이 암울한 독재정권의 질곡을 지나던 시절 적지 않은 지성인들이 진실을 곧이곧대로 쓰고도 되레 필화사건의 아픔을 겪기도 했다. 그 대표적인 사건이 1970년 6월에 일어났던 김지하 시인의 오적 필화사건(五賊筆禍事件)이다. 아울러 일제 강점기에 적지 않은 지식인이나 문인들이 훼절해 일제를 찬양하거나 아첨하는 글을 썼던 전과 때문에 친일파로 낙인찍혀 세세연년 자손들까지 불명예를 떠안고 살아야 하는 사례가 우리를 우울하게 한다.

예로부터 "분수를 알고 지키면 일신에 욕됨이 없고(安分身無辱), 세상 돌아가는 것은 알면 마음이 절로 한가해진다(知機心自閑)."라고 이르지 않던가! 어쩌면 세상만사 부질없는 집착과 번뇌의 티끌일 뿐일 터인데 내려놓거나 비껴서기 어려운 업보의 연속이 우리네 생인가보다.

우리 조상들이 삶을 누렸던 왕정 시대나 오늘날을 막론하고 바른 글을 쓴다는 것은 결코 녹록치 않다. 그래서 때로는 목숨을 걸어야 하는 극단적인 선택의 기로에서 고민을 해야 했던 경우가 숱했지 싶다. 이런 맥락에서 글을 잘 못써 사후에도 파묘되어 부관참시(剖棺斬屍)의 화를 당했던 사례도 더러 보였다. 이런 사실들이 글을 함부로 쓰면 감당키 어려운 험악한 참화나 치욕적인 가문의 수치가 될 개연성을 일러주는 예증(例證)이리라.

조선 후기의 문신이며 명재상이었던 채제공(蔡濟恭 : 1720~1799)이 제대로 붓을 쓰는 어려움을 이렇게 읊조리며 경고하고 있다.

너를 잘 사용하면(善用汝)
천지 만물의 이치를 모두 묘사할 수 있지만(天人性命 皆可以描得)
너를 잘 사용하지 못하면(不善用汝)
충사(忠邪)*와 흑백(黑白)이 모두 바뀔 수 있다(忠邪黑白 皆足以幻易).

그 옛날엔 사실적인 증적으로 남는 유일한 존재가 글이었기에 이렇게 경고 했을 게다. 오늘날처럼 디지털문화가 발달해 말하는 내용이 토씨 하나 표정 하나 가감 없이 녹화되는 첨단기술을 예견했다면 단순히 붓이라고 한정하지 않고 붓과 말이라고 범위를 넓혀 경고하라는 주의를 하지 않았을까?

요즈음 포퓰리즘(populism)의 늪에 빠져 진실에 반하는 흰소리나 터무니없는 헛소리 같은 망발을 거침없이 마구 쏟아 내다가 녹화된 내용을 들이대면 괴변으로 둘러대기 일쑤인 한심한 위선자들이 적지 않다. 이들이 채제공의 경고와 조언의 참뜻을 올곧게 되새겨 봤으면 더 할 수 없이 좋으련만.

독일의 철혈 재상 비스마르크가 이르지 않던가! "아둔한 자는 경험을 통해서 배우고, 현명한 자는 역사를 통해서 배운다."고 말이다. 그렇게 경고했거늘 귀를 막고 지혜의 눈은 현실을 외면한 채 살아가야 할 비뚤어진 가치관이 우선하는 세태인가? 언필칭 이 사회의 지도자라는 이들의 행태가 역겨워 고개를 돌리고픈 경우가 왜 그다지도 흔한지! 편협한 사고의 틀에 갇힌 채 무책임한 공염불 같은 헛소리를 끝없이 내뱉으며 으스대는 경우나, 허접한

글 나부랭이로 세인의 마음을 사로잡으려는 모리배 같은 부류들이 숱하다. 그런 위인들이 뻔뻔스럽게 우국지사나 지도자 행세를 하며 호가호위하는 꼬락서니에 비위가 상해 내뱉는 독백이다.

---

* 충사(忠邪) : 충직(忠直)과 간사(奸邪)를 말한다.

오관게와 식시오관

원초적인 문제에 대한 철학적 화두래야 아귀가 맞으려나. 유감스럽게도 나는 '먹기 위해서 사는가?' 아니면 '살기 위해서 먹는가?'라는 심오한 철학적 화두를 명쾌하게 갈래지을 재간이 없고 그럴 위인이 못 된다. 그래도 매일 삼시 세끼 거르지 않고 꼬박꼬박 챙겨 먹는 밥값을 제대로 하는 것인지 생각해 볼 요량으로 자성의 시간을 갖고 싶었다.

마음의 문을 열고 한 발 내딛는 길의 초입에서 우연히 맞닥뜨린 게 오관게(五觀偈)와 식시오관(食時五觀)이다. 여기서 오관게는 스님들이 공양하기 전에 마음을 가라앉히고 생각해야 할 다섯 가지 게송(偈頌)이다. 원체 종교 쪽에는 무지한 청맹과니라서 단언키 어렵다. 하지만 이는 기독교의 기도문과 얼추 엇비슷한 의미를 지닌 게 아닐까? 한편, 식시오관은 조선의 순종 시절 빙허각 이씨(憑虛閣 李氏)가 쓴(1815년) 규합총서(閨閤叢書)에 기술된 일부의 내용이다.

절집에서 공양 전후에 외우는 식당작법(食堂作法)*으로 소심경(小心經)이 있다. 이 경의 핵심이 오관게이다. 그 대략은 이렇다.

이 음식은 어디에서 왔는가(計功多少 量彼來處)
내 덕행으로는 받기가 부끄럽네(忖己德行 全缺應供)
마음의 온갖 욕심을 버리고(防心離過 貪等爲宗)
몸을 지탱하는 약으로 삼아(正思良藥 爲療形枯)
도업(道業)을 이루려고 이 공양을 받는다(爲成道業 應受此食).

실학자 서유구(徐有)榘)*의 형수인 빙허각 이씨가 아녀자를 위해 엮은 일종의 여성생활백과서로 저술한 책이 규합총서(閨閤叢書)이다. 여기서 규합(閨閤)은 여성이 거처하는 공간을 뜻하고, 총서(叢書)는 모든 것을 담은 책이라는 의미이다. 그러므로 이 책에는 음식, 육아, 바느질, 예절 따위와 같이 부녀자들의 살림살이 지혜와 생활상을 일러주는 다채로운 내용으로 구성되어 있다. 그리고 이 책은 순수한 한글 고어체로 표기되어 있어 국어국문학적인 가치가 큰 것으로 평가되고 있다.

특히 식시오관은 한자(漢字)로 표기되어 있는 불교의 오관게를 순수한 우리말로 살짝 바꿔가면서 그 시절의 정서와 철학에 맞게 옮긴 내용으로 사대부에서는 이를 교육했었다. 그 내용의 대강은 얼추 이렇다.

㉠ 음식에 담겨있는 노고를 헤아리고, 그것이 어디서 왔는지 생각하라.
㉡ 자신의 덕행(德行)을 헤아려 음식을 받아야 한다.
㉢ 마음을 절제하여 지나친 탐욕을 없애고 음식을 많이 먹겠다고 욕심 부리지 말라
㉣ 음식을 몸에 좋은 약으로 알아서 형상의 괴로운 것을 고치게

한다.

㉤ 도업(道業)을 이루어 놓고 나서 음식을 받아먹어라

결국, 식시오관은 별다른 생각 없이 하루에 세 차례 마주하는 식사가 내 앞에 놓이기까지 어떤 수고와 고마움이 담겨있는지 생각한 다음에 먹으라는 충고가 담겨있다. 아울러 밥값을 제대로 하면서 바른 자세와 각오를 제대로 하는지 되새기라는 성찰의 뜻을 함축하고 있다. 이는 논어(論語)의 학이편(學而篇)에 나오는 증자(曾子)의 말씀인 일일삼성(一日三省)*의 내용과 일맥상통하는 철학을 바탕으로 하는 가르침 일러라. 그러므로 매사에 자신을 되돌아보면서 작은 일에도 감사하고 흡족할 줄 아는 지혜를 터득하고 깨우치라는 참뜻이 담겨있다.

물론 오늘날 우리가 즐겨 먹는 음식문화는 예전에 비해 많이 달라졌다. 그렇지만 음식에 대한 예절의 기본은 예와 다를 바 없다. 그럼에도 불구하고 늘 음식을 먹으며 아무런 생각이나 느낌 없이 본능적인 생명의 유지 수단으로 음식을 대했던 무지함이 민망스럽기도 하다.

공자가 논어의 위정편(爲政篇)에서 '나이 70이 되니 마음이 하고자 하는 바를 좇아도 도(道)에 어그러지지 않았다(從心所欲不踰矩).'라고 이르지 않았던가! 그런데도 선인들이 일러준 식시오관 같은 지혜로움까지도 슬기롭게 받아들이지 못한 채 등신같이 동물적인 생명의 지탱 수단으로 음식을 대해왔던 미욱한 내가 과연 정상일까? 이런 터수이기에 사사건건 사념의 늪에 빠져 참다운 나 찾지 못하는 어리석음을 범하기 일쑤였지 싶다.

이 같은 고백은 지나친 겸손이나 자기 비하가 아니며, 선조들의 가르침에 대해 도를 넘는 남우세스러운 과찬도 아니다. 이런 맥락에서 흔히들 얘기하는 '지나친 공손이 예가 아니듯이 지나친 칭찬도 예가 아니라.'는 철학을 바탕으로 진정한 나의 민낯을 직시할 수 있다면 좋겠다.

별다른 의미를 부여하기 어려운 한 끼의 식사일지라도 허수히 여김은 천박한 성품의 단면을 더덜이 없이 드러내는 진면목이 틀림없다. 그런 까닭에 철 지난 유행가를 구성지게 불러대는 꼬락서니일지라도, 작은 일에도 감사하고 고마워 할 줄 아는 심성을 바탕으로 참된 경지에 다다르고 싶다. 하지만 칠칠치 못해 머리위에 흰서리가 잔뜩 내려앉은 여태까지도 밥상머리 교육이나 단동십훈(檀童十訓) 교육 같은 원초적인 화두와 맞닥뜨려도 일희일비하면서 혼란을 겪고 갈팡질팡하면서 새가슴을 쥐어짜며 가슴앓이를 하게 마련인 나는 언제나 나잇값과 밥값을 할 수 있을까?

---

* 식당작법(食堂作法) : 불교에서 식사에 종교적인 의미를 부여하여 공양(供養)이라고 한다. 이 공양 때 행하는 의식이 식당작법이다.

* 서유구(徐有榘 : 1764~1845) : 조선 후기의 실학자이며 농정가(農政家)이다. 본관은 대구이고, 자는 준평(準平)이며, 호는 풍석(楓石)이다. 한편, 시호는 문간(文簡)이다.

* 일일삼성(一日三省) : 하루에 세 가지 일을 살핀다는 뜻이며 하루에 세 번씩 자신의 행동을 반성하라는 훈계로서 '위인모이불충호(爲人謀而不忠乎), 여붕우교이불신호(與朋友交而不信乎), 전불습호(傳不習乎)'가 그 본래의 이름이다.

소인배

한자의 '무리 배(輩)'는 무리를 이룬 사람을 뜻하는 접미사이다. 그런데 이 글자는 긍정적인 측면보다 부정적인 관점에서 훨씬 많이 사용되고 있다. 전자의 예로 선배, 후배, 연배, 동년배 따위가 입말에 익숙해져 널리 회자(膾炙)되고 있으며 말법에 맞는 경우이다. 이에 비해서 후자의 예는 헤아리기 어려울 만큼 다양하고 폭넓게 쓰이고 있다.

이들 후자에 대한 우리말과 만남을 위한 말밭에서 낚시질이다. 우선 머리에 언뜻 떠오르는 예가 도량이 좁고 간사한 사람 또는 그 무리를 지칭하는 소인배(小人輩)이다. 이의 몇 촌쯤 되는 말일까? 아첨을 잘하는 사람 또는 그 무리가 아첨배이다. 그렇다면 여기서 소인배의 성격적인 특징을 살짝 파헤쳐 들춰본다.

보편적으로 소인배들은 무능한데도 그를 인정하지 않으려 한다. 아울러 자기보다 뛰어난 사람을 따라잡으려는 노력보다는 그들을 끌어내려는 아집과 집념으로 무장한 옹고집쟁이 색채가 농후하다. 또한 자기 행위에 대한 책임 대신에 면책의 사유를 찾거나 타인에게 책임 전가에 급급하며 극히 이기주의 성격이 강해

눈살을 찌푸리게 한다. 이들 특징을 능가하는 또 다른 특이한 심리는 약자에게 잔인할 정도로 강하게 군림해 짓밟으려 든다는 점이다. 그런데 비하여 강자에게는 비굴할 정도로 아첨하며 비위를 맞추려는 이중적인 성격이 짙다. 또한 위험 가능성이 높은 일이나 사건에 맞닥뜨리면 정당하게 정면으로 나서 대항하거나 해결하는 노력을 보이려 들지 않는다. 그쪽보다는 회피하려고 기를 쓰면서 교묘하게 상대를 공격하고 곤경으로 몰아넣으려 획책하는 술수에 능하다.

소인배에 이어지는 부정적인 개념들은 끝을 가늠하기 어려울 만큼 줄줄이 이어진다. 온갖 부정한 수단과 방법으로 자신의 이익을 꾀하는 사람이나 그 무리인 모리배, 사회적 일탈 행동이나 비행을 일삼는 불량배, 간사한 신하 또는 그 무리인 간신배가 있다. 또한 정치인과 결탁하거나 정치적 수단을 이용하여 사사로운 이익을 획책하거나 여론을 호도하는 무리인 정상배, 펀둥펀둥 놀면서 방탕한 생활을 하며 시중을 떠돌아다니는 점잖지 못한 무리인 시정잡배 혹은 시정무뢰가 그 범주에 해당한다. 아울러 폭력을 일삼는 사람 또는 그 무리인 폭력배, 조직을 구성하여 무차별적으로 폭력을 행사하는 무리인 조직폭력배(조폭)를 비롯하여 날치기나 들치기 혹은 소매치기 따위의 날쌘 좀도둑의 패거리인 치기배 등이 있다.

일정하게 사는 곳과 하는 일이 없이 빈둥빈둥 놀면서 떠돌아다니거나 방탕한 생활을 하는 무리를 부랑배라고 한다. 이 부랑배의 유의어로서 무뢰배, 무뢰지당, 무뢰지배, 무뢰한, 탁류 등이 있다. 이들과는 뿌리가 완전히 다른 '배'이지만 경상도 방언 중에 후레자식을 뜻하는 시러베자식이라는 말이 있다. 이는 배운 데 없이 제풀로 막되게 자라 교양이나 버릇이 없는 사람을 낮잡아 이르는 말이다.

'무리 배'에 대한 유사한 내용일지라도 몇 가지 개념을 더 들여다본다. 일정한 직업 없이 나도는 불량한 사람을 무뢰지당이라고 한다. 이 개념의 유의어로서 뢰자, 무뢰, 무뢰배, 무뢰지배, 무뢰한, 부랑배, 부랑아, 부랑자, 부랑패, 탁류, 룸펜(lumpen) 등이 있다. 이 말들에 대한 일부 의미이다. 일정한 직업 없이 나도는 불량한 사람 또는 그 무리를 무뢰지배라고 이르고, 일정하게 하는 일도 없이 떠돌아다니며 나쁜 짓을 하는 사람을 뢰자라고 일컫는다. 그리고 그릇된 짓으로 남을 속이는 짓을 일삼는 무리를 협잡배라고 부른다.

'무리 배'자가 부정적인 의미가 원체 강한 때문일까? 우리말에 부정적이고 폄하적인 뜻을 내포하여 소인배라고 단어는 사용하더라도 대인배(大人輩)라는 말은 말법이나 말맛의 정서에 거슬릴 뿐 아니라 표준어가 아니기 때문에 틀린 엉터리 표현이다. 하지만 우리의 신문이나 방송에서 대인배라는 표현을 스스럼없이 쓰는 경우를 심심치 않게 볼 수 있다.

소인배의 정확한 반대말은 군자(君子)로서 이는 '아량이 넓고 관대한 사람'을 지칭한다. 그런데 오늘날에는 소인배에 대한 반대말로 대인배라는 신조어가 여봐란듯이 버젓이 쓰임은 왜일까! 삶을 영위하면서 아침에 눈을 뜨고 일어나서 밤에 잠자리에 들어 꿈나라 여행을 떠날 때까지 끊임없이 입으로 쏟아내는 게 말이다. 이런 맥락에서 볼 때 말을 부리는 주인다운 올곧은 노릇과 처신마저도 생각처럼 녹록치 않으니 세상에 쉬운 일이란 결코 없나 보다.

이별

가을에 문득 이별이 떠올랐다. 무심코 옆으로 밀쳐둔 창문 틈새로 한 줄기 소슬바람이 연구실 안을 가득히 채웠다. 조용한 실내가 갑자기 수런거리며 이전과 사뭇 다른 기운이 감돌아 나도 모르게 회전의자를 돌려 망연히 창밖으로 눈길이 갔다. 남녘인데도 늦가을과 초겨울이 묘하게 어우러지면서 성급한 나무는 옷을 홀라당 벗어 던져 버려 맨몸을 앙상하게 드러낸 꼴이다. 그러나 마냥 느린 걸음의 거북이처럼 자연의 변화에 둔감한 수목은 단풍의 끝물 무렵에 접어들어 황량한 몰골을 한 채로 잔뜩 웅크리고 입동을 맞는다. 다른 나무에 비해 은행나무는 아직 파란 기운을 뿜내면서도 바탕에 샛노란 기운이 역력한 색채를 띠며 핼쑥해짐은 계절을 거스를 수 없음을 웅변하는 게 아닐까!

가을은 한살이의 마무리이면서, 최초에 생명이 잉태되었던 곳으로 회귀해야 하는 별리(別離)를 전제로 떠남을 숙명처럼 받아들여야 하는 철이다. 나무와 나뭇잎 또한 이 절기에 이르면 자연의 섭리에 순응하기 위해 서로 떨어지는 헤어짐의 고통과 서러움을 감내해야 한다. 자연이나 사람을 막론하고 만남은 설렘이나 동경과 꿈을 연상케 한다. 하지만 갖가지 사연이 아로새겨진 헤어짐은 아픔과 고뇌가 따르기 때문에 가슴을 파고드는 외로움이 엄습하기 마련이다. 어지럽게 얽히고설킨 일상사가 되풀이되는 세상에서 사계절을 누리면서 가을만큼 헤어짐이 시린 듯 허전하게 다가오는 절기가 또 있을까! 이런 연유에서 많은 사람들이 가을 증후군을 진하게 앓는가 보다.

헤어짐은 언제나 아릿하면서도 옹이처럼 각인되는 슬픔인 때문에 함부로 입에 담으며 어영부영 넘긴다면 당신의 품격에 덕지덕지 흠집이 생기기 십상이다. 아무리 헤어짐 때문에 마음이 아프거나 정신이 혼란스러워도 그 표현에 격조가 있음을 간과하는 어리석음을 범하지 않아야 한다. 얼핏 생각하면 무심코 입에 올리고 넘어갈 수 있지만 제대로 된 말의 쓰임새를 생각해 본다.

국어사전에 따르면 헤어짐이나 서로 떨어짐을 이별(離別)이라 정의한다. 그런데 이별의 인사를 나누며 헤어졌다면 이는 작별(作別)이라 표현해야 한다. 그리고 누군가에게 작별을 알림은 고별(告別)이라 해야 맞다. 한편, 사랑하던 사람들이 영원히 절교하거나 사람 사이에 기약 없는 이별의 애끓는 심정의 표현은 결별(訣別)이라 해야 옳다. 만일 연인들이 헤어지기 힘들어하는 모습을 웅변하는 이별을 애틋하게 여기는 정황의 표현은 석별(惜別)이 맞는 선택이다. 아울러 살아갈 날이 그리 많이 남지 않은 노부모가 쉬 돌아올 기약이 없는 길을 떠나는 자식과 별리가 애달파 소맷자락을 부여잡으며 하염없이 눈물을 훔치는 애끓는 정경은 메별(袂別)로 표현해야 제맛이 나며 격에 어울린다. 또한 연치 높은 어른과 헤어짐은 봉별(奉別)이라 써야 합당하다. 아울러 존경하는 이와 아쉬운 헤어짐을 격식에 어긋나지 않도록 아귀를 맞춰 표현하려면 배별(拜別)이라는 말을 골라 써야 이치에 맞는다.

얼마 남지 않은 기축년(己丑年)에 갖가지 사연 때문에 보내거나 버려야 할 수많은 별리가 숨을 죽인 채로 차례를 기다린다. 내 주제를 생각지도 않고서 정초부터 게걸스럽게 잔뜩 움켜쥔 욕심이나 망상들과 고별이 절실한 과제이다. 그를 덜어내거나 내려놓지 못하면 마음이 무거우며 정신이 혼란스러워 나를 잃지 않을까 하는 두려움을 벗어날 길이 없어 보이기 때문이다.

현대는 그 옛날처럼 붙박이로 삶을 꾸려나가기보다는 일터나 사정에 따라 이 고을 저 도시를 전전하는 현대판 디아스포라(diaspora)가 많아 예상치 못한 봉별이나 배별 같은 헤어짐도 피할 수 없으리라. 그럴 경우 인심 사납게 처신하지 않기 위해 내가 앞서서 전별(餞別)하며 어디론가 떠나보내야 할 전송(餞送)을 하는 송별(送別)의 자리를 마련하고프다. 왜냐하면 우리의 정서에서 떠나는 사람이 남아 있는 사람에게 작별을 고하도록 하는 유별(留別)의 자리를 만들도록 하는 것은 예의 테두리를 벗어나 도리가 아니기 때문이다.

가당치 않게 거창한 철학적 성찰이나 고민에 앞서 계절적으로 입동에 이르러 자연에 지난 한 해 고마웠다며 작별을 고해야겠다. 이른 봄부터 나에게 풋풋함과 생기를 불어넣거나 힘을 북돋우던 그들을 보면 언제나 흐뭇했으며 힘이 용솟음쳤었다. 그런 그들이 하늘의 섭리에 따라 자연으로 돌아가 내년 만물이 소생하는 웅비의 새봄을 기약하는 거룩한 의식에서 내 생각을 올곧게 다듬으며 갈무리하는 교훈을 얻을 수 있다는 이유에서이다.

다시 창가로 눈을 돌려 가까운 곳에서부터 먼 쪽으로 훑어 나간다. 가까운 곳에는 분주히 오가는 자동차 행렬과 들쭉날쭉한 고층 건물이 어지럽게 자리한 뒤로 마산만이 이어진다. 그리고 시의 경계 지점에는 병풍처럼 드리워진 산줄기 위쪽엔 코발트 빛 가을 하늘이 한가로이 길게 드러누워 나른한 모습으로 졸고 있는 모양새이다. 그 산마루에 허리를 걸쳐놓은 채로 마냥 굼뜨게 오가며 유유자적 노니는 뜬구름이 한없이 외로울 뿐 아니라 쓸쓸해 보여 처연하다는 생각에까지 이른다. 그러고 보니 나는 지금 어디로 흘러가는지도 모르는 얼기설기 뒤섞인 세월의 그림자 뒷자락을 부여잡은 채로 끝 모를 비감에 사로잡혀 허우적거리는 것일 게다. 그 정황에서 두근두근 벌렁대는 마음을 끌어안고 이별 연습을 하며 외로움을 주체하지 못해 흐느적거리며 진한 가슴앓이를 하는 게 아닐까!

눈을 돌아봄

눈은 마음의 창이라고 일컫는다. 그런가 하면 불가(佛家)에서는 물질이 없어도 일곱 가지의 보시를 할 수 있다는 무재칠시(無財七施)의 수단 중의 하나가 눈이다. 그것이 바로 안시(眼施)이다. 또한 부처의 도를 이를 때 오안(五眼)이라 한다. 종교적인 맥락의 눈에 이르지 못했기 때문에 가시권의 표피적인 현상마저도 왜곡하는 처지일지라도 그 고마운 존재와 만남이요 생각의 미침이다.

별 탈 없이 나를 이끌어 주었는데 퇴직을 하고 난 어느 날 왼쪽 눈이 깜깜했다. 더럭 겁을 먹고 헐레벌떡 안과를 찾았다. 간단한 검사를 마친 뒤에 의사는 노안 현상인데 녹내장이 아니라서 다행이라며 백내장(백태눈)이 심해져 선택의 여지가 없다고 못을 박고 나서 내일 당장 수술하자는 얘기였다. 앞뒤 가릴 겨를 없이 허둥대며 벼락치기로 수술을 받았다. 그렇게 나와 60여 년을 함께 한 왼쪽 눈에 칼을 댔다. 그리고 세 해 뒤엔 똑같은 이유로 오른쪽 눈도 같은 험한 꼴의 수모를 당했다. 따라서 그 옛날 같으면 지금쯤 나는 별 수 없는 청맹과니 혹은 당달봉사일 밖에 도리가 없었는데 현대 의술 덕에 광명천지를 맘껏 누리고 있다.

젊은 날 내 눈은 다행스럽게도 극단적인 근시(바투보기, 졸보기, 단시)나 난시(어릿보기) 혹은 원시(멀리보기)가 아니었다. 초등학교 다닐 때 시력은 2.0이었던 까닭에 안경으로부터 자유로웠다. 시력이 가장 뛰어난 종족은 4.0 정도인 몽골족으로 알려졌었다. 그러나 최근 태국의 쑤린군도(Mu Koh surin)에 사는 모겐족의 시력이 동물보다도 월등한 9.0 정로로 알려져 우리를 놀라게 했다. 이는 독수리의 시력이라고 알려진 6.0을 훨씬 상회하는 까닭에 유구무언으로 만들기에 충분하다. 한편, 시야에 들어오는 사물의 형상을 정확히 분간하는 눈의 능력인 시력(視力)을 뜻하는 유사한 말로 안력(眼力), 목력(目力), 시정도(視精度), 안세(眼勢), 안총(眼聰) 등으로 다양하게 표현하고 있다.

언중(言衆)의 입에 익은 눈의 지칭 중에는 이목을 집중시키며 눈길을 끄는 껄끄러운 표현이 생각보다 숱했다. 화가 나거나 미워서 남을 매섭게 쏘아 노려보는 도끼눈, 표독스럽게 생긴 독사눈, 실처럼 가늘게 뜬 눈이나 가늘고 작은 실눈, 보는 눈이 남들보다 매서울 정도로 정확하다는 뜻의 매의 눈, 작고 가늘게 찢어진 뱁새눈, 눈이 큰 사람을 놀림조로 일컫는 왕눈이, 날카롭고 매서운 눈을 비유적으로 독수리 눈, 양쪽의 크기나 모양이 다르게 생긴 눈 또는 그 눈을 가진 사람이나 양쪽 눈 시력의 차이가 심한 눈을 짝눈이라고 한다.

조금 뗬지만, 겉으로 보기엔 감은 것처럼 보이는 겉눈, 눈을 감은 체 하면서 조금 뜨는 속눈, 감은 듯하고 아주 가느다랗게 뜨고 보는 샛눈, 얼굴에 비해 어울리지 않게 몹시 작은 눈을 놀림조로 쥐눈, 게나 새우를 위시해서 달팽이나 가재처럼 긴 자루 끝에 달린 까닭에 눈자루 운동으로 자유롭게 여러 방향을 볼 수 있는 자루눈(有柄眼), 퀭하게 쑥 들어간 눈을 옹이눈, 사물을 바로 볼 줄 아는 눈을 참눈이나 어섯눈이라고 이른다.

눈치를 살피느라 좌우로 곁눈질하는 눈을 가재의 눈에 비유하는 말로서 가재눈, 화가 나서 옆으로 흘겨보는 눈을 가자미눈에 비유하여 이르는 가자미눈, 초점이 흐릿하고 생기가 없어 보이는 동태눈, 청맹과니, 당달봉사, 사시눈을 한 사람을 얕잡아 이르는 말로서 사팔뜨기, 눈을 모로 뜨거나 곁눈질로 흘겨봄을 사시(斜視), 시각 장애인을 낮잡아 이르는 말 또는 세상 물정이 어둡거나 글을 모르는 사람을 비유적으로 소경 혹은 맹인(盲人), 또 다른 호칭으로 시각장애인을 얕잡아 이르는 말로서 봉사라고 부르기도 했다. 이와 유사한 말로서 맹안(盲眼), 맹인, 맹자(盲者), 소경, 장님, 판수, 몽고(朦瞽), 고인(瞽人), 고자(瞽者) 등으로 호칭하는 것이 그들의 예이다.

이 외에도 시선을 끄는 개념이 관념적 혹은 종교적 색채가 짙은 내용들이다. 사물을 살펴보는 능력 또는 그런 작용을 뜻하는 심력(心力), 사물을 환히 꿰뚫어 보는 능력인 통찰력(洞察力), 어떤 사물의 본모습을 꿰뚫어 보는 힘인 투시력(透視力)이 떠오른다. 한편, 천 리 밖의 것도 볼 만한 시력이라는 뜻으로 사물을 잘 꿰뚫어 보는 능력을 천리안(千里眼)이라고 한다. 그리고 지혜의 밝은 감각이나 지혜가 만 가지를 비추어 보는 것이 눈으로 사물을 바라보는 것과 같다는 뜻의 지혜안(智(知)慧眼)이다. 또한, 그 옛날에는 왕의 눈빛을 안정(眼精)이라고 부르기도 했다.

불가의 오안에서 이르는 내용이다. 사물을 밝게 보는 슬기로운 눈이나 모든 집착과 차별을 떠나 진리를 밝혀 보는 눈인 혜안(慧眼), 가시적인 현상만 볼 수 있는 평범한 사람의 눈을 육안(肉眼),

미세한 사물도 멀리서 볼 수 있고 미래의 삶과 죽음까지 볼 수 있는 눈인 천안(天眼), 불법의 바른 이치를 꿰뚫어 보는 지혜의 눈인 법안(法眼), 모든 진상(眞相)을 환하게 보는 부처의 눈인 불안(佛眼) 등이다.

마음의 거울이라거나 그윽한 눈빛을 비롯한 "안광(眼光)이 지배(紙背)를 철(徹)하다."를 위시하여 아름다움을 살필 수 있는 안목인 심미안(審美眼) 같은 긍정적이며 곱고 예쁜 말을 전제로 묘사한 눈에 관련된 말이 더러 있다. 하지만 그에 못지않게 부정적이거나 삐뚤어진 심사를 내포한 표현이 폭넓고 깊이 뿌려 박혀 있음을 실감했다. 이런 현실은 험한 세상의 밉상인 꼬락서니가 몹시 거슬려 따끔하게 꼬집으려 했던 맘 때문일까!

도장의 명칭과 쓰임새

다양한 도장과 만남이다. 은행 업무에 쓸 요량에서 도장을 찾으려고 뒤적여도 엉뚱한 것만 손에 잡혔다. 급한 마음에 자질구레한 잡동사니 용품을 담아 둔 자그마한 상자를 뒤엎었다. 그래도 행방이 묘연해 처음부터 샅샅이 뒤지다 보니 입때까지 내가 쓰던 도장이 자그마치 열일곱 개나 굴러다니고 있어 깜짝 놀랐다.

누군가에게 들은 얘기이다. 도장도 사주팔자를 짚어가며 그 결과에 걸맞게 새겨야 한다는 얘기였다. 하지만 나의 경우는 사주팔자나 길흉화복을 따져가며 새긴 경우는 하나도 없다. 하나 같이 내 팔자를 빼닮아 막도장에 가까운 몰골일지라도 반백 년을 훌쩍 넘긴 축도 있었다. 하나하나가 쓰였던 이력이나 숨겨진 사연을 곧이곧대로 꿸 수 없어도 나름대로 절실히 필요했던 순간에 새겼을 터이다. 그럼에도 이제는 거의가 쓸모가 없음에도 과감하게 버리지 못하고 비좁은 상자 속에 가둔 꼴로 좁은 감옥을 연상시키는 모양새이다. 겉모습이 꾀죄죄한 그들과 조우를 하다가 이참에 도장의 쓰임새나 명칭과 만남의 길을 나서기로 했다.

이름이나 글자를 나무, 뿔, 고무, 옥, 상아, 수정, 돌 따위에 새겨 문서에 찍도록 만든 물건이 도장(圖章)이다. 이는 인장(印章), 인감(印鑑), 투서(套署), 신장(信章), 인(印), 신(信), 인신(印信), 도서(圖書), 새(璽) 따위의 또 다른 이름으로 불리기도 한다. 여기서 도장(圖章)은 도서(圖書)와 인장(印章)의 합성어이고, 인(印)과 장(章)의 합성어가 인장(印章)이다. 이 도장을 찍는 것을 날인(捺印)이나 압날(押捺) 혹은 검인(鈐印)이라고 부르며 도장이 찍혀 있는 흔적을 인영(印影) 또는 인흔(印痕)이라고 한다.

도장의 종류는 크게 관인과 사인으로 나뉜다. 여기서 관인(官印)은 정부 기관에서 발행하는 인증이 필요한 문서 따위에 찍는 도장으로써 청인과 직인이 있다. 청인(廳印)은 관공서를 나타내는 도장으로써 관인으로 순화되었다. 그리고 직인(職印)은 직무상 쓰는 도장으로써 공무원이나 회사원의 직위 명칭에 '도장 인(印)'자를 붙인다. 한편, 사인(私印)은 개인이 쓰는 도장으로써 개인도장으로 순화되었다.

그 옛날 왕조 시대에는 국권의 상징으로 국가적인 문서에 사용하는 임금의 도장인 옥새(玉璽)나 옥보(玉寶)가 있었다. 이를 비슷한 말로 보새(寶璽)라고도 불렀으며, 이는 옥(玉)으로 만든 국새(國璽)였다. 결국 옥새는 제왕의 인장을 옥으로 만든 것이고, 금(金)으로 만든 것을 금보(金寶)나 금인(金印)으로 부르기도 했다. 이 옥새는 왕조시대 권위와 정통성을 상징하면서 국내외 중요 문서에 날인했고, 왕위 계승 시에는 양위(讓位)의 상징으로 전수되었다. 그런가 하면 세자가 섭정할 때 군무(軍務)에 관한 문서에 찍던 나무 도장을 제승(制勝)이라고 했다.

우리나라의 경우 1948년 대한민국 정부를 수립하면서 새로운 국새(國璽) 제도를 채택하여 1949년 5월 "대한민국지새(大韓民

國之璽)"가 만들어졌다. 그 이후 1970년 3월 인문을 한글 전서체(篆書體)의 "대한민국"으로 바꿨다.

사전에 따르면 일정한 표적으로 삼기 위하여 개인이나 단체 그리고 관직 따위의 이름을 나무, 뼈, 뿔, 수정, 돌, 금 따위에 새겨 문서에 찍도록 만든 물건을 인(印)이라고 정의하면서 본딧말은 인장(印章)이라고 밝히고 있다. 비슷한 말로써 신장(信章), 인(印), 인장(印章), 도장, 투서(套署)라고도 한다. 통상적으로 도장은 재질이나 모양 쓰임새에 따라 모가 난 각도장(角圖章), 짐승의 뿔로 만든 뿔도장, 나무로 판 목도장(木圖章), 잡다한 일에 두루 쓰는 막도장 따위가 언뜻 떠오른다.

소인(消印)은 두 가지 뜻을 지니고 있다. 첫째로 지우는 표시로 인장을 찍음 또는 그 인장을 뜻하며, 이를 지움도장으로 바꿔 호칭하고 있다. 둘째로 우체국에서 접수된 우편물의 우표 따위에 도장을 찍음 또는 그 도장으로 거기에는 접수 날짜와 국명(局名) 따위가 새겨졌으며, 이를 날짜도장으로 호칭하기도 한다. 소인의 현대화된 비슷한 말이 스탬프이다.

당사자의 동일성 여부를 확인하기 위하여 관공서 또는 거래처 등에 미리 제출해 두는 인발*을 인감(印鑑)이라고 한다. 그리고 인감으로 신고한 것이 인감도장(印鑑圖章)이다. 아울러 함께 묶은 서류의 종잇장 사이에 걸쳐서 도장을 찍음 또는 그 도장이 간인(間印)이다. 이 간인이라는 말은 걸침도장, 사잇도장, 이음도장으로 순화되었다. 또한 증빙서류의 꽤맨 종잇장 사이마다 걸쳐서 찍는 도장이 사잇도장이다. 그리고 두 장의 문서에 걸쳐서 찍어 서로 관련되어 있음을 증명하는 도장이 계인(契印)이며, 유사한 표현으로 거멀도장이라고도 한다.

서로 관련된 사실을 증명하기 위하여 도장 하나를 두 장의 서류에 걸쳐 찍음 또는 그런 도장 흔적이 할인(割印)이다. 한편, 봉인(封印)은 첫째로 밀봉(密封)한 자리에 도장을 찍음 또는 그렇게 찍힌 도장을 뜻하며 비슷한 말로서 봉금(封禁), 봉새(封璽), 인봉(印封) 따위가 있다. 둘째로 법률에서 형체가 있는 동산에 대하여 그 모양을 바꾸지 못하도록 하는 처분으로 날인하는 일 또는 그 인을 뜻하며, 비슷한 말로 봉새(封璽), 봉금(封禁), 인봉(印封) 등이 있다. 그리고 하나의 문서에 두 사람 이상이 연명(連名)으로 도장을 찍는 것을 연판(連判)이라고 한다. 또한 연판한 서장을 연판서장(連判書狀)이라고 하며, 연판장(連判狀)과 연장(連狀)은 유사한 말이다.

글씨나 그림 따위에 작가 자신의 이름이나 호를 쓰고 도장을 찍는 일 또는 그 도장이 찍힌 것을 낙관(落款) 혹은 인기(印記)라고 한다. 또한 책을 소장한 사람이 자신의 소유임을 밝히려고 사용하는 인장이 장서인(藏書印) 혹은 수장인(收藏印)이다. 이처럼 서화(書畵)에 쓰이는 인장의 종류는 대충 다음과 같다. 성명인(姓名印), 아호인(雅號印), 당호인(堂號印), 헌당인(軒堂印), 재관인(齋館印), 길어인(吉語印), 화압인(花押印), 서압인(署押印), 초형인(肖形印), 감정인(鑑定印), 감상인(鑑賞印) 따위가 그들이다.

도장일지라도 앞에서 살핀 것과 궤를 달리하는 것들이 이채롭다. 먼저 쇠붙이로 만들어 불에 달구어 목재나 가축의 몸에 찍어서 구별하는 소인(燒印)이 있다. 그리고 대나무 표면에 달군 쇠(인두)로 지져서 여러 가지 무늬를 만드는 일을 낙죽(烙竹)이라고 한다. 한편, 쇠붙이로 만들어 불에 달구어 찍는 도장으로써 목재나 가구, 가축 따위에 찍는 것을 낙인(烙印)이라고 한다. 그 옛날에는 형벌로 죄인의 몸에 찍는 낙형(烙刑)이나 노예임을 표시하기 위해 잔인하게 찍는 무자비한 경우도 있었으며 비슷한 말로 불도장이나 화인(火印)이 쓰였다.

도장에 연관된 내용들이다. 석벽에 글자나 그림 혹은 불상 따위를 새김을 마애(磨崖), 나무나 돌 따위에 글이나 그림을 새기어 깎음을 각삭(刻削), 도장을 새김 또는 그 도장이 각인(刻印) 또는 늑인(勒印)이다. 한편, 도장이 잘 찍히도록 밑에 받치는 푹신한 사슴 가죽을 '넉자'라고 한다. 그런데 아무 일에나 나서서 잘난 체하는 사람을 도장왈짜라고 호칭한다. 그 연유가 궁금해 여러 자료를 들춰봐도 오밤중처럼 깜깜한 상태에서 발길을 돌려야 했다.

인발 : 도장을 찍은 형적을 뜻한다.

친구

가까운 벗을 다시 생각한다. 친구는 오래도록 친하게 사귀어 온 사람 또는 나이가 비슷하거나 아래인 사람을 낮추거나 친근하게 이르는 말이라고 정의한다. 이와 유사한 개념의 유의어가 무척 다양하게 통용되었다. 대표적으로 마음이 서로 통하여 가깝게 사귀는 사람을 동무, 벗, 붕우(朋友), 붕지(朋知), 붕집(朋執), 우생(友生), 우인(友人) 등으로 불렀다. 한편, 오랫동안 가깝게 사귀어 온 비슷한 또래의 사람을 지칭해서 친고(親故), 친한 벗을 친붕(親朋)이나 친우(親友)라고 호칭하기도 했다.

친구를 높여 이르는 말로서 맹형(盟兄), 친구끼리 서로 높여 부르는 편지 말로서 인형(仁兄), 문사(文士)끼리 높여 부르는 말로서 사형(詞兄), 불교에서 함께 도를 닦는 벗을 도반(道伴), 한 스승의 제자로서 자기보다 먼저 제자가 된 승려를 높여 이를 때 사형(師兄)이라고 부르는데, 말맛이 찰지고 정감이 묻어나는 표현이다.

친구와는 격이 다른 표현이지만 처남과 매부가 서로 상대방을 높여 부르는 편지 말로서 인형(姻兄)이라는 표현을 쓴다. 이의 유의어로서 손위 누이의 남편을 매형(妹兄), 자부(姊夫), 자서(姊壻), 자형(姊兄)이라고 한다.

유유상종이라는 말을 한다. 이런 맥락에서 연유한 표현이리라. 나이나 신분이 엇비슷하여 친하게 지내는 사람을 주배(疇輩)라고 이른다. 이의 유의어로서 나이나 신분이 서로 같거나 비슷한 사람을 동류(同類)라고 한다. 이와 같은 의미로서 사용되는 동배(同輩 : 원어는 동년배(同年輩)), 등륜(等倫), 제류(儕流), 제배(儕輩), 배류(輩流), 주배(疇輩) 등이 통용되고 있다. 또한 나이나 신분이 서로 같은 사람을 등륜(等倫), 나이나 신분 등이 비슷하여 친하게 지내는 사람을 등이(等夷)라고 이른다.

예로부터 뜻을 같이하는 돈독한 친구를 많이 사귄 사람은 인간관계에서 성공한 축으로 여기며 닮고 싶어 하면서 부러워했다. 그런 우정의 상징적인 예가 고대 중국의 관중(管仲)과 포숙아(鮑叔牙)의 관계일 것이다. 사마천(司馬遷)이 저술한 사기(史記)의 관중열전(管仲列傳)에 이들의 얘기가 수록되어 있다. 이 두 사람의 각별한 우정을 후세 사람들은 관포지교(管鮑之交)라고 이르며 오늘날까지도 세인의 입에 자주 회자되고 있다. 우리의 경우는 조선 시대 오성(鰲城 : 李恒福)과 한음(漢陰 : 李德馨)의 우정이 아름다운 교분의 표상처럼 우뚝 높은 곳에서 샛별처럼 빛을 발한다.

진정한 벗은 삶에서 따르게 마련인 희로애락을 함께 나누면서 수양을 쌓고 덕을 닦는 길라잡이나 사표가 될 터이기에 축복이 틀림없다. 이런 연유에서 생을 누리면서 마음이나 뜻을 여투며 내일의 꿈을 이뤄나가는 여정에서 서로 의지하고 기댈 친구 몇 명만 제대로 사귀어도 옹골진 교우관계가 아닐까!

친구라는 개념도 보통 사람들은 기껏 교분을 나누던 사람이 고작이다. 하지만 달관하여 드높은 곳에서 세상을 조감(鳥瞰)하는 성현이나 시선(詩仙)들은 보통의 경지를 훌쩍 뛰어넘어 천지만물이 친구이며 벗이 되는 통찰이나 통섭의 희열을 누리나보다.

고산(孤山) 윤선도(尹善道)는 선인(仙人) 경지에 이른 무애의 삶이 그렇게 만들었을까? 자연과 천지를 두루 아우르며 벗을 이렇게 노래하고 있다.

내 벗이 몇이냐 하니
수석(水石)과 송죽(松竹)이라
동산에 달(月)이 오르니
그 더욱 반갑구나
두어라 이 다섯밖에
또 더하여 무엇하리

친구란 자기 참모습의 단면을 투영해 볼 수 있는 거울이며 나침반이 되기도 한다. 인정하고 싶지 않을지 모르지만, 친구라는 거울은 나의 숨겨진 진면목을 더덜이 없이 파악할 바로미터이기도 하다. 게다가 자신의 언행이나 성품을 친구의 그것과 견줘봄으로써 자기 승화를 겨냥하는 성찰의 방편이 되기도 한다.

진취적이고 도전적인 삶을 추구하는 축과는 거리가 먼 밋밋하고 평범한 삶을 누리는 터수이다. 그래도 연신 고개를 들고 주억거려도 대책 없던 탐욕은 부질없고 덧없었으며 선택의 여지 없이 외골수로 치닫는다고 생각했던 집착은 허망하기 짝이 없던 경우가 더러 있었다. 하지만 그 망상과 번뇌를 무겁게 양어깨 걸머지거나 두 손에 잔뜩 거머쥔 채 내려놓거나 비우지 못했던 과욕으로 끌탕을 치며 갈등을 겪어야 했던 순간이 숱했다. 그렇게 지동지서 할 즈음에 으레 음양으로 격려를 보내주던 친구들의 존재가 미덥다. 비록 삼국지에서 유비와 관우 그리고 장비가 도원결의(桃園結義)에서 다짐했던 문경지교(刎頸之交)에는 미치지 못할 것이다. 하지만 아름다운 선연에 한없이 감사하며 금쪽같은 하나하나를 헤아려보며 고마운 그들이 있어 행복한 삶이 축복일러라.

Ⅳ. 화랑유녀

화랑유녀

해어화(解語花), 노류장화(路柳牆花), 색시에서 뜻하는 내용에 어떤 공통점이 있을까? 하나 같이 아름답고 좋은 뜻으로 쓰일 법한 예쁜 어감의 단어들이다. 하지만 유감스럽게도 이들이 함축하는 의미의 한구석에는 하필이면 어두운 측면을 의미하는 뜻의 화랑유녀(花娘遊女), 화랑(花娘), 매춘부(賣春婦), 유녀(遊女), 노는계집을 일컫고 있다.

원래 해어화는 중국에서 말을 알아듣는 꽃으로 양귀비를 지칭했지만 후에는 미인을 비유하는 말로 변용되었다. 그런데 조선시대에는 기생의 또 다른 이름으로 지칭되었다. 그리고 누구든지 꺾거나 만질 수 있는 길가의 버들과 담벼락 밑의 꽃을 노류장화라고 빗댄 표현이 흥미롭다. 이 노류장화는 누구나 쉽게 손에 넣거나 품을 수 있다는 상징적인 의미의 연상 때문인지 몸을 파는 여자를 이르는 말로 쓰인다. 한편, 시집을 가지 않은 여자 혹은 갓 결혼한 젊은 여자를 뜻하는 색시라는 말 역시 엉뚱하게도 접대부를 통속적으로 이르는 의미로 변질되기까지 했다.

공공연하게 드러내놓고 말하기 어려워 끼리끼리 은밀하게 소곤소곤 속삭이는 은어나 속어처럼 쓰였던 때문일까? 매춘부나 기녀 혹은 유녀나 노는계집을 지칭하는 말이 헤아리기 어려울 만큼 많았다. 그런데 이들과 주지육림의 방탕을 탐닉했던 알량한 부류는 고달픈 민초들이 아니라 빼어난 가문의 지배 계급으로 권세를 거머쥔 남정네들이었음은 자명한 이치이다. 그들이 남의 눈에 띄지 않게 암암리에 통용하던 말일지언정 양반의 체통을 지키고픈 궁리의 산물이었던지 품격을 갖추려고 의도했던 것으로 보이는 말이 즐비해 깜짝 놀랐다. 이런 경우에 배운 게 죄라는 식자우환(識字憂患)이라는 말을 들먹여야 하나?

그 옛날 술과 함께 몸을 파는 일을 직업으로 하는 기생이나 색주가 따위의 여인네를 통틀어 이르는 말이 유녀(遊女)로써 얕잡아 이르는 토박이말로 노는계집이라고 불렀다. 이와 유사한 말로써 매춘부, 창녀(娼女), 창부(娼婦), 화랑(花娘), 화랑유녀(花娘遊女), 창기(娼妓), 기생(妓生), 기녀(妓女), 여랑(女娘) 따위가 쓰였다.

노는계집이라는 말은 은근하고 상징적인 표현을 겨냥한 남새가 나는데 비하여, 직설적이고 천박한 분위기를 자아내는 표현이 매춘부이다. 사전에서는 돈이나 기타 대가를 받고 남성의 성적(性的) 상대가 되어 주는 여자라고 정의하는데 약어는 춘부(春婦)이다. 이 말과 비슷한 말로써 논다니, 갈보, 노류장화(路柳牆花), 매소부(賣笑婦), 매음녀(賣淫女), 매음부(賣淫婦), 매춘여성(賣春女性), 분홍녀(粉紅女), 유녀(遊女), 자녀(恣女), 창녀(娼女), 창부(娼婦), 홍녀(興女), 윤락녀(淪落女) 등이 있다.

그 옛날 춤이나 노래를 비롯하여 의술이나 바느질 따위를 배워 익히던 관비(官婢)를 연화(煙花)라고 일컬었고, 의약과 침구를 위시하여 재봉이나 노래와 춤을 추던 여인들을 통틀어 여기(女妓) 또는 기녀(妓女)라고 불렀다. 한편, 고려와 조선 시대 양반의 정처(正妻)로써 세 번 혼인하거나 부정한 행위를 한 여자를 비롯하여 몸을 팔거나 음란한 행위를 한 여자를 이르는 말이 자녀(恣女)였다. 그런가 하면 예전에 관청에 딸려 가무(歌舞)와 기악(妓樂) 따위를 하는 기생을 이르던 말이 관기(官妓)이다. 또한 궁중이나 관청에 소속되어 연회나 잔치에서 가무나 기악 따위를 맡았던 기생을 부기(府妓)라고 호칭했다. 그런데 조선의 연산군 시절 여러 고을에 널리 모아 둔 가무(歌舞) 기생을 운평(運平)이라 했다. 한편, 이들 운평 가운데서 미모가 뛰어난 경우를 뽑아 대궐에 드나들게 했는데 이를 흥청(興淸)이라고 하였다.

술집에서 손님을 접대하며 술을 따르는 여자를 작부(酌婦)라 했는데, 적지 않은 술꾼들은 이들을 성적 노리개로 삼았다. 또한 젊은 여자를 두고 몸을 파는 영업을 하던 집이 색주가(色酒家)이며, 약어로 색주(色酒)라고 불렀다. 이와 비슷한 말로 색줏집(色酒-)이나 색항(色巷) 혹은 색싯집이라고도 했다. 아울러 술집이나 요릿집 따위에서 손님을 접대하는 일을 직업으로 하는 여자를 접대부(接待婦)나 접객부(接客婦) 또는 색시라고 불렀다. 그리고 한때 유흥업소의 접대부를 속되게 이르는 말로써 '나가요 걸'이라고 부르기도 했다. 또한 죄수들이 사용하는 은어로 접대부나 몸을 파는 여자를 이르는 말이 매미이다.

이들 부류의 여인들이 거주하던 거리나 집을 이르는 호칭이다. 먼저 유곽(遊廓)에 대한 의미이다. 첫째로 예전에 관의 허가를 받아 일하는 창녀들을 두고 손님을 맞아 매음(賣淫) 행위를 하는 집이나 그 집들이 모여 있는 구역을 유곽이라고 했는데, 비슷한 말이 연곽(戀廓)이나 연리(戀里)이다. 둘째로 많은 창녀를 두고 손님을 맞아 매음 행위를 하는 집 또는 그 구역을 유곽지역이라고 했다. 그리고 비슷한 말로써 기루(妓樓), 매음굴(賣淫窟), 연리(戀里), 창관(娼館), 창루(娼樓), 홍규(紅閨), 추굴(醜窟), 청루(靑樓), 홍루(紅樓), 기생집, 갈봇집 따위가 쓰였다.

그 옛날에는 유곽을 다른 이름으로 화가유항(花街柳巷)이라고 했으며 약어가 화류(花柳)이다. 그리고 유곽을 현대적 의미로 해석하면 환락가(歡樂街), 유흥가(遊興街), 창녀촌(娼女村), 집창촌(集娼村) 따위와 유사하리라. 그런데 중국에서는 기생집을 취루(翠樓)라고 했다. 한편, 기생이나 색주가 따위가 모여서 사는 거리를 화류가(花柳街), 화류항(花柳巷), 류암화명(柳暗花明) 등으로 불렀다.

같은 처지라도 관의 허가 없이 비밀리에 매음을 하는 여자가 사창(私娼)이며, 이들이 몸을 파는 거리가 사창가(私娼街)이다. 그들에 비해서 관의 허가를 받고 그 일을 하는 여자가 공창(公娼)이며, 이들이 모여 있는 거리가 공창가(公娼街)이다. 또한 붉은 등이 켜져 있는 거리라는 뜻으로, 유곽이나 창가(娼街) 따위가 늘어선 거리를 이르는 말이 홍등가(紅燈街)이다. 이와 비슷한 말로 주사청루(酒肆靑樓), 청등홍가(靑燈紅街 : 화류계(花柳界)를 달리 이르는 말), 청루주사(靑樓酒肆), 갈봇집 등이 쓰였다.

예나 지금이나 술과 여자는 불가분의 관계일까? 옛날부터 기생이 있는 술집이나 유흥업소를 지칭하는 기루(妓樓)와 흡사한 의미로 연리, 매음굴, 유곽, 창관, 창루, 청루, 홍규, 홍루, 기생집, 추굴(醜窟), 갈봇집, 색향, 색주가, 색줏집, 색주 등이 있다.

생각할수록 알쏭달쏭한 게 사람의 마음이다. 시비곡직을 불문하고 한두 가지로 통일시켜 두리뭉실하게 표현해도 모자람이 없으련만 구태여 외계어 같은 말을 주저리주저리 복잡하게 사용했을까? 내세울 자랑스러운 일이 아니기에 뒷구멍으로 그녀들을 탐닉하면서 은어처럼 끼리끼리 소통하는데도 체통을 생각해 고상한 말로 에둘러 표현했던 것은 아닐지 모르겠다. 향후 이런 분야에서 어떤 쪽으로 변천을 거듭하면서 언중(言衆)에 회자될 새로운 말이 탄생하게 될 것인지 말 문화의 흐름과 변천이 엄청 궁금하다.

궁녀의 뿌리

궁녀에 대해 궁금증을 풀 요량에서 나선 나들이다. 조선 시대 궁궐에서 임금이나 왕비를 모시던 지밀(至密), 궁중의 안살림을 나누어 맡던 여섯 부서를 일컫는 육처소(六處所)인 침방(針房), 수방(繡房), 세수간(洗手間), 생과방(生果房), 소주방(燒廚房 : 내소주방(內燒廚房)과 외소주방(外燒廚房)), 세답방(洗踏房)에서 일하던 궁녀들은 누구였을까?

침방은 침모들이 바느질을 하던 곳이고, 수방은 흉배(胸背)나 치마 등에 장식용 수(繡)를 놓던 곳이다. 그리고 세수간은 국왕과 왕비 등의 세숫물과 목욕물을 준비하고 지(요강의 궁중말), 타구(唾具 : 가래 뱉는 그릇), 매우틀(便器)* 등의 시중을 위시해서 수건이나 그릇 등의 세척도 담당하면서 내전고간(內殿庫間)에도 출입했다. 세수간의 업무를 오늘날 기준으로 보면 구역질 나고 담마진(膽痲疹 : 두드러기(urticaria))이 여기저기에 돋아날 지경이 아니었을까? 아무리 임금님이라도 멀쩡한 사람의 대변이나 오줌을 받아 내야 하는 고역이 따랐을 터이기에 말이다.

생과방은 생과, 전과(煎果), 다식(茶食), 죽(粥) 따위의 별식을 만들던 곳이다. 그리고 소주방은 크고 작은 잔칫상이나 고사와 차례를 준비하던 외소주방, 왕과 왕비의 조석 수라상과 찬품(饌品)을 관장하던 곳인 내소주방으로 나뉜다. 아울러 소답방은 빨래와 다듬이질이나 다리미질을 전담했다.

지밀이나 육처소에서 일하며 때로는 고관대작이나 정승이 부럽지 않을 만큼 기세등등할 개연성이 상존하는 자리를 꿰찰 수도 있는 궁녀들의 뿌리를 샅샅이 들춘다.

결론부터 말하면 지밀의 경우는 각 궁(宮) 소임(所任)의 여식이나 상궁의 친족, 육처소는 궁속(宮屬)의 여식이나 나인의 친족 중에서 충원됨으로써 사대부나 양반과 뿌리가 다른 천민의 밥그릇 영역이었다. 결국 궁녀는 각 처소에서 일하는 사람들의 친족 중에서 선발한다는 얘기이다. 즉, 각 처소에서 궁임(宮任)과 궁속(宮屬)인 액정서(掖庭署)* 관리의 딸이나 각 처소의 궁녀 친족 중에서 낙점됨을 뜻한다.

조선의 기본법인 경국대전(經國大典)에는 이에 대한 언급은 눈에 띄지 않았다. 다만 영조 시절에 편찬한 속대전(續大典)에서 궁녀의 선발 기준을 이렇게 규정하고 있다. 그리고 이 내용은 조선이 망한 뒤에 세상에 알려졌던 상궁들의 증언과도 맥을 같이한다는 얘기이다.

"궁녀는 각사(各司)의 하전(下典)으로만 선발해 들인다. 내수사(內需司)*의 여자 종은 궁녀로 충당하거나 선발해도 무관했다. 하지만 시비(侍婢)는 특별한 명령이 없으면 궁녀로 선발하지 않는다. 양가의 여성은 일체 논하지 않는다. 양인이나 시비를 궁녀로 추천하여 보내거나 혹시라도 속이고 들어가게 하는 자는 장(杖) 60에 도(徒)* 1년의 형벌에 처한다. 그리고 종친부와 의정부의 노비는 시녀나 별감(別監)으로 선정하지 않는다."고 명시하고 있다.

궁녀는 원칙적으로 각사(各司)의 하전(下典)으로 명시하고 있다. 조선조에서 각사는 중앙정부의 관청(官廳)이며, 하전은 이들 관청에 소속된 여자 종들이다. 이는 결국 중앙정부의 관청에 소속된 여자 종은 공노비(公奴婢)로서 천민(賤民)이다. 그렇다면 궁녀 선발 규정이 왜 속대전에 명시되어 있을까? 그 시절 노비를 관리하던 곳이 형조(刑曹)였다. 따라서 중앙정부의 각 관청에 소속된 여자 종들 중에서 궁녀를 선발하는 업무도 형조 소관이었을 게다.

여기서 몇 가지 특이사항을 엿볼 수 있다. 우선 왜 각사 중에서 '내수사의 여자 종을 대상으로 궁녀를 선발하는가.'라는 사실이다. 둘째로 내수사 이외의 관청에서 궁녀를 선발하려면 왕의 특별 명령인 특교(特敎)가 필요하다. 마지막으로 양가의 여성은 왜 궁녀로 들이지 못하게 했느냐는 것이다. 이는 조선의 개국과 함께 영조 이전까지는 그렇지 않았음을 방증하는 내용의 강조이기도 하다.

내수사의 여종만을 궁녀의 조건으로 한정한 연유는 어디에 있을까? 원래 조선의 양반 계층은 기본적으로 노비를 소유하고 필요한 노동력을 그들에게서 충당했다. 여기서 노비들은 솔거노비(率居奴婢)*였다. 이런 노비 형태는 왕의 경우도 예외가 아니었다. 실제로 내수사에는 왕의 사적인 수많은 노비와 엄청난 토지가 있었다. 다시 말하면 내수사 노비는 원칙적으로 왕 개인 소유였다. 이런 인과관계에서 그 당시 왕이나 양반들의 뇌리에는 이해 충돌(conflict of interest) 없이 궁녀들은 내수사의 여자 종으로 채워지는 것을 당연시 여겼을 것이다.

내수사의 여종만을 궁녀로 들임으로써 왕이면서 사적으로는 주군에게 충성을 다할 가능성이 높기 때문에 이보다 더 믿음직한 묘방이 어디에 또 있을까! 아무리 왕이라도 남의 집에 살며 산전수전 다 겪었던 이무기나 늙은 여우같이 교활한 노비를 부리거나 거느리는 것은 썩 내키지 않았을 법한 일이다. 이런 원초적인 불신이나 불안의 씨앗을 애당초 걸러냈던 제도는 내수사의 노비와 공노비가 없어질 때까지 지속되었다.

* 매우(梅雨) : 임금님의 배설물을 평민의 그것처럼 부를 수 없어 그 옛날에는 매우라고 부르고 한자로는 매화(梅花)라고 썼다. 그리고 임금이 용변 시에 사용하는 변기를 매우틀 또는 매화틀이라고 했다.

* 액정서(掖庭署) : 조선 시대 왕명의 전달, 임금이 쓰는 붓이나 벼루 공급, 궁궐의 열쇠 보관, 궁궐의 정원 설비 등에 관한 일을 맡아 보던 관청이었다. 갑오개혁 때 폐지되었다.

* 내수사(內需司) : 조선 시대 왕실의 재정 관리를 맡아보던 관아를 지칭한다. 궁중에서 일용으로 쓰던 쌀, 베, 잡물(雜物), 노비 따위에 관한 일을 담당했다.

* 도형(徒刑) : 오늘날의 징역형에 해당하는 형벌로서 일정 기간 동안 죄인을 관아에 구금하고 노역을 시키는 형벌이다. 1년, 1년 6개월, 2년 6개월, 3년의 등급이 있었다.

* 솔거노비(率居奴婢) : 주인집에서 함께 기거하는 노비를 말하며, 외거노비(外居奴婢)는 주인집에서 떨어져 나와 별거하는 대신 주인에게 신공(身貢)을 받쳐야 하는 노비이다.

교여지제

조선 시대는 가마를 타는데도 법도가 있었다. 오늘날 가장 대중적인 교통수단은 자동차가 아닐까? 비록 세(貰)를 살지라도 승용차를 필수품으로 치부하는 세태를 미루어 볼 때 그렇다고 여겨진다. 그런데 이 자동차가 타는 이의 지체가 높고 낮음에 따라 차종이나 배기량이 달라져야 한다는 엄격한 차등(差等) 법이 있어도 오늘날처럼 자동차 문화가 활짝 꽃필 수 있었을까! 조선 시대 벼슬아치들의 품계나 사대부의 지체에 따라서 수레나 가마의 종류를 달리해야 하는 법도인 교여지제(轎輿之制)처럼 말이다.

원래 가마는 조그만 집 모양의 탈것으로 안에 사람이 들어앉고 앞뒤에서 둘 혹은 네 사람이 밑에 붙은 가마채를 손으로 들거나 끈을 이용하여 메고 운송하는 도구이다. 이 가마의 역사는 명확하지 않다. 하지만 신라의 기와에 바퀴 달린 연(輦)과 유사한 것이 보인다는 점이나 고구려의 안악3호분(安岳三號墳)에 주인도(主人圖)와 부인도(婦人圖)에 호화로운 가마가 그려져 있다는 사실을 유추할 때 삼국시대 이전부터 사용되었던 것으로 추측된다.

탑승자의 신분이나 용도에 따라 갈래지었다. 일반적으로 가마는 뚜껑(지붕), 청익장(青翼帳) 같은 화려한 휘장, 구슬발(주렴) 등으로 치장했는지 여부와 같이 화려함의 정도에 따라 격을 가름할 수 있다. 이들보다는 가마를 몇 명에 메느냐에 따라 구분하는 경향이 강했다. 이 때문이었을까?

조선 시대의 교여지제에 따르면 왕실에서 사용하던 것으로서 연은 임금이나 왕비가 탔다. 이는 위엄 가득한 용안(龍顔)에 부드러운 옥음(玉音)으로 천하를 다스리는 권위가 느껴졌고 호화로우며 스무 명 가까운 가마꾼이 메었다. 그런가 하면 세자가 타던 연은 열네 명이 메었으며, 공주가 타던 덩은 여덟 명이 메었다고 한다. 왕실 전용의 연과 덩은 이런 형태였다.

임금이 타는 연(輦)이다. 임금이 타던 가마로서 덩과 유사하다. 옥개(屋蓋)에 붉은 칠을 하고 황금으로 장식했는데, 둥근 기둥 네 개 위에 작은 집을 올려놓고, 좌우에 주렴(珠簾)이 있으며 헝겊을 비늘 모양으로 늘이고, 두 개의 채가 길게 붙어 있다. 그리고 임금이 타던 가교(駕轎)는 두 마리의 말에 양편(兩便)의 채 끝을 거는 가마였다. 연의 유사어로 난가(鸞駕), 난로(鸞輅), 난차(鸞車), 난여(鸞輿) 등이 있다. 그리고 덩은 공주가 타던 가마로서 연과 유사하다.

관리들이 타던 가마는 이렇다. 일품(一品)과 기로(耆老 : 육십세 이상의 노인)는 평교자(平轎子), 판서 또는 그에 해당하는 관리는 사인교(四人轎), 조선 후기에 2품 이상과 승지를 지낸 적이 있던 사람들에게 허용한 가마로 쌍가마, 2품(二品) 이상의 관리는 초헌(軺軒), 종2품의 참판 이상 관리는 사인남여(四人藍輿), 3품 이상의 승지와 각 조(曹)에서 참의 이상 관리는 남여(藍輿), 하급관원은 장보교(帳步轎)를 탔다. 그리고 대궐의 문안까지 가마를 타고 들어갈 수 있는 관리는 삼정승(三政丞)과 조선 말엽의 청나라 공사 정도였다.

평교자는 양교(兩轎)라고 불리기도 하고, 1품 이상의 정승급 혹은 기로소(耆老所)의 당상관들이 탔다. 전후 네 명이 끌채에 끈을 걸어 사람의 어깨로 메는 가마이다. 그리고 사인교는 앞뒤에 각각 두 사람씩 메는 가마로 판서급의 관리가 탔으며, 혼인 때도 사인교가 쓰였다. 그런가 하면 쌍가마는 가교(駕轎)나 쌍교(雙轎) 또는 쌍마교(雙馬轎)로도 불렸으며 조선 후기에 등장했고 말 두 마리가 끄는 가마였다. 이는 원래 왕과 왕족 이외에는 도성 밖에서만 타도록 법령에 정해졌었다. 그러나 고을 수령들이 임지로 떠날 때나 도성 문을 나서기 바쁘게 이를 탄 것은 물론이고 부모나 처자를 태우고 다니는 탈법이 횡행했다고 한다.

초헌은 가마라기보다는 수레였으며 종2품 이상의 벼슬아치들이 탔었다. 한 개의 바퀴 위 높다란 곳에 사람이 앉을 좌석이 있어 위험하고 불안했으며 심하게 흔들렸다. 사람이 앉는 좌석 앞뒤로 길게 뻗친 끌채 양 끝에 가로로 막대를 꿰어 이를 밀어 움직였다. 남여는 정3품의 승지나 각 관아에서 참의 이상의 벼슬아치들이 탔으며 덮개가 없는 작은 가마였다. 이 외에도 독교(獨轎)는 2품 이상인 관찰사 같은 지방 벼슬아치들이 타고 다녔으며, 소나 말의 등에 휘장을 두른 가마 얹어 놓은 것으로 심하게 흔들려 무척 불편했다고 한다.

양반이나 부녀자가 탔던 옥교(屋轎), 평교자, 보교(步轎) 따위의 가마가 있다. 여기서 옥교는 벽체(壁體)와 지붕이 가려진 가마로서 3품 이상 벼슬아치의 어머니나 처를 비롯하여 딸이나 며느리만이 탈 수 있는 가마였다. 이 탑승 법규를 어기며 거드름을 피우다가는 장(杖) 80대를 맞는 날벼락이 떨어지도록 규정하고 있었다. 그리고 평교자는 덮개가 없어 사방이 트인 가마이다. 이는 조선 초기 양반 부녀자들이 타고 다닌 것으로 관리들이 타고 다니던 평교자와는 달랐다고 한다. 또한 보교는 가장 보편적인 가마로서 멜빵을 이용하여 두 사람이 메고 다녔다.

용도에 따라 가마를 다음과 같이 나뉘기도 했다. 금보(金寶), 옥책(玉冊), 옥새(玉璽) 따위의 나라 보물을 옮길 때 쓰던 견여(肩輿)인 용정자(龍亭子), 신주를 모시는 가마인 신여(神輿) 혹은 영여(靈輿), 향로를 실어 나르던 향정자(香亭子), 왕실에 의식이 있을 때 귀중품을 실어 옮기는 데에 사용하는 가마인 채여(彩轝 : 彩輿), 음식을 담아서 나르는 데 쓰는 들것으로서 앞뒤 양쪽에 긴 막대기가 있어 두 사람이 메듯 나르는 가마인 갸자(유의어로 가자(架子))가 있었다.

이들 외에도 지붕이 없는 간단한 형태의 가마가 초교(草轎)이다. 그런데 그 옛날에 상주(喪主)는 하늘을 바라볼 수 없는 죄인이라는 의미에서 걸어 다닐 때 방갓을 썼다. 이런 맥락에서 상주가 초교를 탈 때는 위에 흰 포장을 두르고 삿갓으로 지붕을 한 삿갓가마(草轎)인 보교를 탔었다.

그 옛날 임금이나 지체 높은 고관대작들이 가마 타고 지나갈 때는 권마성(勸馬聲)이 쩌렁쩌렁 골목에 압도했다. 권마성이란 첫째로 임금이 말이나 가교(駕轎)를 타고 행차할 경우, 둘째로 봉명관(奉命官)이나 수령을 위시하여 그들의 부인이 쌍교를 타고 지나갈 경우 등에 위세를 과시하기 위해 가마 앞에서 걸으며 지체가 낮은 졸개들이 목청을 가늘고 길게 빼 부르던 소리를 뜻한다. 이 권마성의 담당은 임금 행차에는 사복(司僕)이나 하인들을 비롯하여 그 밖의 역졸이었다. 오늘날에 비하면 외국의 국빈 방문이나 대통령의 행차에 모든 교통신호를 차단하고 높은 빌딩 위에서 꽃가루(축하의 뜻으로 뿌리는 작은 색종이나 오색종이)를 뿌리며 거침없이 통과할 수 있도록 교통신호 체계를 비상 상태로 조작하는 것과 일맥상통하는 관행이지 싶다. 그런데 그 옛날 태어났다면 나는 어떤 가마를 탈 수 있었을까?

로드 레이지

못된 운전습관 중 하나인 로드 레이지(road rage) 얘기이다. 일상적인 생활에서는 멀쩡한데 운전석에 앉기만 하면 평소와 판이하게 돌변하는 사람들이 있다. 이들은 전후방이나 옆 차로의 운전자에게 거칠고 상스러운 욕을 해대거나 난폭한 운전습관을 보이는 행위를 비롯해서 화가 치밀면 차에서 내려 길 한가운데에서 싸움을 해대는 행태를 로드 레이지라고 일컫는다. 이는 1984년 미국의 LA타임스가 최초로 쓰기 시작한 용어로써 1987에서 이듬해까지 로스앤젤레스 고속도로에서 총기사고가 빈발하면서 정착한 단어이다.

도로에서 발생하는 급가속, 급정지, 욕설, 의도적 진로 방해, 과속, 무리한 끼어들기, 중앙분리대나 갓길로 밀어붙이기를 비롯하여 운전 중에 발생하는 오해나 시비를 무조건 보복하려고 위협하는 행위와 같은 난폭행동을 총체적으로 포용하는 개념으로 통용되고 있다. 그러므로 로드 레이지는 보복 운전이며 도로 위에서 발생하는 분노에서 촉발되는 행위이다. 이는 달리는 시한폭탄인 셈으로 공격적 운전(aggressive driving)보다 포괄적인 뜻을 지니는 개념이다.

로드 레이지를 저지른 운전자는 다른 행성에서 살다가 불시착한 별종이거나 돌연변이 된 변종일까! 그렇지 않다. 국내의 어떤 연구기관 보고서에 따르면 로드 레이지를 일으킨 운전자의 65%는 지극히 평범한 직장인이라는 분석이다. 그렇다면 그들은 왜 불특정 다수의 생명을 앗아갈 수 있는 개연성이 큰 위험천만한 행동을 철부지가 몽니 부리듯이 거리낌 없이 자행할까?

전문가들이 분석한 견해이다. 로드 레이지가 발생하는 가장 큰 이유는 분노조절 장애(anger disorder)라고 한다. 따라서 로드 레이지를 일으킨 직장인의 경우 평소 쌓인 분노나 스트레스를 운전 중에 부당하게 끼어들거나 교통법규를 위반하는 운전자에게 화풀이로 표출한다는 설명이다. 믿고 싶지 않은 전문 학회 보고의 핵심 요약이다. 우리나라 성인의 절반 이상이 분노조절 장애를 겪고 있다는 보고이다. 게다가 성인 10명 중에서 1명은 심각한 수준인 고위험군(高危險群)이라는 경고이다.

로드 레이지의 두 번째 큰 요인은 익명성 때문이라는 지적이다. 자동차를 타고 운전석에 앉으면 내가 누구인지 모를 것이라는 심리가 발동하여 더욱 과감하고 공격적으로 변한단다. 이런 요인 때문에 평소에 소심했던 직장인도 폭력적인 언어를 사용하고 공격적인 행동을 서슴지 않으며 로드 레이지로 돌변할 개연성이 다분하다는 지적이다.

로드 레이지는 자신의 목숨의 위험은 물론이고 상대방에게도 회복 불가능한 치명상을 입힐 가능성이 다분하다. 그 외에도 그 주위를 지나는 불특정 차량과 사람에게도 씻을 수 없는 피해를 줄 위험이 다분한 고약한 범죄라고 규정하고 있다. 이에 따라 강력하게 추방하겠다는 의지의 천명으로 2001년 대법원에서 "차량을 이용하여 상대 운전자를 위협하는 운전행태는 위험한 흉기를 이용하여 피해자를 폭행한 것과 같은 수준의 범죄."라고 판결해 엄히 다스리고 있다. 법에 문외한이라서 잘은 모르지만, 이 판례가 아니더라도 우리의 법에서는 이를 다스릴 조항으로 대충 이런 내용이 있다는 전문가의 조언이다.* 하지만 아직 우리나라에는 로드 레이지에 대한 특별법은 없다.

로드 레이지는 보험 혜택을 받을 수 없다. 이는 사고 유발자가 고의로 유발한 교통사고인 관계로 보험회사에 보험금을 청구하면 되레 보험청구 포기각서를 요구한다는 얘기이다. 그러므로 사고를 유발한 운전자는 피해자와 합의금을 비롯한 모든 피해 보상을 떠맡아야 할 뿐 아니라 관련된 법적 처벌이 따른다면 피하거나 면탈할 재간이 없다.

자동차 문화가 급속히 확산되면서 로드 레이지가 상당히 심각한 수준에 이르렀다. 이를 뒷받침하는 조사보고 내용의 일부이다. 호오(好惡)를 막론하고 현재 우리나라 운전자 중에서 상당수가 타인으로부터 보복·위협 운전을 당했던 경험이 있고, 자신도 직접 저질렀었다는 고백이다. 하기야 로드 레이지 심각성은 우리만의 문제가 아닌 모양이다. 오죽 심각하다 싶었으면 미국의 시민단체인 어라이브 얼리브(arrive alive)에서 로드 레이지 회피 10계명을 발표했을까? 이를 바탕으로 만들었다는 우리의 10계명도 인터넷에서 어렵지 않게 찾을 수 있다.

오늘의 사회는 각박하고 인정이 메마른 세상이라는 자조적인 말을 서슴지 않고 내뱉는다. 하지만 한발 물러서서 독단이나 독선의 자기중심적인 사고의 틀에서 벗어나 역지사지의 입장이 되어 양보하고 배려한다면 슬기로운 해결책을 찾을 방법이 없지 않을 터인데. 여러 관점에서 생각할 때 부족하기 짝이 없으며 속 좁은 우리를 얼싸안아 어루만져 줄 신통방통한 묘책은 정녕 없을까?

'빠르게 가면 기껏해야 시간을 벌 수 있는데 비하여, 천천히 가면 추억을 벌 수 있는데.'도 불구하고 목숨을 건 위험한 행동을 하며 빨리 달려야 하는 걸까! 어쭙잖게 로드레이지에 관련하여 이것저것 객쩍은 생각을 하다가 뚱딴지같은 생각에 이른다. 운전면허를 취득하고 서른 해가 넘도록 운전대를 한 번도 잡아보지 못한 내 삶이 상팔자라는 자가당착에 빠지는 내가 가소로울 뿐 아니라 그런 덤거리 꼴이 엄청 낯설다.

* 로드 레이지 처벌 관련 법규 : 첫째로 차가 손괴된 경우 형법 제366조, 둘째로 차량을 도로 위에 급정거시켜 둔 경우 형법 제186조, 셋째로 로드 레이지 사고로 욕설을 하거나 협박을 한 경우 형법 제283조 제1항, 넷째로 위험한 물건을 휴대했다가 그것으로 차량을 손괴시킨 경우 폭력행위 등 처벌에 관한 법률 제3조 제1항에 의거하여 처벌받을 수 있다는 법조인의 귀띔이다.

혼례 훑어보기

지금은 그 흔적조차도 쉬 찾기 어려운 전통혼례 얘기이다. 혼례(婚禮)는 첫째로 남녀가 부부 관계를 맺는 서약을 하는 의식을 의미하며 인간에게 가장 중요한 의례라는 의미에서 대례(大禮)라고도 한다. 이 혼례는 가취지례(嫁娶之禮), 결혼식(結婚式), 예식(禮式), 혼례식(婚禮式), 혼의(婚儀), 혼인식(婚姻式), 화촉지전(華燭之典) 등과 유사한 개념이다. 둘째로 혼인의 예절을 뜻하며 근례(巹禮), 빙례(聘禮), 혼의(婚儀)와 비슷한 뜻을 지닌다. 또한 남자와 여자가 예를 갖추어 부부가 됨을 혼인(婚姻)이라 한다. 혼인을 가취(嫁娶), 취가(娶嫁), 혼구(婚媾), 혼가(婚嫁, 혼취(婚娶), 결혼(結婚)* 따위로 호칭한다. 이에 연관된 다양한 말과 만남이다.

혼인(婚姻)의 의미를 넘겨다본다. 우선 '혼인할 혼(婚)'에 대한 관점이다. 예로부터 화촉을 밝히는 것은 '해가 저물(昏) 무렵'에 남자가 여자(女) 집으로 찾아갔다는 얘기이다. 그 같은 맥락에서 그 옛날에 식(式)은 저녁에 올렸다는 견해로서 '혼(婚)'은 '남자가 여자에게 장가간다.'라고도 한다. 그리고 '혼인 인(姻)'자에 대한 해석이다. 신부의 입장에서 보면 여자(女) 매파의 역할로 인해서(因) 신랑감을 만난다는 의미에서 '인(姻)'자를 쓴다는 것이다. 결국 '인(姻)'은 신부가 신랑에게 시집간다는 의미를 함축한다는 얘기이다.

남녀가 혼인하기로 정함을 정혼(定婚)이라고 한다. 이에 유사한 다양한 표현들이 있다. 약혼(約婚), 가약(佳約), 정친(定親), 혼약(婚約 따위가 있다. 그런데 혼인을 어린 나이에 하면 조혼(早婚), 많은 나이에 뒤늦게 하면 만혼(晩婚)이라고 한다. 또한 처음으로 하는 혼인을 치름 또는 그 혼인을 초혼(初婚) 혹은 초연(初緣), 다시 혼인함 또는 그 혼인을 재혼(再婚) 혹은 면환(免鰥)이라고 얘기한다. 아울러 남자와 여자가 혼인을 이룬 것을 성혼(成婚) 혹은 성쌍(成雙)이라고 한다.

여러 자녀를 둔 부모가 자녀의 혼인을 처음으로 치름 또는 그 혼인을 개혼(開婚), 여러 자녀 중 맨 끝으로 치르는 혼인을 필혼(畢婚)이라고 한다. 흔히들 검은 머리 파뿌리 되도록 오래오래 잘 살라고 혼인하는 부부에게 덕담을 건넨다. 하지만 요즈음엔 어떤 연유이든 부부 사이가 틀어져 헤어지는 경우가 부지기수이다. 이런 경우를 빗대서 파경(破鏡)이라고 한다. 파경 지경에 이른 경우 부부가 합의 또는 재판에 따라 혼인 관계를 인위적으로 파기하고 사회의 기본적인 단위인 가족의 해체를 초래하는 현상을 이혼(離婚)이라고 부른다. 요즘에는 사회적 통념이나 가치관을 비롯해 법적으로 용납되지 않아 사라졌지만, 별종 같은 사람들이 중혼(重婚)을 하는 파렴치를 보여 사회적인 파문을 일으키기도 했다. 이는 이미 혼인한 사람이 다시 다른 배우자와 법률상의 혼인을 하는 행위를 뜻한다.

우리의 전통혼례 과정은 의혼(議婚), 납채(納采), 납폐(納幣), 친영(親迎)의 차례로 진행된다. 이것은 주자가례(朱子家禮)의 혼례(婚禮)이다.

의혼은 매파가 중매를 하고 택혼(擇婚)의 조건을 가름하고 나서 남녀의 궁합을 본 뒤에 간선(看選)을 하고 청혼과 허혼을 하는 과정을 말한다. 다시 말하면 혼인 당사자들에 대한 궁합에 문제가 없을 경우에 청혼서를 남자 측에서 여자 측으로 보내면 이를 받아들이는 과정을 칭한다.

납채는 혼례를 하기로 결정하고 사주(四柱)를 보내는 절차를 뜻한다. 남자 집에서 사주를 보내면 여자 집에서 이의가 없고 마음에 들면 결혼 날짜를 택일(擇日)하여 남자 집으로 보낸다. 이것이 연길(涓吉)이다.

납폐는 남자 집에서 결혼식 전날 신부의 혼수(婚需)와 혼서(婚書)를 혼수함(婚需函)에 넣고 물목(物目)을 함께 보내는 것을 지칭한다.

친영(親迎)은 남자가 여자 집에서 혼례를 치르고 신부를 맞아오는 것을 의미하며 전안례(奠雁禮), 교배례(交拜禮), 합근례(合巹禮) 차례로 진행된다.

전안례는 신랑이 기럭아비와 함께 신부집에 도착하여 신부 어머니에게 기러기를 드리는 예이다. 이는 한 번 인연을 맺으면 생명을 다할 때까지 연분을 지키면서 살아갈 것을 서약한다는 징표이다. 그리고 교배례는 전안례를 마치고 신랑 신부가 초례청에서 처음으로 상견하는 의식으로서 두 사람이 백년해로를 다짐하는 의식이다. 신랑과 신부는 상견이 끝나면 서로 상대방에게 절을 한다. 이 맞절로서 부부가 혼인을 서약한 셈이다. 한편, 합근례는 술잔과 표주박에 각각 술을 부어 마시는 의식으로서 처음에 술잔으로 마시는 술은 부부로서 인연을 맺음을 뜻한다. 아울러 이어서 표주박으로 마시는 술은 부부의 화합을 의미한다.

이들 절차가 모두 마치고 훗날 이루어지는 폐백(幣帛)과 동상례(東床禮)*가 있다. 여기서 폐백은 혼례를 마치고 며칠 뒤에 시댁으로 가서 친정어머니가 준비해 주신 대추나 마른안주를 비롯하여 밤 따위를 차려 놓고 시부모와 시댁 가족에게 처음으로 인사 드리는 예식이다.

동상례(東床禮)는 전통 혼인에서 신랑이 대례(大禮) 절차를 마친 다음에 신부 집에 재행(再行)했을 때 같은 또래의 동네 청년이나 친척들이 신랑을 다루는 풍습을 말한다. 다시 말하면 동네 젊은이들이 신랑을 방 가운데 앉히고 둘러앉아 천으로 만든 띠로 두 다리를 묶어 천장이나 시렁에 매달아 놓고 장작개비나 다듬이 방망이로 버선이나 양말을 신은 발바닥을 때리면서 '왜 신부를 훔쳐 갔느냐.' 같은 질문을 해대며 제대로 대답을 못 하면 되풀이해 때린다. 이렇게 하면 신부집에서 주안상을 마련해 주어 함께 마시고 먹으며 즐기며 덕담하는 놀이이다.

세상이 바뀌었는데 전통 운운하는 행위는 아스라하게 사라져 가는 꿈의 편린을 부여잡고 가슴앓이하는 격이 아닐까? 오늘날은 당사자들이 선택한 편리한 날짜와 시간에 공장 제품을 찍어내듯이 치르는 결혼식이 보편화한 현실이다. 그럼에도 전통 혼례를 들먹이며 그 옛날에 연연하는 내가 한참 모자라는 게 아닐지 곰곰이 곱씹어봐야겠다.

* 결혼(結婚) : 예로부터 우리는 혼인이라 했다는 얘기이다. 그런데 일제 강점기 일본식 표현의 영향을 받아서 결혼이라는 단어를 썼다는 얘기이다. 그들은 남자의 관점에서 장가를 간다는 혼(婚)과 맺는다는 뜻의 결(結)을 조합한 것이라는 지적이다. 따라서 결혼식에 축의를 표현하는 일본식의 '축 결혼(祝 結婚)' 대신에 '축 화혼(祝 華婚)'이나 '축 혼인(祝 婚姻)'으로 써야 한다는 주장이 강력하다. 이들은 우리의 법률 조문 어디에도 결혼이란 단어는 없으며 죄다 혼인으로 표기하는 현실을 직시하란다.

* 동상(東床) : 사위를 지칭한다. 이 말은 중국의 서성(書聖) 왕희지(王羲之)의 고사에 나오는 얘기이다. 중국의 세설신어(世說新語) 아량(雅量)에 나타난다. 진(晉)나라의 태부(太傅) 치감(郗鑒)이 사윗감을 고른 일에서 유래했다. 중국에서는 사위를 동상(東床) 혹은 동탄(東坦)이라고 하며, 성어(成語)로 탄복동상(坦腹東床) 또는 동상쾌서(東床快胥)라고 호칭한다. 그런데 원래 동상(東床)은 묘당(廟堂)의 동쪽에 있는 가옥을 의미한다는 얘기이다.

궁녀의 층층시하

궁녀의 지위도 층층시하였다. 단순히 궁녀로 알고 있던 품계(品階)를 대충 알아볼 요량으로 조선조의 내명부(內命婦)*를 들춰봤다. 그런데 맡은 바 임무에 따라 여러 단계의 품계와 엄청나게 많은 호칭의 법도가 있다는 사실에 깜짝 놀라 기함 할 뻔했다. 궁녀 중에 우두머리는 정5품의 상궁(尙宮)과 상의(尙儀)를 시작으로 종5품의 상복(尙服)과 상식(尙食)을 비롯해 맨 아래로는 종9품의 주변징(奏變徵), 주징(奏徵), 주변궁(奏變宮)에 이르기까지 자그마치 27개의 공식적인 명칭으로 불렸었다.

내명부에는 속하지 않은 그 외의 궁인들도 있다. 각 처소에서 궁녀들이 부리던 계집종인 무수리(水賜伊), 붙박이로 각 처소나 상궁의 살림집에 소속된 하녀인 비자(婢子), 궁녀들의 방에서 살림을 해주는 손님방아이 또는 방자(房子)라고 부르던 각심이, 간단한 진맥이나 침술을 가르치는 여인으로 출산 때 조산부(助産婦)의 역할까지 담당하던 의녀(醫女)가 그들이다.

궁녀들이 결코 호락호락하지 않은 궁궐 삶에서 일구월심으로 빌었던 발원은 상궁의 직첩(直牒)을 받는 것이었으리라. 그것도 가장 앞자리인 제조상궁(提調尙宮)의 자리는 사대부의 벼슬에 견주면 일인지하만인지상(一人之下萬人之上)의 자리인 영의정에 버금가는 권세를 누리기 때문에 더 할 수 없는 광영이었을 게다.

백제가 멸망할 당시 낙화암에서 초개같이 목숨을 던져 강물로 뛰어든 궁녀가 자그마치 3천이라고 배웠던 것 같다. 그렇다면 조선의 궁녀는 어느 정도였을까. 정확한 숫자는 알 수 없어도 자료에 따르면 5백 명을 훨씬 웃돌았던가 보다. 그 수많은 궁녀 중에 권위와 위엄을 비롯하여 존경과 시기가 점철되는 대상이었을 상궁 그들은 과연 누구였을까!

조선 시대 그 직책에 따라 이름을 붙이고 등급을 대략 여섯 가지 상궁으로 나뉘었다.

수백 명 궁녀 중의 꽃이자 백미(白眉)이며 우두머리였던 제조상궁(提調尙宮)은 큰방상궁으로도 불렸다. 상궁의 연조나 경륜이 출중하고, 학식과 덕을 많이 쌓아 품격이 고매할 뿐 아니라 수많은 궁녀를 이끌어 갈 통솔력이 빼어나야 했다. 이는 대전에서 어명을 받들어 내전의 살림살이를 주관하면서 영의정이나 조신들이 부럽지 않은 삶을 누리기도 했다. 제조상궁 바로 아래는 부제조상궁(副提調尙宮)이 있다. 그는 제조상궁 유고(有故) 시에 그 자리를 이어받는 자리로서 아리고상궁(阿里庫尙宮)이라고도 불렸다. 평상시의 역할은 안곳간(內庫間) 출납 관장, 내전별고(內殿別庫)를 관리하며 치산(治産)을 담당했다.

대령상궁(待令尙宮)을 지밀상궁(至密尙宮)으로도 불렀으며, 대전(大殿)에서 임금의 좌우에 시위(侍衛)하여 어명을 받드는 자세로 대기하던 상궁이다. 그리고 보모상궁(保姆尙宮)은 왕의 자녀 양육을 맡은 내인들 중에서 총괄 책임자로서 동궁에는 2명, 그 밖의 궁에는 1명씩 배치했다.

시녀상궁(侍女尙宮)은 궁의 지밀에서 봉사하면서 다양한 업무를 관장했다. 서적의 관리, 글의 낭독, 문서의 정사(正寫)를 비롯하여 크고 작은 잔치에서 임금을 호위하며 법도대로 이끌었다. 그리고 대왕대비나 왕과 왕비에게 청하거나 길을 인도하며 호위하는 업무도 중요한 부분이었다. 아울러 각 종실과 외척들에게 내리는 하사품에 대한 업무를 관장하고 규찰했는가 하면 그릇 등속을 관장하는 업무도 뺄 놓을 수 없다. 그 외에도 크고 작은 사우(祠宇)를 총괄하고 상사(喪事)시에 곡읍(哭泣)도 담당했다.

끝으로 일반상궁이 있다. 뚜렷한 소임이나 직함이 없는 일반상궁을 각 처소마다 몇 명씩 배치하여 내인들을 총괄하며 각 처소의 모든 일을 책임지도록 하기도 했다.

천출(賤出)로서 4~5세에 궁으로 데려와서 7~8세부터 동문선습(童文先習), 소학, 내훈, 열녀전서 등의 교육을 받은 뒤에 12~13세에 처소나인으로 들어가 15년 정도 지나야 관례(冠禮)에 들어가 내인 행세를 했던 멀고 험한 하대명년(何待明年)의 세월이 분명했으리라. 이들 관례 전(前)의 궁녀들을 애기나인(생머리 혹은 사양(絲楊)머리)이라고 했다. 또한 생각시라고도 했는데 지밀이나 침방(針房)을 위시하서 숫방(繡房)의 소녀 견습내인을 지칭하며 생머리를 매는 데서 유래했다.

관례를 올리고 성인이 된 궁녀를 내인(內人)이라고 불렀다. 아주 어려서 견습여관(見習女官)으로 들어와 일정한 교육을 받은 다음에 십 대 초반에 각 처소의 처소나인으로 배치되어 15년 정도 경과해야 내인이 된다. 그러므로 어린 궁녀들은 내인을 하당영지(下堂迎之) 심정으로 받아들였지 싶다. 여기에는 대전, 왕대비전, 대왕대비전, 왕자와 공주의 궁, 후궁이나 별궁에 소속된 모두가 포함된다. 다시 말하면 왕 내외가 거처하는 궁전인 각전(各殿), 대군이나 왕자를 비롯하여 공주나 옹주 그리고 후궁이나 신주(神主)를 모시는 궁인 각궁(各宮)에는 궁인(宮人)이라는 관리(官吏)를 두었다. 이들을 통칭하는 개념이 내인이다.

내인이 어디에 소속되었느냐에 따라서 다른 이름으로 불렸다. 먼저 대전이나 내전에 배속된 지밀내인(至密內人), 침방이나 수방에 배속된 도청내인(都廳內人), 내소주방, 외소주방, 생과방, 세답방, 세수간에 배속된 처소내인(處所內人)으로 구분했다.

아무것도 모르고 타의로 궁에 들어와 가시밭길 같이 험하고 고된 길을 걸으며 일생을 궁에 살아야 했던 궁녀들의 생을 되새겨본다. 몇백 명 중에 하늘의 선택을 받은 하나는 제조상궁이라는 화려한 권좌의 정점에 군림하여 삶의 희열을 만끽했을지도 모른다. 하지만 거개가 성덕(聖德)을 입고 여자로서 꽃을 피우는 것은 언감생심이었다. 그런 까닭에 궁의 높은 담에 가려진 채 존재마저도 희미하게 시들었을 그녀들의 혼백은 여태까지도 구천을 떠돌고 있지 않을까 하는 숙연함을 떨치기 어려워 마음이 무겁다.

* 내명부(內命婦) : 왕의 처첩인 내관(內官)과 궁중 업무에 종사하는 궁관(宮官) 두 종류가 있으며, 내직제도라고도 한다.

홀어미와 보쌈

고약한 풍습이었던 보쌈의 민낯 들여다보기다. 지난 시절 결혼식의 주례사에 빠짐없이 등장했던 내용 중의 하나가 검은 머리 파뿌리 되도록 함께 살라는 덕담이었지 싶다. 하지만 신의 몹쓸 훼방이나 박복한 운명의 장난인지 그 약속을 지키지 못한 경우가 부지기수이다. 그런 연유로 아내를 잃은 홀아비인 환부(鰥夫)나 남편을 여의고 혼자 사는 과부(寡婦)가 예나 지금이나 적지 않다. 요즈음엔 이런 부류를 이즈음 말로는 싱글(single)이라고 호칭하지 싶다.

이미 언급했듯이 아내를 잃고 홀로 지내는 남자를 환부나 홀아비 혹은 광부(曠夫)라고 지칭한다. 그 반대로 남편이 죽어서 혼자 사는 여자인 과부를 높임말로 과부댁(寡婦宅)이나 과수댁(寡守宅)이라고 했다.

과부를 과녀(寡女)라고도 했다. 또한 남편과 사별하거나 삐걱대다가 이별하여 혼자 사는 여자를 과모(寡母), 과붓집, 과수(寡守), 상아(孀娥), 상부(孀婦), 이부(嫠婦)라고 불렀다. 한편, 아직 따라서 죽지 못한 사람이라는 뜻으로, 남편이 죽고 홀로된 여자를 미망인(未亡人)이라고 했으며, 홀어미를 높임말로 홀어머니라고 했다.

젊은 나이에 남편이 먼저 죽어서 혼자가 된 여자를 청상(靑孀)이라고 했다. 이의 원어는 청상과부 혹은 청상과수이다. 그리고 원한이 맺힌 여자라는 의미에서 원녀(怨女)나 원부(怨婦)라고도 했다. 한편, 어린 자식이 딸린 과부를 새끼달이라고 부르기도 했다.

고대 중국의 전국시대 제(齊)나라가 연(燕)나라에 패망했을 때 항복하라는 끈질긴 회유에도 불구하고 자진(自盡)한 제나라 충신이며 문신인 왕촉(王蠋)이 충신은 두 임금을 섬기지 않고 열녀는 두 남편을 맞지 않는다는 “충신불사이군(忠臣不事二君)/열녀불갱이부(烈女不更二夫)”라고 일갈했던 사상이 뿌리 깊게 전승되어 왔던 때문인지 조선 시대 과부는 재가를 탐탁하게 여기지 않았다.

과부의 재가 금지라는 금기의 벽을 교묘히 능멸하며 피해갈 걸출한 방안이었을까? 아니면 불편부당한 사회적 관습이나 도덕률에 희생될 개연성이 다분한 과부들을 어둠의 구렁텅이에서 구해낼 묘책이었을까? 조선 시대에 보쌈이라는 풍습이 암암리에 이어져왔었다. 그 옛날 보쌈은 몇 가지 유형이 있었다.

흔치는 않았지만 대가 집 딸이 두 남편을 섬겨야 하는 이부종사(二夫從事)의 기구한 운명을 타고 태어났다는 사주팔자로 판정된 경우에 주술적인 액땜의 방안으로 왕왕 보쌈이 이용되었다는 전언이다. 이 경우 쥐도 새도 모르게 건장한 사내를 보쌈 해다가 극비리에 딸과 하룻밤 보내게 함으로써 액땜인 도액(度厄)을 했다고 여겼다. 그런 일을 치른 뒤 권력과 돈을 앞세워 그 사내에게 온갖 협박과 회유를 통해 일생 동안 입도 뻥끗하지 못하고 살도록 입막음을 시키거나 심할 경우는 영원한 비밀에 부치기 위해 목숨까지 빼고도 모르쇠로 일관하기도 했다는 얘기이다.

다른 하나는 홀아비를 위시해서 가난해 장가를 못 간 노총각이나 머슴들이 평소 점찍어 두었던 과부를 깜깜한 밤중에 보(褓)쌈을 해서 비정상적인 방법으로 부부의 연을 맺는 악습이었다. 물론 이 유형에는 버젓이 조강지처를 두고 있던 남정네가 평소 미모가 출중한 과부에게 흑심을 품고 껄떡대다가 보쌈을 해 와서 버젓이 첩으로 삼았던 파렴치도 드물지 않았다고 한다.

일부 지방에서 전해지던 풍습이긴 하지만 서낭당에서 보쌈이 이루어지기도 했다는 얘기이다. 주로 함경도 지방의 풍습이었다고 한다. 시집을 갔다가 쫓겨 온 소박데기가 연명할 방법이 없을 경우 서낭당에서 남정네를 기다렸다. 그러다가 서낭당을 지나가던 남정네가 그 여자를 보(褓)나 이불에 싸서 자기 집으로 돌아가서 처나 첩으로 삼았던 보쌈의 유형이다.

보쌈이 암묵적으로 용인되던 사회적 관습이나 법의 잣대를 어떻게 받아들여야 할지 헷갈린다. 왜냐하면 유교적 사상이 지배하던 조선 시대엔 남녀칠세부동석(男女七歲不同席)*이라고 입으로 마르도록 삼강오륜과 인간의 도리를 주워섬기던 시절이 아니던가!

구차할지라도 긍정적인 면을 생각해 본다. 여자의 재가를 금기시 했다는 사실은 모순이 분명하며 천부당만부당했다. 이런 사회에서 보쌈은 과부들이 가정을 이룰 수 있는 방편이 되기도 하지만 한편으로는 찌든 가난 때문에 장가를 못 가는 머슴이나 소외계층의 노총각 혹은 홀아비들의 문제를 해결하는 방안이 되었다. 그런 연유에서 비록 모순을 내포할지라도 한 눈을 질끈 감고 구렁이 담 넘어가듯이 슬쩍 묵인했던 게 아닐까 싶다. 그런데 신기한 것은 보쌈으로 인해 가문(家門) 사이에 갈등으로 들썩들썩해도 법정 송사가 거의 없었다는 지적은 무엇을 웅변하는 걸까?

아무리 무지막지한 보쌈이라 해도 거기에는 일정한 틀과 법도가 시퍼렇게 살아 있지 않았을까! 보쌈을 행하는 갑(甲)과 당하는 을(乙) 사이에 암암리에 교감이나 소통이 이루어져 굳짜배기* 같은 상황으로 정지작업을 한 뒤에 눈 감고 아옹 하는 식의 행동으로 옮겨지지 않았을까 하는 가정을 상정해 본다. 이런 전제를 가정한다면 그럴듯한 답이 예견되는 그림이 그려질 법하다는 객쩍은 생각이 앞을 가로막는다.

* 남녀칠세부동석(男女七歲不同席) : 중국의 예기(禮記) 내칙편(內則篇)에서 유래한 말이다. 그에 따르면 "아이가 여섯 살이 되면 수와 방향을 가르쳤고, 일곱 살이 되면 자리를 같이하지 않고(男女七歲不同席), 여덟 살이 되면 소학(小學)에 들어간다."라고 적시되어 있다.
* 굳짜배기 : 임자가 정해져 있는 물건을 일컫는다.

전통혼례 혼인홀기*

전통혼례의 법도를 얼마나 알고 있을까. 어쩌다 들으면 다른 행성에서 전해오는 신기한 암호 같은 전통혼례 혼인홀기와 만남이다. 전통혼례에서 혼인홀기의 기본 틀이 같아도 지방이나 가문을 비롯하여 환경에 따라 적당한 형태로 첨삭을 하는 게 상례이다. 이런 맥락에서 보편적인 혼인의 홀기를 근간으로 대략의 얼개를 훑어보는 여행이다.

전통혼례는 신랑이 신부집에 당도한 뒤에 잠시 쉬었다가 행전안례(行奠雁禮), 행교배례(行交拜禮), 행합근례(行合巹禮) 차례로 진행된다. 우선 신랑이 신부집에 도착하는 과정에서부터 시작된다.

먼저 신랑이 신부집에 도착(壻至婦家 : 서지부가)하여, 잠시 기다리면(俟于次 : 사우차), 주인이 나가서 신랑을 맞는다(主人出迎 : 주인출영). 그런 영접 과정을 거치다가 초례를 치를 모든 채비가 되면 시모(侍姆)가 신부를 초례청으로 인도한다((姆導出婦 : 시모부출). 그다음에 집례자(執禮者)가 주도하여 이끌며 아래의 형태로 혼례식이 진행된다.

먼저 기러기를 드리는 예(行奠雁禮 : 행전안례)를 올리겠습니다. 첫째로 신랑은 전안청으로 들어오고(壻入奠雁廳 : 서입전안청), 기러기 아범은 기러기를 가지고 오세요(雁夫執雁以從 : 안부집안이종). 둘째로 신랑은 서쪽 계단 앞에 서시오(壻立西階前 : 서립서계전). 셋째로 기러기 아범은 신랑에게 기러기를 건네고(執雁者進授 : 집안자진수), 신랑은 기러기를 받아 머리가 왼쪽으로 가도록 받으세요(壻受雁奉之左首 : 서수안봉지좌수). 넷째로 신랑은 서쪽 계단으로 올라가서 북쪽을 향하여 꿇어앉으세요(壻陞自西階北向跪 : 서승자서계북향궤). 다섯째로 신랑은 받은 기러기를 전안상(奠雁床)에 머리가 서쪽으로 가도록 놓으세요(置雁于地 : 치안우지). 여섯째로 주인 시자(侍者)는 기러기를 받으세요(主人侍者受之 : 주인시자수지). 일곱째로 신랑은 머리를 숙여 엎드렸다가 약간 뒤로 물러서서 두 번 절하세요(壻俛伏興少退再拜 : 서면복흥소퇴재배).

이제 신랑과 신부가 절을 하는 예(行交拜禮 : 행교배례)를 거행합니다. 첫째로 신랑의 시자는 신랑을 교배청(交拜廳)으로 안내하세요(侍者導壻 : 시자도서). 둘째로 신랑은 가장자리에 앉으시오(壻至末席 : 서지말석). 셋째로 신부의 시자는 신부를 안내하여 나오세요(侍者導婦出 : 시자도부출). 넷째로 신랑은 남쪽의 대야에 씻고(壻盥于南 : 서관우남), 신부는 북쪽의 대야에 손을 씻으세요(婦盥于北 : 부관우북). 다섯째로 신랑은 동쪽 신부는 서쪽 자리에 서시오(壻東婦西 : 서동부서). 여섯째로 신부가 먼저 두 번 절하세요(婦先再拜 : 부선재배). 일곱째로 신랑은 답으로 한 번 절하세요(壻答一拜 : 서답일배)*. 여덟째로 신부가 또 먼저 두 번 절하세요(婦又先再拜 : 부우선재배). 아홉째로 신랑이 또 답으로 한 번 절하세요(壻又答一拜 : 서우합일배).

다음은 신랑과 신부가 초례상을 마주하여 절을 하고 술잔을 서로 나누는 합근례(行合巹禮)를 거행하겠습니다. 첫째로 합근할 소반을 신랑과 신부 앞에 놓는다(合巹分置壻婦之前 : 합근분치서부지전). 둘째로 신랑과 신부는 읍하고 자리에 앉는다(壻揖婦就坐 : 서읍부취좌). 셋째로 시자가 대야를 대령하면 신랑과 신부는 손을 씻는 척한 뒤에 수건으로 손을 닦는다(侍者進盥壻婦盥洗 : 시자진관서부관세). 넷째로 시자가 술을 따른다(侍者斟酒 : 시자침주). 다섯째로 신랑과 신부는 읍하고 술을 땅에 조금 지운 뒤에 잔을 입에 댔다가 놓는다(壻揖婦祭酒 : 서읍부제주)*. 여섯째로 젓가락으로 안주를 집어 먹는 척한다(進饌擧饌 : 진찬거찬).

일곱째로 시자가 잔에 술을 따른다((侍者斟酒 : 시자침주). 여덟째로 신랑의 술잔을 청실홍실 위로 신부에게 주고, 신부의 술잔은 청실홍실 밑으로 준다. 이때 신랑과 신부는 술을 마시는 시늉만 한다(壻揖婦擧飮 : 서읍부거음). 아홉째로 시자가 잔에 술을 따른다(侍者斟酒 : 시자침주). 열째로 신랑과 신부는 술을 마시고 안주를 드세요(壻揖婦擧飮擧饌 : 서읍부거음거찬). 열한 번째로 신랑과 신부는 일어서서 서로 마주 보세요(壻婦立相向 : 서부립상향). 열두 번째로 신랑은 신부에게 읍하고 신부는 몸을 숙여 답례하세요(壻揖婦婦屈身答禮 : 서읍부부굴신답례). 이제 예를 마치겠습니다(禮畢 : 예필).

여태까지 동동거리며 살면서도 백번 가까이 결혼식장에서 주례의 자리에 서봤다. 어떤 결혼식을 막론하고 사회자가 이끄는 식순은 간단명료하여 눈을 감고도 그 순서를 훤하게 꿰고도 남을 정도였다. 이런 오늘에 비해 그 옛날 혼례는 복잡한 홀기에 따라

식을 치르려면 집례자를 비롯해서 신랑과 신부도 예외 없이 등줄기에 식은땀깨나 흘렸지 싶다. 그래도 두 볼에 연지곤지 찍고 대례복(大禮服)을 차려입어 공주와 왕자가 부럽지 않게 단장하고 치르는 혼례는 작금의 결혼식에 견줄 수 없는 멋과 맛이 있었지 싶어 그 시절 풍습이 몹시 부럽다.

---

* 홀기(笏記) : 예전에 혼례(婚禮)나 제례(祭禮) 따위의 의식에서 순서를 적은 글이기 때문에 요즈음 개념으로 프로그램에 해당한다.

* 부선재배(婦先再拜) 서답일배(壻答一拜) : 남존여비 사상 때문이 아니고 음양의 이치에 따르면 신랑은 양(陽)인 까닭에 홀수로 절하는 일배(一拜), 신부는 음(陰)이기 때문에 짝수로 절하는 재배(再拜)를 한다.

* 서읍부제제주(壻揖婦祭酒) : 이는 신랑과 신부가 술을 땅에 지우는 것을 의미하며, 예로부터 전해오던 고수레나 제반(除飯 : 농사를 가르쳐준 고시에게 감사의 표시로 술을 땅에 붓는 풍습)의 뜻을 담고 있다. 이 음양의 원리는 신랑과 신부가 술잔을 청실홍실의 위아래로 주고받는 것(壻揖婦擧飮擧饌)에도 고스란히 적용된다.

뫼 이야기

매장문화의 상징인 뫼를 되새긴다. 같은 하늘 아래, 같은 시대, 같은 나라에서 삶을 꾸려도 사회적 지위나 부의 수준에 따라 지니고 사는 집은 천차만별이다. 어쩌면 부잣집 사랑채보다도 못한 움막이나 초막 같은 집에서 애옥살이 곤고함을 면치 못하는 사람이 많은가 하면 고대광실 고래등 같이 으리으리한 집에서 하인을 부리며 사는 축들도 부지기수이다. 이런 현상은 주검이나 유골을 묻은 뫼 또한 다를 바 없다. 왜냐하면 엄청난 규모의 왕릉 같은 무덤이 즐비한가 하면 공동묘지에 닥지닥지 붙어 있어 올망졸망한 모양새가 이승의 산비탈 오두막 동네를 연상시키기 때문이다.

이승과 저승의 모습을 대비해 표현한 예를 민속이나 점술을 비롯해 풍수 따위를 업으로 삼는 술가(術家)에서 찾았다. 그들은 산 사람의 집터를 양택(陽宅) 혹은 양기(陽基)라고 한다. 이에 대응하여 주검이나 유골을 모신 산소를 음택(陰宅)이라고 부른다. 여기서 산소는 보편적으로 호칭하는 뫼(묘)를 높여 이르는 말이다. 그리고 이 뫼가 있는 곳을 산처, 영역, 영토라고 호칭한다.

뫼는 사람의 무덤을 말하며, 무덤을 세는 단위는 장*, 기(基)*,

자리로 표현한다. 그리고 뫼와 유사한 표현으로 유택, 구묘, 구총, 구분, 묘, 묘지, 무덤, 분묘, 분영, 총묘, 구천*, 산소, 묘소* 따위와 같이 지방이나 관습에 따라 달리 불리고 있다.

요즈음은 상을 당하면 화장해서 수목장이나 해양장 또는 정원장으로 모시는 경우가 많아져 매장은 점차 줄어들고 있다. 하지만 그 옛날 우리 조상들은 풍장이나 수장 혹은 매장 중에서 매장을 선호했던 까닭에 무덤의 문제가 심각하게 대두되었다.

무덤은 그 형태나 재료에 따라 다양하게 갈래지을 수 있는데 유형별로 나누면 대충 이렇다. 첫째로 봉분의 형태에 따라 방형분, 원형분, 쌍분, 전방후원분으로 구분한다. 둘째로 봉분을 만든 재료에 따라 토장묘, 지석묘, 자석총, 석총, 토총, 전축분으로 분류된다. 셋째로 유구(遺構)의 재료에 따라 석관묘, 석곽묘, 목관묘, 옹관묘, 도관묘로 나뉜다*.

같은 무덤도 구별해서 호칭했다. 먼저 능(陵)은 왕과 왕비의 무덤이나 추존왕과 그 왕비 등의 산소를 일컫는다. 그리고 원(園)은 왕이나 왕비의 자리에 오르지 못한 임금의 부모와 왕세자 내외의 무덤을 이른다. 또한 묘(墓)는 왕족이나 비빈, 일반인의 무덤 중에 누구의 무덤인지 아는 경우에 쓰는 호칭이다. 한편, 기(基)는 대군이나 옹주, 공주, 후궁을 비롯해서 연산군이나 광해군처럼 폐위된 왕의 무덤을 지칭한다. 아울러 총(塚)은 규모가 큰 무던 가운데 주인을 알 수 없는 경우에 '천마총' 같이 붙인다. 끝으로 분(墳)은 특징이 없는 평범한 무덤을 이른다. 이런 무덤은 고분군(古墳群)을 형성하는 경우가 많아 '석촌동 7호분' 혹은 '진파리 1호분' 식으로 고유번호를 붙인다.

장묘문화가 점차 자연장으로 바뀜에 따라 화장하여 산골(散骨)

하는 경우가 증가해 묘지로 인한 부작용은 시나브로 완화될 전망이다. 하지만 화장 후에 납골당에 안치하면 모양새만 다를 뿐 빈부의 차가 여전히 극명해진다. 왜냐하면 빈곤한 서민들은 닭장을 방불케 하는 비좁은 납골당에 빼곡하게 유골함이 모셔진다. 이에 비해 상류층들은 그들이 생전에 누리던 기득권을 그대로 빼닮은 듯이 널찍하고 고급스러운 납골당에 유골함을 모신다.

예로부터 공수래공수거라고 한다. 맞는 말이다. 이런 맥락에서 볼 때 재벌그룹 총수들이 저승길 떠나며 이승에서 축적했던 재물을 고스란히 남겨두고 빈손으로 떠났다. 하지만 관점을 달리해 현실을 들여다본다. 이승에서 곤고한 삶을 누렸던 무지렁이들은 오 척 단신을 뉘일 묘지 하나 마련할 여력이 없어 공동묘지 신세를 지거나 화장해서 산이나 강에 재를 뿌리는 게 상례이다. 그에 비해 재벌 가족이나 특권층들은 죽어서도 명당자리에 그 옛날 임금의 무덤이 부럽지 않은 호화롭고 아방궁 같은 묘를 차지하고 영면에 든다. 그처럼 여유롭게 영면에 든 사실을 감안한다면 진정 빈손으로 이승을 떠난 것인지 헷갈린다.

올해도 추석이 코앞으로 다가왔다. 이맘때면 조상의 묘의 벌초를 마친 시기이다. 그런데 매일 오가는 등산로에서 만나는 묘가 숱하게 많다. 그중에 일부의 묘만 벌초를 했고 나머지 대다수는 봉분 위로 큰 나무가 무성하게 자란지 오래인가 하면 수풀 덤불을 방불케 하는 묵뫼이다. 이는 후손들이 돌보지 않아 방치된 경우나 무연고인 경우이다. 그렇다고 이 경우 절손(絶孫)으로 가문이 쑥대밭으로 변해 그리되었을 가능성은 적어 보인다. 이런 현실에서 굳이 매장을 하여 묘를 관리하고 벌초를 하면서 차례나 기제사를 모셔야 한다고 아들이나 손주들에게 고집부릴 배포가 내게는 없다.

* 장 : 의존 명사인 '장' 앞에 수(數) 관형사가 와서 '세 장', '다섯 장', '여덟 장' 식으로 표현한다.

* 기(基) : 무덤, 비석, 탑 따위를 세는 단위이다.

* 구천(九泉) : 불교에서는 땅속 깊은 밑바닥이라는 뜻으로서 죽은 뒤에 넋이 돌아가는 곳을 이른다. 그리고 원어는 구천지하(九泉地下)이다. 유사한 표현으로 구원(九原), 구유(九幽), 명간(冥間), 명경(明鏡), 명계(冥界), 명국(冥國), 명도(冥途), 명로(冥路), 명부(冥府), 명조(冥曹), 명토(冥土), 시왕청(十王廳), 염라부(閻羅府), 유계(幽界), 유도(幽都), 유명(幽冥), 음부(陰府), 저승, 중천(重泉), 지부(地府), 지하(地下), 천대(泉臺), 천양(泉壤), 하계(下界), 현택(玄宅), 황양(黃壤), 황천(黃泉) 등으로 다양하게 나타낸다.

* 묘소(墓所) : 유의어로서 산, 산소, 산처, 영역, 영토 등이 있다.

* 관(棺)과 곽(槨)의 차이 : 관(棺)에는 시신만 들어간다. 그리고 곽(槨)에는 시신과 부장품이 함께 들어간다. 그러므로 곽(槨) 속에는 관만 들어간 경우도 있고, 관과 부장품이 함께 들어가는 경우도 있다.

식구에 대한 소고

아주 친숙한 개념인 식구(食口)에 대해 생각이 머물렀다. 상상의 나래를 펴다가 가장 근원적인 사람의 호칭부터 파고들고 싶었다. 사전에서는 식구를 두 가지로 가름하고 있었다. 첫째로 같은 집에서 살며 끼니를 함께 하는 사람, 둘째로 한 단체나 기관에 속해 함께 일하는 사람을 비유적으로 이르는 말이라고 풀이하고 있다. 여기서 주된 관심은 전자(前者)에 있다.

예로부터 식구 외에도 유사한 뜻으로 다양하게 변형하여 호칭되어왔다. 가구(家口), 가족(家族), 가권(家眷), 권구(眷口), 권속(眷屬), 계루(繫累), 소솔(所率), 친솔(親率), 가솔(家率), 식솔(食率) 따위가 그들의 예이다. 이들 호칭을 뭉뚱그리면 하나의 의미로 통용될 법하다. 하지만 실제 사용에서는 미세한 의미의 차이를 두었던 모양이다. 예를 든다면 사람을 대하는 과정에서 존대(尊待)와 하대(下待)를 비롯하여 가깝거나 먼 친소(親疎)관계를 따지지 않고 일률적인 표현에는 무리가 따랐지 싶다. 이런 연유에서 차별 두거나 정확하게 표현하려는 취지에서 다양한 호칭을 사용하는 게 사회적 통념으로 자리 잡았던 것으로 유추된다. 그런데 그 정확한 의미나 사용상의 차이를 엄밀하게 가려낼 자료를 찾아볼 수 없었다.

집안 식구 외에 집에서 함께 기거하며 끼니를 얻어먹고 있는 객식구(客食口)를 비롯해서 집안 식구 외에 덧붙여서 얻어먹고 있는 군식구(-食口) 혹은 잡식구(雜食口)도 있다. 사전의 정의에 따르면 객식구는 '본디 식구가 아니면서 묵고 있는 사람'을 뜻한다. 이런 맥락에서 생각할 때 대학 재학 시절 입주 가정교사를 했던 몇 해 동안은 그 댁의 객식구였다. 또한 군 복무 시절 부대장 댁에서 가정교사를 하며 보낸 세월 또한 마찬가지로 철저한 객식구 노릇을 한 셈이다. 한편, 군식구는 '원래 식구 외에 덧붙어서 얻어먹고 있는 식구'라고 정의한다. 이와 비슷한 말로써 '잡식구'가 있다. 이 가름에 따르면 객식구와 군식구에 대한 의미나 사용상 차이를 명료하게 갈래짓기 어렵다. 그럼에도 현실에서는 이들 둘이 통용되었음은 어떤 의미를 부여해야 할지 모르겠다.

이들 부류에는 넓은 의미에서 보면 식객(食客), 기객(寄客), 문객(門客), 묵객(墨客), 유객(遊客), 손, 손님, 길손, 유인(遊人), 객려(客旅), 기려(羈旅), 나그네, 여객(旅客), 유자(遊子), 행객(行客), 행려(行旅), 객인(客人), 객중(客衆 : 손님의 높임말), 객(客) 따위들도 언중(言衆)의 입에 널리 회자되었다.

위의 여러 호칭도 넓고 큰 맥락에서 보면 하나로 묶어 두리뭉실하게 의미를 정의해도 뜻이 통하지 않거나 불편할 리 없을 터이다. 하지만 이들을 자세히 살펴보면 하나하나가 함축하고 있는 고유한 뜻을 조금씩 다르게 풀이하고 있다. 예를 든다면 식객(食客)은 첫째로 예전에 세력 있는 대갓집에 얹혀 있으면서 문객 노릇을 하던 사람, 둘째로 하는 일 없이 남의 집에 얹혀서 밥만 얻어

먹고 지내는 사람이라고 풀이한다. 그런가 하면 기객(寄客)은 '남의 집에 머무르면서 얻어먹는 손님', 유객(遊客)은 첫째로 '유람하는 사람', 둘째로 '하는 일 없이 놀고 지내는 사람'을 지칭하고 있다. 이처럼 조금씩 표현을 다르게 하여 성격의 차이를 명확히 구분하려고 노력했던 것 같다.

거의 동일한 뜻을 지녔을 것으로 생각되는 호칭들도 이렇다. 유인(遊人)은 첫째로 '일정한 직업 없이 놀러 다니는 사람', 둘째로 '놀러 다니는 사람'을 이른다. 그리고 객려(客旅)는 첫째로 여행(旅行)과 같은 뜻으로 '일이나 유람을 목적으로 다른 고장이나 외국에 가는 일', 둘째로 나그네와 같은 의미로서 '자기 고장을 떠나 다른 곳에 잠시 머물거나 떠도는 사람'을 지칭한다. 또한 기려(羈旅/羇旅)는 '객지에 머묾 또는 그런 나그네', 여객(旅客)은 '기차, 비행기, 배 따위로 여행하는 사람'을 지칭한다. 아울러 유자(遊子)는 첫째로 '자기 집을 떠나 객지를 떠도는 사람', 둘째로 '일정한 직업 없이 놀고 지내는 사람'을 뜻한다. 그리고 행객(行客)은 나그네와 같은 말로서 '자기 고장을 떠나 다른 곳에 잠시 머물거나 떠도는 사람'을 얘기한다. 행려(行旅)는 '나그네가 되어 돌아다님 또는 그런 사람'을 이르며, 객인(客人)은 '객(客)의 높임말'이다. 이런 맥락에서 대략적인 갈래는 같아도 사용상에 미세한 차이를 두었던 다양한 표현은 우리말이 그만큼 찰지고 풍부한 표현력을 갖췄다는 방증이 아닐까.

그 옛날엔 여러 대(代)가 한 지붕 밑에서 집단으로 거주하는 대가족제도였던 까닭에 천륜이나 인륜으로 맺어진 가족이자 식구가 많았다. 또한 교통이 불편하고 숙박 시설이 발달하지 않았던 관계로 멀리에서 찾아온 지인이나 친인척이 며칠 동안 머물던 경우가 흔했다. 게다가 인심이 좋기로 소문난 대가 집인 경우 하인 식구나 머슴을 비롯해 길을 가던 길손이나 뜨내기 부보상(負褓商) 등이 날이 저물면 찾아들었던 관계로 객식구 혹은 군식구가 상당히 많았다.

이즈음 가정은 핵가족으로 그 옛날에 비해 식구는 참으로 단출하다. 게다가 친인척이나 지인이 멀리에서 찾아와도 특별한 경우가 아니면 해결해야 할 일을 마치면 사통팔달의 빠른 교통편을 이용해 당일에 귀가하게 마련이다. 피치 못할 경우 대부분은 호텔 같은 숙박 시설을 이용하는 관습이 보편화된 까닭에 객식구와 함께 숙식을 함께하며 불편을 겪는 경우는 흔치 않다.

내 어린 시절의 회상이다. 6·25전쟁 참화로 모두가 곤고한 형편과 무관하게 우리 집은 대가족이 함께 살았다. 할아버지와 할머니 그리고 큰아버지와 부모님을 위시해서 우리 육 남매로 이루어진 가정이었다. 게다가 객식구가 끊일 날이 거의 없었다. 먼저 조부(祖父)가 사람을 좋아해 사랑채에는 평균 한두 명의 객식구가 붙박이로 기거했다. 지금 생각해 보면 그분들이 왜 우리 집에 머물렀는지 이해가 되지 않았다. 그들은 할아버지와 교분이 두터운 풍수지리를 하던 지관이나 전통 약재나 침술에 밝다는 의원을 비롯하여 얼치기 문객 부류도 심심치 않게 찾아들었다. 다음 유형은 길손이나 다양한 뜨내기 등짐장수(負商)나 봇짐장수(褓商)들이 지나다가 날이 저물면 동네에서 우리 집 사랑방이 그들의 단골 숙소로 제공되는 게 불문율처럼 되어 있었다.

이따금 멀리에 사는 친인척이 우리 동네 쪽으로 왔다가 하룻밤 유숙해야 할 형편이거나 며칠 머물 경우 여러 친척 집이 있음에도 불구하고 구태여 우리 집을 숙소로 정했다. 이런 연유로 내 어린 시절 우리 집엔 순수한 의미의 우리 가족만 오순도순 식사를 했던 기억이 거의 없다. 따라서 내 어머니는 일 년 내내 손끝에 물이 마를 날이 없었던 것으로 회상된다.

서민 아파트라는 공간이 객의 설 자리를 허락하기 어려울 정도로 협소한 원천적인 문제의 발로일까? 아니면 요즘 문화의 대세일까? 내남없이 특별한 연이 없는 한 친인척 집을 찾아가서 며칠 신세를 지며 함께 기거했었다는 얘기를 들었던 기억이 최근에는 도통 없다. 내 경우도 대학 졸업 이후 친인척의 집이 아닌 친구네 집에서 잠을 자고 식사를 대접받았던 두 번 정도의 기억이 유별나게 또렷한 기억의 곳간에 오롯이 새겨져 있다.

아마도 군에서 제대하고 대학원 다닐 무렵이었을 게다. 무슨 일인가 청주에 갔다가 그 당시 농협에 재직하던 친구 K의 집에서 하룻밤 신세를 졌다. 그 당시 친구 어머님은 칫솔도 지니고 가지 않았던 덜렁이인 내게 새 칫솔까지 마련해 주시며 당신의 아들 대하듯 보살펴 주시던 따스함이 여태까지 화롯불을 쬐는 것처럼 훈훈하다. 또 하나는 마산에서 서울에 갔다가 신혼이었던 D대학교수인 L 박사 집에 찾아갔을 때의 일이다. 친구의 부인이자 K대학교수로 영문학자인 Y 박사가 자기 남편과 나를 신혼방의 침대에서 함께 자라고 방을 내주고 정작 자신은 서재로 비켜 가려던 마음에서 무척 감동을 받았었다.

세월이 변함의 방증일까 아니면 모계사회로 회귀를 보이는 미미한 징조일까? 요즘 아이들은 이모와 이종사촌과는 엄청 친해도 고모와 고종사촌은 모른다는 자탄의 목소리가 적지 않은 현실이다. 불과 반백 년 전만 해도 잔칫날이나 명절을 맞이하면 가까운 친인척이 한데 모여 북적댔다. 그렇게 모였다가 밤이 되면 비좁은 방에서 겨우 새우잠을 자면서도 행복해했던 아련한 추억은 이제 전설 속에나 존재하는 풍습이지 싶다.

명절이나 특별한 날에 분가한 자녀들이 제 아이들을 거느리고 부모의 집에 찾아오게 마련이다. 이럴 경우 잠자리가 불편하다고 늦은 밤에 제 둥지로 되짚어 돌아가거나 가까운 호텔이나 모텔을 찾아 나서는 게 낯설지 않게 여겨지는 가치관이 오늘날 풍속의 단면이다. 이런 정서와 문화의 흐름에 걸맞게 사회적 가치관이 바뀌는 것은 자연스러운 현상이다. 따라서 그 옛날 구닥다리 잣대로 정의해 화석화(化石化)된 식구나 객식구에 대한 개념도 디지털 시대의 핵가족 철학에 걸맞게 손을 봐야 아귀가 맞는 게 아닐까?

젓갈 탐구

젓갈은 수산물 발효식품으로 전형적인 슬로푸드(slow food)이다. 기록에 따르면 조선 시대에는 거의 모든 어종이 원료였던 까닭에 젓갈이 물경 150가지에 달했었다는 기록이 눈에 띈다. 하기야 오늘날에도 밑반찬이나 밑간을 위시해서 각종 음식을 만드는데 많이 쓰이기 때문에 그 옛날과 다를 바 없이 사랑받는 젓갈이다. 우리 음식문화에서 떼래야 뗄 수 없는 젓갈과 만남이다.

젓갈은 발효기술이나 숙성기간, 첨가 재료에 따라 다음과 같이 나뉜다. 첫째로 생선의 살, 알, 창자 따위를 소금에 절여 발효시킨 젓갈이다. 둘째로 생선을 토막 낸 다음에 소금, 조밥, 무, 고춧가루 등을 버무려 삭힌 식해(食醢)*이다. 셋째로 원료가 완전히 분해될 때까지 숙성시킨 뒤에 김치 따위의 양념으로 사용하거나 간장 대용되는 액젓이다.

젓갈은 재료에 따라 제조방법이 다소 다르다. 그런데 그 근간을 크게 갈래지으면 얼추 이렇다. 첫째로 소금만 가해서 발효시킨 염장법(鹽藏法)이다. 둘째로 소금, 곡류, 술, 식물성 기름, 양념 따위를 가미한 다음에 발효시킨 주조어법(酒造漁法)이다. 셋째로 소금과 누룩을 첨가하여 발효시킨 어육장법(魚肉醬法)이다. 넷째로 소금, 맥아가루, 조리된 곡류와 함께 발효시킨 식해법(食醢法)이다.

어린 시절 내륙 깊숙한 지방에서 자란 탓에 젓갈문화에 엄청 서툴고 낯설다. 기껏해야 새우젓을 먹어봤던 제 전부이다. 그 때문에 이를 밑간으로 하거나 조미료로 사용한 음식엔 익숙해졌다. 그러나 다른 젓갈류를 비롯해 식해나 액젓을 넣은 음식은 마뜩하지 않아 선뜻 손이 가지 않는다. 그런 연유로 집 밖에 나가면 미주알고주알 물어볼 엄두가 나지 않아 특별한 경우가 아니라면 김치와 담을 쌓고 지내는 형편이다. 왜냐하면 거개의 김치가 멸치나 까나리 액젓을 넣은 먹거리이기 때문이다.

내게 익숙해진 새우젓도 같은 게 아니었다. 담근 시기에 따라 여러 가지로 구분되어 다양한 상황에 걸맞은 이름으로 호칭되었다. 첫째로 음력 정월 말경부터 4월 사이에 잡은 새우로 담근 것을 데뜨기젓이나 돗떼기젓이라고 부르는 풋젓이다. 둘째로 2월이나 3월 서해의 깊은 바다에서 잡히는 아주 작은 새우로 담근 것으로 숙성되면 밤색을 띠는 곤쟁이젓이다. 셋째로 5월에 어획되는 새우로 담근 것으로 추젓과 함께 주로 반찬으로 사용되는 오젓이다. 넷째로 6월에 어획된 새우로 담근 것으로 가장 상등품으로 취급되며 김장용 젓갈로 선호되는 육젓이다. 다섯째로 7월에 잡은 새우로 담근 것이 차젓이다. 여섯째로 초가을에 특정한 지역에서 소량으로 잡히는 자하로 담근 것으로 고개미젓이라고도 불리는 자하젓이다. 일곱째로 가을에 잡은 자잘한 새우로 담근 것으로 육젓보다 크기가 작고 깨끗한 것으로 김장용이나 젓국에 알맞은 추젓이다. 여덟째로 11월에 잡은 새우로 담근 것으로 잡어가 섞여 붉은빛이 도는 동젓 따위가 있었다.

생선의 내장으로 담근 것을 구제비젓이라고 하며 이는 대강 다음과 같다. 첫째로 명태의 창자로 담근 창난젓, 둘째로 대구 창자로 담근 대창젓, 셋째로 숭어 창자로 담근 또라젓, 넷째로 조기의 내장으로 담근 속젓이 있다. 그리고 명태의 알로 담근 것이 명란(明卵)젓이고, 명태의 아가미로 담근 것이 아감젓이다.

조기를 한자로 석수어(石首魚) 또는 석어(石魚)라고 표기한다. 그런데 참조기로 담근 것이 황석어젓이다. 이를 흔히들 황새기젓이나 황세기젓이라고 잘 못 호칭하기도 한다. 그런가 하면 살아있는 새우인 민물새우로 담근 것이 토하(土蝦)젓이고, 바닷조개인 미네 굴로 담근 것이 토화(土花)젓이다. 또한 어리굴젓은 굴로 담근 어리젓이다. 어리젓이란 얼간(소금을 약간 뿌려 간을 맞추는 방법)을 한 것이다.

지역에 따른 젓갈류를 넘겨다봤더니 무슨 것인지 모를 내용이 숱했다. 서울이나 경기지역은 비웃젓, 조기젓, 오징어젓, 새우젓을 많이 쓴다는 얘기이다. 그런가 하면 충남과 대전 지역은 무척 다양한 젓갈이 있다. 어리굴젓, 굴젓, 꼴뚜기젓, 해피젓, 새우젓, 소라젓, 밴댕이젓, 곤쟁이젓, 꽃게젓, 박하젓, 싸시뱅이젓, 낙지젓, 민어아가미젓, 까나리젓, 홍합젓, 멸치젓, 조기젓 따위가 있었다. 그리고 강원도 지역엔 명태포 식해, 서거리젓, 명란젓, 창란젓, 조개젓, 방게젓, 오징어젓, 북어방식해, 도루묵식해, 명란식해, 멸치식해 등이 있다고 한다.

충북이나 경북을 위시하여 대구와 울산 그리고 경남이나 부산 등에는 멸치젓, 꽁치젓, 성게젓, 대구포젓, 굴젓, 대구알젓, 호래기젓, 조기젓, 뱅어젓, 해삼창자젓, 갈치속젓, 전복젓, 밀양식혜, 가자미식혜 등을 주로 즐긴다는 것이다. 또한 전북이나 광주 그리고 전남지역엔 굴젓, 고흥석화젓, 돔배젓, 대합젓, 고록젓, 황석어젓, 갈치속젓, 전복창자젓, 벌떡게게장, 콩게젓, 뱅어젓, 조기젓, 고노리젓, 백하젓, 민새우젓, 밴댕이젓 등이 있다. 끝으로 제주지역엔 자리젓, 고등어젓, 깅이젓, 멸치젓, 개웃젓 따위를 선호한다고 소개하고 있다.

젓갈류를 가볍게 살펴보려다가 끝을 알 길 없는 늪에 빠져 엄청나게 많은 젓갈 이름과 만나 씨름하다가 지쳐 나가떨어져 백기를 들고 항복한 기분이다. 젓갈류가 이렇게 다양하다는 사실을 확인한 채 엉거주춤한 상태로 중도에 꼬리를 내리는 패배자의 모양새이다. 하지만 이참에 우리의 발효식품의 갈래를 엿보련다. 거기에는 첫째로 전통 장류(된장, 간장, 고추장, 청국장), 둘째로 채소류 발효식품(김치나 절임류), 셋째로 수산물 발효식품(젓갈). 넷째로 양조(釀造), 다섯째로 식초(食醋) 등이 유장한 역사와 맥과 궤를 함께하고 있었다.

---

* 식혜(食醯)와 식해(食醢) : 식혜(食醯)는 식물성 발효음식으로써 혜(醯)자는 '초(醋)'를 의미한다. 일부에서는 식혜를 감주(甘酒)라고 부른다. 식혜가 오래되면 당분이 알코올로 변하면서 술맛이 나기 때문이다. 식혜는 단맛만 나지만 감주는 단맛[甘]에 술맛[酒]이 더해진 것이다. 더 오래되면 결국 식초(食醋)가 된다. 한편, 수산물의 발효식품이 젓갈이다. 이것을 식해(食醢)라고도 한다. 해(醢)는 젓갈을 의미한다. 그러므로 식혜(食醯)와 식해(食醢)는 이름이 비슷해 헷갈릴지라도 엄연히 다른 의미다.

사자성어와 키스 심리

생뚱맞지만 사자성어와 키스 심리에 대한 얘기이다. 영문학자인 대학원장 K 교수는 언제 봐도 한결같다. 하지만 무심코 툭툭 던지는 얘기 보따리는 재치가 넘쳐흐르며 듣는 이를 편하게 만드는 매력이 있다. 이런 연유에서 무뚝뚝하리라는 선입견과 달리 가까이 다가가 대화를 나누다 보면 쉬 친숙해지지만 속됨을 벗어난 고상한 기질과 성품을 지닌 운상기품(雲上氣禀)의 호인이다.

오늘 유월의 둘째 금요일 오전에도 대학원위원회를 마치고 함께 점심을 먹고 돌아오는 길이었다. 우리 대학의 명물로서 가파른 산비탈에 힘겹게 걸려있는 계단을 따라 오르내리다 보면 멍청한 바보가 되는 느낌이 든다는 바보계단이 있다. 이 계단을 쉬엄쉬엄 오르면서 K 원장의 뛰어난 감각과 해학이 번뜩이는 노상 강의가 시작되었다. 짧은 시간이었지만 회의에 참석했던 사람 중 세 명이 수강생으로 귀를 기울이고 경청했었다. 나는 잊어버릴세라 정신을 가다듬으며 가슴속 깊이 하나하나를 정성스레 적바림했다.

그에 의하면 요즈음 한글 세대들에게 문학을 가르치면서 의미전달이 제대로 이루어지지 않아 격세지감(隔世之感)을 절감하면서 한문 교육의 필요성이 절실하여 고심한다는 얘기였다. 나름대로 고민해 봐도 왕도는 없었지만 그래도 효율적인 지름길은 사자성어(四字成語)를 통한 교육이라는 열변이었다. 한편, 어떤 주제가 효과적인지 심사숙고(深思熟考)를 하고도 부족하여 좌고우면(左顧右眄)을 거듭한 결과 젊음과 직결된 내용이어야 한다는 결론에 이르렀다고 했다.

이런 맥락에서 엔간한 사람이라면 누구나 한 번쯤 열병을 앓듯이 경험했을 키스에 대해서 터득한 내용이 하나의 예란다. 이를 오늘 무료 공개를 하겠다며 도저히 따라갈 수 없는 탁월한 상태인 족탈불급(足脫不及)의 빼어난 화술로 누에가 실을 뽑아 고치를 짓는 듯한 자연스러움이 부러웠다. 그렇다고 걸쭉한 육담을 청산유수(青山流水)로 쏟아내는 재담꾼과는 거리가 멀고 품격이 고결하다.

젊은 남녀의 만남은 서로가 호감을 갖거나 특별한 연이 닿아야 지속된다. 그런 만남을 바탕으로 서로의 존재를 인식하고 신뢰가 쌓이면서 보통 이상의 특별한 감정으로 흘러 사랑의 싹이 트게 마련이다. 그렇게 특별한 존재로 인식하며 서로의 가슴 속 빈자리에 상대방으로 채워지기 시작한다. 이 시기가 되면 소중한 사랑의 확인과 징표로 키스에 이르게 된다는 논지였다.

그의 전매특허에 따를 때 키스는 다음과 같이 여섯 단계로 진화시키며, 그 심리를 사자성어로 표현해서 가르치면 매우 효과적이라는 논리였다. 그런데 우물 안 개구리 격인 정저지와(井底之蛙)를 면치 못하고, 식견이 좁디좁은 옹졸한 군맹무상(群盲撫象) 처지의 눈으로 얼핏 들어 봐도 결코 이치에 닿지 않는 것을 억지로 끌어다 붙인다는 견강부회(牽强附會)의 경지가 아니었다.

첫 번째 단계는 이심전심(以心傳心)이다. 키스는 남녀가 서로의 마음이 교감해야 가능하기 때문이란다. 결국 키스의 순간은 마음으로 전해지는 심심상인(心心相印)이 으뜸인가보다. 그러므로 상대방의 동의 없이 일방적으로 이루어지는 그 행위는 구두양육(狗頭羊肉)의 치한으로 취급당해 추행으로 몰릴 가능성이 극히 높다. 그렇지 않으면 자칫 잘못하다가는 혀가 절단되는 해괴한 변고로 이어져 신문의 토픽으로 장식되기 십상이고 패가망신(敗家亡身)에 이르기도 한다고 역설하기도 했다.

두 번째 단계는 이열치열(以熱治熱)이다. 남녀가 키스에 몰입하다 보면 입안에서 열이 나게 마련이라는 의미라고 했다. 이는 젊은 혈기에 키스에 열중하다 보면 몽유병 환자처럼 비몽사몽(非夢似夢)을 벗어나지 못하는 경지에 이르게 됨을 말하는 게 아닐까 싶다. 그러하니 초보자들은 서툴게 앞으로 내닫기만 하다가 분위기를 망쳐 소 잃고 외양간을 고친다는 실마치구(失馬治廐)의 어리석음을 범하지 않아야 할 일이다. 원래의 의미를 넘어선 차용으로 다가와도 발상이 신선하며 화자의 기지가 샛별처럼 반짝이는 대목으로 여겨졌다.

세 번째 단계는 이구동성(異口同聲)이다. 키스는 서로 다른 두 개의 입을 전제로 하지만 부드럽고 달콤하여 끝날 때는 같은 소리가 나야 한다. 이는 두 사람 모두 같은 마음으로 몰입해야 진정한 환희와 황홀감을 만끽할 수 있다는 뜻일 게다. 따라서 남녀가 키스의 순간에 동상이몽(同床異夢)은 절대로 피해야 할 위험한 상황이며 금물이 아닐까?

네 번째 단계는 점입가경(漸入佳境)이다. 남녀가 키스를 하는 시간이 흐르면 흐를수록 열락에 빠져들어 서로의 구별이 무의미한 지경에 이르게 된다는 얘기로 들렸다. 이는 키스를 하는 시간에 비례하여 심정적으로 상대방에 더욱 가까이 다가갈 수 있기를 희구하는 바람과 열정의 경지에 이르게 됨을 말하는 게 아닐까? 사정이 이러하니 뒤탈이 없으려면 과유불급(過猶不及)의 바른 의미를 새겨보며 완급을 조절하는 묘책과 지혜를 스스로 터득하는 슬기가 절실할 듯하다. 왜냐하면 누가 이래라저래라 가르치기 난해한 문제이기 때문이다.

다섯 번째 단계는 설왕설래(說往說來)이다. 이는 서로가 더욱 가까이 다가가서 끝없는 교감을 주고받으며 확인하고 또 확인하고 싶은 욕망을 표현하려고 차용한 사자성어로 여겨진다. 그래도 무모한 행동을 일컫는 폭호빙하(暴虎憑下) 격인 무리한 행동은 금해야 한다. 그리고 이를 고지식하게 풀이한다면 남녀의 혀가 서로 엉켰다가 풀어지고 다시 얽혀지기를 반복한다는 음담패설(淫談悖說)에 가까운 표현이지 싶다.

마지막 단계는 혼수상태(昏睡狀態)이다. 이는 남녀가 키스를 하면서 마지막에 다다르는 감정은 너와 내가 합쳐져 피아를 구분하기 어렵게 하나로 화합하여 혼연일체(渾然一體)에 이른 무아지경(無我地境)을 얘기하는 것이리라. 하지만 천박한 표현을 직설적으로 하면 서로의 입안에 있는 침이 섞인다는 상황을 비유한 표현으로 유추되었다.

K원장이 학생들에게 이 방법으로 교육을 했었는지 여부에는 관심이 없다. 다만 얘기를 들으면서 평소 뇌리에 빙빙 떠다니던 사자성어를 웃음 속에 가볍게 새겨보는 계기가 되었기에 식자우환(識字憂患)이며 부질없는 말장난에 헤헤거렸다는 생각이 들지 않는다. 요즈음은 한자를 가까이할 기회가 거의 없다. 그런 연유로 학창시절 어렵사리 쌓았던 얄팍한 앎까지도 가물거린다.

따지고 보면 학문과 기술을 닦는 절차탁마(切磋琢磨)에 대도가 있을 수 없음은 만고불변의 진리이다. 그러니 티끌 모아 태산을 이룬다는 적진성산(積塵成山)의 의미를 되새기면서 시간 나는 대로 한자에 곁눈질하여 나무를 보고 숲을 보지 못한다는 견수불견림(見樹不見林)과 같은 어리석음을 면해야겠다. 작심삼일(作心三日)을 벗어나지 못하는 한심한 내게 백년하청(百年河淸)일지 모르지만 지금 생각은 그렇다.

커닝

언제부터인가 우리는 다양한 시험에서 부정행위를 자연스럽게 커닝이라고 호칭한다. 여기서 커닝은 "교활한 혹은 교묘한"이라는 뜻을 지닌 영어 단어 cunning에서 유래한 국적 불명의 표현이다. 원래 시험에서 부정행위는 치팅(cheating)으로 표현해야 맞다. 녹록치 않은 삶에서 치르는 각종 시험에서 수단과 방법을 가리지 않고 좋은 결과를 바라는 부질없는 욕심에 현혹되어 이성을 잃기 십상이다. 사탄의 홀림처럼 혀를 날름거리며 교활한 눈을 번뜩이는 고혹적인 자태로 충동질하게 마련인 커닝으로부터 거리낌 없이 초연할 경우가 과연 얼마나 될까!

요즈음 대학 강의실 책상 위에는 목불인견의 커닝 흔적이 흉측한 몰골로 사방에 널브러진 참담한 모습을 흔히 목격할 수 있다. 그 해괴한 모습이 젊은 지성들의 일그러진 단면을 적나라하게 표출하는 징표 같아 마음이 무거우며 당혹스럽기까지 하다. 멀쩡한 책상의 고운 얼굴에 생채기처럼 깨알같이 갈겨 쓴 커닝의 잔재들은 일그러진 양심의 실상을 상징하는 방증일지도 모른다. '나한테 양심과 학점 중에 하나를 선택하라 한다면 당연히 학점이다.'라는 문구를 어느 인터넷 사이트에서 봤었다. 이 같은 마음이 팍팍한 현실과 직면하여 고민하는 젊은 지성들의 가치관을 대변하는 문화의 단면이라면 참담하면서 두려워 눈을 감고 싶다. 하지만 불행하게도 누구를 막론하고 부정의 유혹으로부터 의연하게 독야청청하기 어려운 현실에서 커닝과 얽히고설킨 어두우며 무거운 기억을 더듬어 본다.

커닝과 같이 정신을 좀먹는 짓은 애초부터 멀리하려 무던히 애를 쓴다. 이런 까닭에 나는 작은 이(利)를 겨냥해서 양심에 반하는 커닝을 했던 기억이 없다. 뭐 그리 대단한 도덕군자이거나 양심을 비롯하여 대의명분과 상충된다는 거창한 이유에서 회피했던 행동이 아니었다. 다만 생리적으로 싫어해서 그랬을 뿐이다. 그런데도 대학 시절 어떤 시험에서 두 명의 친구 답안지를 대신 써주는 부정을 저지른 남우세스러운 전력이 있다. 결국, 이 시험시간 60분 사이에 내 것을 비롯하여 두 친구의 것까지 세 개의 답안지를 작성했었다. 발각되지 않아 완전 범죄 모양새로 영원히 묻혔지만 양심상 공동 정범이었던 부끄러운 악업이 주홍글씨처럼 가슴 깊이 새겨져 아직도 또렷하다.

학생의 처지가 아니라 교수로서 겪었던 커닝에 얽힌 사연 중에 두 가지 경우는 영영 잊지 못할 것 같다. 나는 웬만한 일은 너그럽게 설렁설렁 넘기려 처신하는 축에 해당한다. 그러나 유독 시험에서 커닝만은 어떻게든 완벽하게 몰아내려는 심산에서 집요할 정도로 악착같이 대응한다.

대학에 적을 둔 첫해의 일이다. 시험 감독을 하는데 한 학생이 긴 와이셔츠 손목을 걷었다가 다시 원위치 시키기를 반복했다. 옆에서 곁눈질로 살려보니 와이셔츠의 손목 부분 안쪽에 깨알 같은 글씨가 빼곡하게 쓰여 있었다. 그 과목의 성적은 당연히 낙제 점수(F)가 주어졌다. 악연은 그렇게 시작되어 2학년 때 재수강했는데 가슴 아프게도 다시 낙제였다. 그리고 3학년 때 세 번째로 수강을 한 뒤에 시험 결과는 출제자이며 강의를 담당했던 내가 답을 써도 그를 능가할 수 없을 정도로 흠잡을 데가 전혀 없어 몹시 놀랐다. 그의 얘기이다. 같은 과목을 세 번씩 들으며 교수인 나를 꼭 이기려는 오기로 버텼다고. 그 고집불통이며 의지의 화신은 지금 어느 회사의 임원으로 지천명을 넘겼으며 대학생 자녀를 거느린 가장이다.

한동안 대학에서 커닝 귀신을 영원히 몰아낼 기세로 시험 감독을 철저히 하려 드세게 추진하던 시절이었다. 이 때문에 모든 교과목의 시험문제 출제는 강의 담당 교수가 하지만 감독은 누가 할지 사전에 알 수 없던 때였다. 교무처에서 사범대학 쪽에 감독으로 배정했다. 하늘이 쉽게 가라 도우셨는지 여학생으로만 편성된 시험장이었다. 편한 감독이라 쾌재를 부르며 가벼운 마음으로 임했다. 그렇게 시험이 진행되었는데 중간에 한 학생의 행동이 자꾸 눈에 거슬렸다. 옆에 가서 헛기침을 하면서 몇 차례 경고를 했는데도 쇠귀에 경 읽기로서 신경이 곤두서 도저히 묵과할 수 없었다.

여학생의 자존심을 지켜주려고 아무도 눈치채지 못하도록 쪽지에 메모를 해서 슬며시 책상 위에 들이밀었다. '오른쪽 무릎 위의 스커트 자락 밑에 숨긴 쪽지를 꺼내서 쥐도 새도 모르게 살짝 넘겨주세요!' 족집게같이 한 치의 오차도 없는 지적에 꼼짝달싹하지 못한 채, 커닝 페이퍼를 건네주어 평온하게 시험을 마쳤다. 그런데 시험을 마친 학생이 켕기는 구석이 있는 데다가 처벌이 두려웠는지 내 연구실과 우리학과 학생들이 펼치는 외부 행사장까지 찾아와 매달리며 용서해 달라며 애원했다.

학교에 보고하지 않아 처벌은 면할 것이라는 사실을 명백히 일러주었다. 그 당시 학생은 많이 놀라 이성이 마비되었던 게 분명했으며 뼈저리게 반성했지 싶다. 학생이 울고불고 따라다니며 얼을 뺄 정도로 야단법석을 피워 커피까지 사주며 달랬던 씁쓸한 경험은 그것이 처음이자 마지막이었다. 만일 그 여학생이 전공을 살려 교직에 재직한다면 학생들의 커닝에 어떻게 대처할까 무척 궁금하다. 이름도 얼굴도 잊어버린 그녀는 불혹을 넘긴 지 꽤 오래되었으리니 아이를 기르는 엄마이기도 할 터인데.

예나 지금이나 시험에서 조금이라도 높은 성적을 원하는 절절함은 조금도 다를 바 없다. 그 예로서 조선 시대의 엘리트를 선발하는 과거에서도 다양한 커닝이 횡행하여 뜻 있는 선비들이 분기탱천하며 바르게 잡으려 했던 흔적이 아직까지도 남아있다. 특히 조선 후기의 과거 시험장 분위기는 저잣거리 형편 무인지경의 도덕률보다도 못할 만큼 타락했던 것 같다. 그 당시 유행했던 부정의 유형이다.

'콧구멍 속에 커닝 종이를 숨기는 행위'인 의영고(義盈庫), '작은 커닝 종이를 붓끝에 숨기는 행위'인 협서(挾書), '합격자의 답안지에 자신의 이름을 바꿔 붙이는 행위'인 절과(節科), '다른 사람과 시험지를 바꾸는 행위'인 환권(換券), '시험관과 응시자가 결탁하는 행위'인 혁제(赫蹏), '남의 답안을 베끼거나 대리 시험 행위'인 차술(借述), 차를 마시거나 화장실을 빙자하여 자리를 옮기는 행위'인 이석(移席), 옆 사람과 은밀히 말을 주고받는 행위' 인 설화(說話), '눈동자를 굴리며 남의 것을 훔쳐보는 행위'인 고반(顧盼), '입속으로 중얼거려 암시를 주거나 상대방을 혼란스럽게 하는 행위'인 음아(吟哦), '답안지나 초고지(草稿紙)를 땅에 떨어뜨려 남에게 보이는 행위'인 낙지(落紙), '시험관의 명에 따르지 않거나 말대꾸하는 행위'인 항거(抗拒) 등이 있다.

유형별로 부정행위의 도장을 준비했다가 과장(科場)에서 부정행위가 발생하면 당사자의 시험지에 해당 도장을 찍었다는 기록을 보면 어이가 없어 실소를 금할 길 없다. 예를 들면 '남의 것을 훔쳐보려고 심하게 눈을 굴리거나 고개를 움직이는 행위'를 할 경우 그 사람의 시험지에 '고반(顧盼)'이라는 도장을 찍어 채점이나 관리에 참조했다. 여기에다가 패거리 문화를 전제로 하는 왈패나 망나니를 위시해서 어중이떠중이나 저질렀을 법한 파렴치한 행위가 거침없이 자행되었던 사실을 어떻게 받아들여야 할지 혼란스럽다.

조선 후기에 이르러 과장 입구에는 좋은 자리를 선점하기 위해 진을 치고 있다가 과거일 꼭두새벽 과장에 진입해 현제판(懸題板) 주위의 목 좋은 위치에 자리를 잡는 횡포가 만연했다. 이들은 건장한 행동대원으로 선접(先接)꾼이라 불렀다. 선접꾼들은 자리다툼에 힘을 쓴 대가로 돈을 받거나 같은 접(接) 사람들의 도움을 받아 과거 합격을 꾀하던 모리배 같은 부류이다. 한편, 접(接)은 '과장에서 상부상조하기로 밀약된 일종의 부정을 담합한 그룹'을 뜻한다. 이들 중에는 과장에서 '전문적으로 답안지 내용을 대신 지어주는 사람'인 거벽(巨擘), '전문으로 답안지에 글씨를 써주는 사람'인 사수(寫手)까지 있었다. 사정이 이러하니 과장에 기생하는 접은 부정행위를 위한 집단이다. 이처럼 여름날 시궁창 같이 부패한 양반사회의 한심한 현실에 대해 일갈했던 이가 실학자

이익(1681~1763)이다. 그에 의하면 그 무렵 과장에서 직접 글을 짓는 사람은 응시자의 10분의 1밖에 되지 않는다고 한탄했다. 오죽하면 부정이 만연한 현실에 대해 순조 때 성균관 사성 이영하는 상소를 올려 부정행위 8가지 유형을 열거했을까?

오늘날 각종 시험에서 커닝으로 불리는 부정행위는 거의 자취를 감출 정도로 정화되었다. 젊음의 통과 의례인 대입 수능시험을 비롯하여 각종 취업시험이나 여러 고시에서 부정의 그림자도 얼씬거리지 못할 만큼 높은 도덕률이 튼실하게 자리 잡은 사회로 성숙해졌다. 그런데 지성의 전당인 대학에는 유독 음습한 곳에서 뿌리내린 독버섯처럼 줄기찬 적응력을 뽐내는 현실이다. 아무리 대학이 도매금으로 평가 절하를 당하는 세월이라 해도 지성의 샘이며 정의를 지켜내는 마지막 보루에 명예롭지 못한 커닝의 망령이 법이나 양심을 능멸하거나 유린하면서 끈질긴 생명력을 자랑하는 현실은 어디에서부터 단추가 잘못 끼워진 추한 문화 현상일까.

Ⅴ. 친족 어른의 호칭

친족 어른의 호칭

아내의 호칭

외척의 호칭

동기간과 수하의 호칭

증조에서 일가까지 호칭

어버이의 호칭

아들의 통칭

다양한 사람 묘사

특정 상황의 사람 묘사

사람의 비유적 묘사

사람의 조롱과 속된 묘사

비하를 함축하는 표현

친족 어른의 호칭

쉬울 것 같으면서도 의외로 까다로운 게 사람의 호칭이다. 어린 시절 가까운 친족 어른을 남에게 소개할 때 호칭 문제로 쩔쩔매며 진땀을 흘렸던 적이 숱하다. 심지어 이 세상에서 가장 가깝고 소중한 가족을 얼렁뚱땅 엉터리로 둘러대는 망발로 낯이 뜨겁고 쥐구멍에라도 기어들어 숨고 싶었던 경우도 더러 있었다. 하기야 어른이 된 이후에도 치명적인 실수를 범하고 어쩔 줄 몰라 끌탕을 치며 가슴앓이를 하기도 했다. 내남없이 다양한 인간관계에서 따르기 마련인 호칭의 문제를 차근차근 체계적으로 배운 적이 없다는 현실을 생각하면 당연한 결과가 아닐까? 이런 때문에 오늘날 거의 모든 사람들은 다양한 사람들을 대하면서 따르는 호칭 문제가 발생할 때마다 구렁이 담 넘어가듯이 어물쩍 임기응변으로 대처해 오는 어리석음을 범해오지 않았는지 곱씹어 볼 일이다.

선친(先親)의 상을 당했을 때의 황당한 일이다. 많은 지인들의 정중한 문상과 조의에 고마움을 전할 요량으로 답례 글의 인쇄를 맡겼다. 표준 문안을 바탕으로 첨삭이 불가피한 일부 내용을 내 경우에 적합하게 수정해서 인쇄해주겠다는 조건을 전제로 했다.

그런데 그 글에 핵폭탄 같은 대형 사고가 포함된 부실 덩어리라는 사실은 꿈에도 생각하지 못한 채 발송했다.

아마도 달포쯤 지났을 때 우연히 만난 지인이 언제 자당(慈堂)께서 별세하셨느냐고 물었다. 아닌 밤중에 홍두깨 같은 얘기에 꿀 먹은 벙어리 마냥 묵묵부답인 채 전전긍긍 쩔쩔매야 했다. 어머니는 멀쩡하게 생존해 계시는데 말이다. 생각을 가다듬고 되물었더니 문제는 답례 글이 원흉이었다. 인쇄소에서 꼼꼼하게 수정하지 않아 내용 중에 어버이를 모두 여읜 사람이 상중에 자기를 이르는 일인칭 대명사인 고애자(孤哀子)라는 표현이 버젓이 들어가 있는 게 화근이었다*. 어머니는 생존해 계시는데 얼마나 남우세스러운 망신인가! 이 칠칠치 못한 실수를 경험한 뒤에 정신이 번쩍 들어 어른이나 친족의 호칭에 대해 다시금 살폈던 산물이다.

선조들의 호칭법은 참으로 다채로웠다. 그 옛날에는 아버지를 일컬어도 내 아버지와 남의 아버지를 다르게 불렀다. 또한 같은 아버지임에도 생존해 계신 경우와 타계하신 경우를 비롯해 문서에 표현이 사뭇 달랐었다. 그런 까닭에 이즈음의 기준으로 보면 다른 행성의 낯선 표현을 대하는 것 같이 생소하고 이해하기 어렵기 이를 데 없다. 하지만 이들을 현대의 어법이나 관습에 맞도록 일관되게 바꾸는 작업은 전문가들의 영역으로 내 깜냥으로는 해결할 단순한 문제가 아니다. 이런 연유로 친족에 대한 다양한 호칭을 옛 표기대로 따르기로 한다.

할아버지가 생존 시에 남에게 얘기할 경우는 조부(祖父), 사후에는 조고(祖考), 왕고(王考), 선조고(先祖考), 선왕고(先王考)라고 이르고, 문서에는 조부(祖父)나 왕부(王父)로 써왔다. 그리고 남의 할아버지가 살아 계시면 조부장(祖父丈)이나 왕대인(王大

人)으로 하고, 돌아가신 경우에는 왕고장(王考丈), 선왕대인(先王大人), 선왕존장(先王尊丈), 존조고(尊祖考)라고 하고, 문서에는 조부장(祖父丈)이나 왕부장(王府丈) 혹은 왕존장(王尊丈)으로 표현했다.

할머니의 경우도 엇비슷하다. 생존하는 할머니를 남에게 얘기할 경우는 조모(祖母), 사후라면 조비(祖妣)나 선조비(先祖妣)라고 호칭하고, 문서에는 조모(祖母)나 노조모(老祖母)라고 표현했다. 그리고 살아 계신 남의 할머니는 조모님이나 왕대부인(王大夫人)으로, 돌아가신 경우는 선조모(先祖母)님이나 선왕대부인(先王大夫人) 혹은 존조비(尊祖妣)라고 칭해야하며, 문서에는 존조모(尊祖母)나 존왕대부인(尊王大夫人) 등으로 썼다.

생존하는 아버지를 남에게 이를 때는 부친(父親), 가친(家親), 엄친(嚴親), 가엄(家嚴)으로, 돌아가셨다면 선고(先考), 선친(先親), 선인(先人), 선군(先君)이라고 호칭해야 하며, 문서에는 가대인(家大人), 가군(家君), 가공(家公), 가부(家父)로 표현했다. 그리고 남의 아버지가 살아 계시면 춘부장(椿府丈)이나 춘장(椿丈) 혹은 어르신네, 돌아가신 경우는 선대인(先大人), 선고장(先考丈), 선부군(先府君), 선인(先人)이라고 하며, 문서에는 가대인(家大人), 가군(家君), 가공(家公), 가부(家父)라고 써야 했다.

살아계신 어머니를 남에게 얘기할 때 모친(母親)이나 자친(慈親), 돌아가셨으면 선비(先妣)나 노친(老親), 문서에는 모친(母親)이나 자친(慈親)으로 썼다. 그리고 다른 사람의 어머니가 살아계실 경우 대부인(大夫人)이나 자당(慈堂) 혹은 자친(慈親)이라 하고, 돌아가셨다면 선대부인(先大夫人)이나 선자당(先慈堂)라고 하며, 문서에는 자당(慈堂)이나 존당(尊堂) 혹은 영당(令堂)으로 표현했다.

부부 사이의 호칭 문제이다. 살아 있는 남편을 남에게 얘기할 때 가부(家夫)나 바깥양반 혹은 사랑양반, 돌아갔을 경우 망부(亡夫), 문서상에는 부군(夫君)이나 가부자(家父子)로 호칭했다. 그리고 남의 남편이 살아계시면 현군(賢君)이나 바깥어른, 돌아가신 경우라면 선군자(先君子)나 선영군자(先令君子), 문서에는 현군자(賢君子)로 나타냈다.

생존하는 처를 남에게 이를 때는 가인(家人)이나 실인(室人), 사망한 경우는 망처(亡妻)나 망실(亡室), 문서에는 형처(荊妻)나 졸처(拙妻)로 썼다. 한편, 남의 아내를 호칭할 경우 살아 있다면 내상(內相)이나 영부인(令夫人), 별세했을 경우는 고영부인(故令夫人)이나 고현합(故賢閤), 문서에는 합부인(閤夫人)이나 현합(賢閤)으로 표기해야 아귀가 맞는 표현이었다.

아버지의 형제들에 대한 호칭 문제이다. 먼저 살아계시는 아버지 형제들을 남에게 이를 때는 백부(伯父), 중부(仲父), 숙부(叔父), 계부(季父)라고 하며, 돌아가신 경우는 선백부(先伯父), 선중부(先仲父), 선숙부(先叔父), 선계부(先季父)라고 했다. 그리고 문서에는 백부, 중부, 숙부, 계부로 호칭했다. 아울러 살아계신 남의 아버지 형제에 대한 호칭은 백부장(伯父丈), 중부장(仲父丈), 숙부장(叔父丈), 계부장(季父丈), 완장(阮丈)이라고 이르며, 돌아가셨을 경우 선백부장, 선중부장, 선숙부장, 선계부장이라고 호칭했다. 그리고 문서에는 백부장, 중부장, 숙부장, 계부장, 완장으로 표현했다.

큰어머니나 작은어머니가 살아계신 경우 남에게 말할 때 백모(伯母)나 숙모(叔母), 돌아가셨다면 선백모(先伯母)나 선숙모(先叔母), 문서에는 백모나 숙모로 썼다. 한편, 남의 큰어머니나 작은어머니가 살아계시면 존백모(尊伯母)나 존숙모(尊叔母), 돌아가신 경우는 선백모부인(先伯母夫人)나 선숙모부인(先叔母夫人), 문서에는 존백모나 존숙모 등으로 표현했다.

고모와 고모부에 대한 호칭이다. 고모는 생존이나 사망을 구분하지 않고 고모(姑母)라고 칭하며, 문서에는 비고모(鄙姑母)로 나타냈다. 그리고 남의 고모는 생존이나 사망을 구분하지 않고 고모님으로 호칭하고, 문서에는 귀고모부인(貴姑母夫人)으로 호칭해왔다. 고모 남편을 남에게 이를 경우 살아계시거나 유명을 달리한 경우에 상관없이 고모부(姑母夫)로 호칭하고, 문서에는 비고모부(鄙姑母夫)로 호칭했다. 한편, 남의 고모부는 어떤 경우를 막론하고 고모부(姑母夫)님이라 칭하고, 문서에는 귀고숙장(貴姑叔丈)으로 썼다.

세상을 살다 보면 수많은 사람과 연을 맺고 살아가게 마련이다. 다양한 만남에서 앞앞에 결례되지 않도록 예를 갖춘 호칭은 필수불가결한 기본충족요건이리라. 그런데 가장 가까운 친족에 대한 합당한 호칭을 일견했을 뿐인데도 생경하기 짝이 없어 모두 기억하기 벅차 미궁에 빠져 정신이 혼미할 지경이다. 이런 터수에 하루하루 생활을 하며 스쳐 지나가는 인연에 대해 무례를 범하거나 결례하지 않고 호칭이라도 제대로 하며 앞가림하고 사는지 큰소리칠 자신이 당최 없다. 그럼에도 고희(古稀)를 넘겼다고 동네방네 떠벌리는 내가 과연 나잇값을 제대로 하고 있는 걸까.

---

* 애자(哀子)와 고자(孤子) : 애자(哀子)는 어머니의 상중에 있는 사람이 자기를 이르는 일인칭 대명사이고, 고자(孤子)는 아버지의 상중에 있는 사람이 자기를 이르는 일인칭 대명사이다.

아내의 호칭

누군가의 아내를 부르는 다양한 호칭이다. 정녕 여자 팔자는 뒤웅박 팔자라는 말이 맞는 걸까! 누구와 어떤 형태로 혼인을 했느냐에 따라 지존의 왕비가 되는가 하면 천덕꾸러기처럼 계집이라는 호칭으로 불리기도 하는 천차만별의 요지경 같은 세상이다. 또한 조강지처인 정처(正妻)로 어엿하게 안방마님이 되는가 하면 뭇사람들의 손가락질 대상인 시앗으로 낙인이 찍히는 서러운 삶도 여자의 몫이다. 이런 복잡 다양한 정황을 감안한 호칭과 만남이다.

조선 시대의 호칭이다. 살아 있는 전전 임금의 비(妃)를 이르며 주로 왕의 할머니를 대왕대비(大王大妃)*일렀다. 그리고 살아있는 선왕의 비를 왕대비(王大妃)* 혹은 대비(大妃)*로 칭했다. 한편, 임금의 아내를 왕비(王妃)라고 이르며 다른 말로 중궁(中宮)이나 중전(中殿)으로 부르며 비슷한 말로 군부(君婦)나 궁비(宮妃) 혹은 왕후(王后) 따위가 쓰였다.

임금님의 성은을 입고 왕자를 생산했어도 후궁의 경우는 빈(嬪 : 정1품), 귀빈(貴賓 : 종1품), 소의(昭儀 : 정2품), 숙의(淑儀 : 종

2품), 소용(昭容 : 정3품), 숙용(淑容 : 종3품), 소원(昭媛 : 정4품), 숙원(淑媛 : 종4품)으로 품계가 부여되었다. 한편, 왕세자의 궁은 세자궁(世子宮)이라 이르고, 왕세자 후궁은 양제(良娣 : 종2품), 양원(良媛 : 종3품), 승휘(承徽 : 종4품), 소훈(昭訓 : 종5품)으로 정해졌다. 또한 왕비의 모친을 부부인(府夫人 : 정1품), 왕의 유모를 봉보부인(奉保夫人 : 종1품)으로 봉했다.

종친의 처는 품계에 따라 이렇게 명명했다. 부부인(府夫人 : 정1품)과 군부인(君夫人 : 종1품), 현부인(縣夫人 : 정2품과 종2품), 신부인(愼夫人 : 정3품(당상관)), 신인(愼人 : 정3품(당하관)과 종3품), 혜인(惠人 : 정4품과 종4품), 온인(溫人 : 정5품과 종5품), 순인(順人 : 정6품과 종6품)으로 호칭했다.

문무관의 처는 품계에 따라 이렇게 호칭했다. 정경부인(貞敬夫人 : 정1품과 종1품), 정부인(貞夫人 : 정2품과 종2품), 숙부인(淑夫人 : 정3품(당상관)), 숙인(淑人 : 정3품(당하관)과 종3품), 영인(令人 : 정4품과 종4품), 공인(恭人 : 정5품과 종5품), 의인(宜人 : 정6품과 종6품), 안인(安人 : 정7품과 종7품), 단인(端人 : 정8품과 종8품), 유인(孺人 : 정9품과 종9품) 등으로 정해졌다.

조선 시대 신분에 따라 처에 대한 호칭은 어지러울 정도로 다양했음을 알 수 있다. 뭉뚱그려 요약하면 임금인 왕의 처는 왕비(王妃)이고 벼슬아치의 처는 부인(夫人)이며, 선비의 처는 유인(孺人)이나 부인(婦人)으로 불렸고, 무지렁이 민초의 마누라는 처(妻)로 불렸다. 아울러 아내가 있는 남자가 데리고 사는 내연녀(內緣女)를 첩(妾)이라고 말했다. 또한 첩을 첩실(妾室), 소실(小室), 별가(別家), 별방(別房), 측실(側室), 작은집, 작은마누라, 작은계집, 시앗이라고도 불렀다. 현대문명이 지배하는 이즈음엔 남의 처를 일괄적으로 부인(夫人)이나 부인(婦人)으로 부른다.

특별히 대통령의 처를 영부인(領夫人), 아들을 영식(令息), 딸을 영애(令愛)라고 칭하는 것으로 굳어진 현실이다. 우리는 언제부터인가 대통령을 호칭할 때 각하(閣下)라로 불러왔다. 원래는 '특정한 고급관리에 대한 경칭'으로 쓰였던 말이 대통령을 지칭하는 고유한 말로 인식되어 버렸다. 조선 시대에 폐하(황제나 황후), 전하(왕), 저하(왕세자), 합하(정일품이나 대원군), 각하(정승) 식으로 쓰였다는 해설이다. 그러므로 원래 각하는 정승을 호칭하는 말이었다. 그렇다면 오늘날 대통령은 그만큼 격이 낮아진 걸까.

통상적으로 남의 처를 비롯하여 자기 처를 어떻게 호칭해 왔을까? 우선 생존하는 자신의 아내에 대한 지칭이다. 처, 내자(內子), 실인(室人), 졸처(拙妻), 형처(荊妻)*, 내권(內眷), 가인(家人), 세군(細君), 아내, 집사람, 마누라, 안사람 여편네 따위가 쓰였다. 그리고 유명을 달리한 자기 아내를 망처(亡妻) 혹은 망실(亡室)이라고 칭했다.

다른 사람의 생존하는 아내를 지칭하는 존칭어로써 현합(賢閤), 부인(夫人), 존합(尊閤), 합부인(閤夫人), 영부인(令夫人), 영실(令室), 영규(令閨), 규부인(閨夫人), 사모님, 안댁 등이 쓰였다. 또한 다른 사람의 작고한 아내의 존칭으로써 고영부인(故令夫人), 고현합(故賢閤), 고실(故室) 따위가 있다. 아울러 특정한 부류의 지칭보다는 포괄적인 통칭으로 결혼한 여자를 이르는 말로써 부인(婦人), 귀부인(貴婦人), 부녀자(婦女子), 부녀(婦女), 아녀자(兒女子), 색시가 쓰였다.

아내에 대해 널리 쓰이는 다양한 호칭 중에는 비존칭어(非尊稱

語)가 상당히 많다. 예를 들면 처, 아내, 실인, 내자, 내상, 집사람, 안사람, 마누라, 색시, 계집, 여편네 따위가 그런 부류이다. 또한 아내에 대한 호칭 중에 직접 호칭보다는 '직접 대면하며 부르는 호칭이라기보다는 친인척 간의 관계를 고려하여 표현' 하는 관계지시호칭(關係指示呼稱)으로써 비존칭어가 훨씬 푸짐하게 발달했다. 그 일부의 예를 열거하면 아내, 내자, 실인, 집사람, 안사람, 색시, 마누라, 계집, 여편네 등속이 그런 부류의 말이다.

요즘 세대라면 아내나 집사람 혹은 마누라 따위의 호칭만으로도 족할 터이다. 그런데 과거 아주 복잡하고 다양한 호칭은 예를 갖추려는 법도를 지키기 위함이라는 견해이다. 하지만 그 말을 제대로 부리려면 어지럽고 헷갈려 엔간히 조심스럽지 않았을 것 같다. 생각해보면 임금이나 뼈대 있는 양반 가문에서 혼란스러울 정도로 많은 호칭이 통용되어 왔다. 어디 그뿐일까? 서민의 경우도 그에 버금갈 정도로 호칭이 흘러넘치게 많이 쓰였다. 그렇다면 나는 이런 법도에 걸맞게 호칭을 골라 쓰며 언중(言衆)들의 보편적인 말 관습을 제대로 이해하고 따라가는 축인지 곰곰이 곱씹어봐야겠다.

---

* 대왕대비(大王大妃) : 원래 중국에서 칭하는 태왕태후(太王太后)에서 따온 말로써 명목상 신하국을 자처한 조선은 태(太)자를 대(大)자로 낮추고, 후(后) 역시 비(妃)로 낮춰서 대왕대비(大王大妃)로 명명했다.

* 왕대비(王大妃) : 고려 말 몽골의 지배로 관제가 격하되기 이전까지는 대대로 왕의 어머니를 왕태후(王太后)라고 호칭하다가, 그 이후 왕대비(王大妃)로 격하되어 조선말의 갑오경장 이전까지 그렇게 불렸었다.

* 대비(大妃) : 태후(太后)에서 온 말이다. 고려 말 몽골 지배로 왕태후(王太后)에서 왕대비(王大妃)로 불렸다. 그러므로 왕대비(王大妃)와 대왕대비(大王大妃)를 아우르는 말로 쓰이거나, 두 용어의 준말 정도로 사용한다.

* 형처(荊妻) : 남에게 자신의 아내를 낮추어 이르는 말로써 중국의 후한(後漢) 때 양홍(梁鴻)의 아내 맹광(孟光)이 가시나무 비녀를 꽂고 무명치마를 입었었다는 데서 유래한 말이다. 유사한 표현으로 과처(寡妻)나 형부(荊婦)라고도 한다.

외척의 호칭

옛말에 '처가와 해우소(解寓所)는 멀리 떨어져야 한다.'는 말이 있다. 이 같은 관념 때문인지 친가 쪽에 비해 외가는 어렵다는 생각이 자리 잡고 있다. 그래서였을 게다. 외가는 만만치 않아 매사에 조심스러웠다고 기억의 곳간에 갈무리 되어있다. 그런 연유로 기껏해야 외할아버지와 외할머니, 외삼촌과 외숙모, 이모와 이모부로 알고 지내던 외척(外戚)의 호칭을 헤아려볼 요량으로 나서는 길목이 낯설다. 그 옛날 이들 호칭은 입에 착 달라붙어 감기는 친숙한 개념이 분명하다. 그럼에도 불구하고 이따금 어떻게 해야 관습에 합당한 표현인지 헷갈리고 아리송해서 고개를 갸웃거렸던 적이 더러 있었다.

부계 중심으로 씨족을 따지는 가족문화 때문이었을까. 내 기억의 보고에 차곡차곡 쟁여진 친인척에 대한 추억은 친가 쪽의 4촌과 6촌을 비롯해 8촌 정도의 부계 중심으로 한정되어 있다. 씨족이 모여 사는 집성촌 엇비슷한 마을에서 태어나 6·25 전쟁으로 생활권이 극히 제한되었던 때문이리라. 그런 연유로 외척에 관련된 기억은 초등학교 입학 이후부터이다. 요즈음은 어머니의 역할이 절대적으로 커지면서 아이들이 친가 쪽의 사촌이나 고종사촌의 존재나 이름을 제대로 몰라 남에 가깝다는 푸념이다. 그에 비해서 어머니 쪽의 외사촌이나 이종사촌의 생일이나 취미를 비롯해 성격까지도 훤하게 꿴다는 세월이다.

외가하면 언제나 한복을 차려입으신 단아하지만 근엄했던 외할아버지 모습이 떠오른다. 외할머니는 일찍 별세하셔서 뵌 적이 없고 외가에 가면 언제나 허허 웃으며 맞아주셨어도 함부로 대하기 어렵던 대쪽같이 곧은 분이었다. 그 시절 외할아버지라고 부르면 어떤 경우에도 문제가 없는 것으로 여겼었다. 그렇지만 옛날 예법의 실상은 사뭇 달랐다. 알고 보니 외할아버지를 남에게 이를 경우는 생존이나 사망 그리고 문서에 표기를 불문하고 모두 외조부(外祖父)나 외왕부(外王父) 또는 외옹(外翁)으로 호칭해야 했다. 그리고 남의 외할아버지를 이를 경우는 생존이나 사후를 막론하고 외조부님, 문서에는 외조존장(外祖尊丈)이나 외왕대인(外王大人)으로 표기했다.

정이 많다는 뜻으로 풀솜할머니로 애칭 되기도 하는 외할머니가 살아 계셨다면 나는 사랑을 듬뿍 받았을 게다. 왜냐하면 당신의 둘째 딸이 출산한 여섯 손주 중에 유일한 사내아이가 나였기에 하는 얘기이다. 하지만 연이 닿지 않았는지 내가 태어나기 전에 저 세상으로 떠나셨다. 그런 까닭에 유감스럽게도 어린 시절에 외할머니라는 말을 입에 올려봤던 적이 없기 때문인지 낯선 호칭으로 굳어버렸다. 그런데 외할머니를 이를 때는 생존이나 사망을 비롯해서 문서 등 모든 경우 외조모(外祖母)로 통칭했다. 한편, 남의 외할머니를 얘기할 경우는 생존이나 사망을 구분하지 않고 외조모님으로 통일하고, 문서로 남길 때는 외왕대부인(外王

大夫人)으로 표기해야 어법에 맞는 표현이었다.

어머니 바로 아래인 외삼촌이 한 분 계셨다. 그분은 참으로 따뜻하고 인자하고 인정 많은 분으로 내 학비를 비롯해 우리 집이 어려울 때마다 무던히도 많이 도와주신 어른이었다. 이런 분들을 통칭하여 무조건 외삼촌으로 부르면 되는 줄 알았다. 법도에 맞게 호칭하려면 남에게 이를 때 생존이나 사후를 막론하고 외숙(外叔), 구부(舅父), 구씨(舅氏), 숙구(叔舅), 외숙부(外叔父) 등으로 호칭되고, 문서 표기는 비외숙(鄙外叔)이나 비표숙(鄙表叔)이라고 써야 했다. 남의 외삼촌은 생존이나 사후를 따지지 않고 외숙님, 문서에는 외숙장(外叔丈)이나 위양장(渭陽丈)으로 기재했다. 여기에서 다소 동떨어진 하나의 예이다. 아버지의 외가를 진외가(陳外家), 아버지의 외조모를 진외조모(陳外祖母), 아버지의 외숙모를 진외종조모(陳外從祖母), 아버지의 외삼촌을 진외종조부(陳外從祖父) 혹은 넛할아버지라고 불렀다. 한편, 어머니의 외가를 외외가(外外家)라고 한다.

내 외숙모는 자그마하지만 단단하고 강단이 있는 분으로 나를 비롯한 당신의 시누이 자녀들을 언제나 살갑게 대해 주신 정인이었다. 어린 시절 떼로 외가에 몰려가면 모든 수발을 다 들어주던 어진 분이었다. 외삼촌의 부인은 생사에 무관하게 외숙모(外叔母), 구모(舅母), 외삼촌댁(外三寸宅)이라고 호칭하고, 문서에는 비외숙모(鄙外叔母)나 비표숙모(鄙表叔母)로 썼다. 아울러 남의 외삼촌 부인을 이를 경우 역시 생사를 따지지 않고 외숙모님, 문서에는 귀외숙모(貴外叔母)나 비표숙모(鄙表叔母)라고 썼다.

내 어머니는 위로 언니 한 분 밑으로 남동생과 여동생이 각각 하나씩인 4남매 중에 둘째였다. 그런 까닭에 내게는 두 분의 이모가 계셨었다. 이들 어머니 여자 형제를 남에게 이를 때는 생존이나 사망을 따지지 않고 이모(姨母), 서류에는 비이모주(鄙姨母主)로 썼다. 남의 이모를 이를 경우 생존이나 사후를 막론하고 공히 이모님, 서류에는 귀이모부인(貴姨母夫人)으로 표기했다.

아마도 이모부 복은 없었나 보다. 왜냐하면 작은 이모부는 6·25전쟁을 겪는 과정에서 행방불명 되셨다. 그리고 큰 이모부는 내가 중학교 시절 명을 달리하셨다. 그런 연유로 이모부라는 호칭을 입에 올렸던 적이 극히 드물었다. 그 때문이었을까. 이모부에 대한 호칭도 경우에 따라 다른 것을 제대로 알지 못했다. 실제로 이모의 남편 역시 남에게 이를 때 생존이나 사후를 따지지 않고 모두 이모부님, 이모부(姨母父), 이숙(姨叔) 따위로 호칭하고, 문서에는 비이숙주(鄙姨叔主)라고 썼다. 또한 다른 사람의 이모 남편 역시 생사 여부에 관계없이 모두 이모부님, 문서에는 귀이숙장(貴姨叔丈)으로 썼다.

외삼촌 한 분 슬하에 3남 3녀의 외사촌이 있고, 두 분의 이모 슬하에 네 명의 이종사촌이 있다. 이들 가운데 외삼촌 자녀인 외사촌은 다른 사람에게 이를 때 생사를 따지지 않고 모두 외사촌(外四寸), 외종(外從), 외종형제(外從兄弟) 따위로 호칭하고, 문서에는 비외종씨(鄙外從氏)나 비표종씨(鄙表從氏)로 표기했다. 남의 외삼촌 자녀를 얘기할 경우 생사에 무관하게 외종씨(外從氏)나 외종형제(外從兄弟), 문서에는 귀외종씨(貴外從氏)나 귀표종씨(貴表從氏) 혹은 귀외종형제(貴外從兄弟)로 썼다.

이모의 아들딸인 이종사촌을 남에게 이야기할 경우는 생사를 따지지 않고 모두 이종사촌(姨從四寸), 이자(姨子), 이종(씨)(姨從(氏)) 등으로 호칭하고, 문서에는 비이종(씨)(鄙姨從(氏))로 표기했다. 그리고 남의 이모 아들딸을 지칭할 경우 역시 생사와 관계없이 이종(씨)(姨從(氏)), 문서에는 귀이종(씨)(貴姨從(氏))라고 썼다.

외척은 아니지만, 장인과 장모에 대한 호칭과의 만남이다. 나의 장인은 일제 강점기에 동경 유학을 하고 돌아와 내가 태어나기 전부터 중등학교의 교장이 되셨던 분이다. 그때부터 1970년대까지 40 몇 년간을 교장으로 재직하다 퇴임하시고 팔순을 넘겨 이승의 삶을 접으셨다. 그런데 처음엔 모든 경우에 장인으로 호칭하는 것으로 알고 있었다. 하지만 조금 신경을 쓰며 들여다보면 사정은 약간 달라졌다. 남에게 장인을 말할 때 생사에 관계없이 무조건 장인(丈人), 문서에는 비빙장(鄙聘丈)으로 써야 했다. 한편, 남의 장인을 이를 때는 생사에 관계없이 빙장(聘丈), 문서에는 귀빙장(貴聘丈)으로 호칭했다.

내 장모님은 96해를 곱게 사시다가 불의 교통사고를 당해 이승을 떠나셨다. 세상을 뜨실 무렵 큰딸(처형)이 고희를 눈앞에 둔 시점인데, 내가 죽으면 '우리 아이들이 고아가 될 터인데.'라고 걱정을 했던 분이다. 그 옛날 남에게 자기의 장모를 이를 때는 생사에 무관하게 장모(丈母), 문서에는 비빙모(鄙聘母)로 표기했다. 또한 남의 장모를 이를 때는 생사에 관계없이 빙모(聘母), 문서에는 귀빙모부인(貴聘母夫人)으로 적었다.

예부터 우리 선조들은 사람을 나타내는 입말이나 표기를 위로는 나라님을 비롯하여 아래로는 이름 없는 민초들에 이르기까지 두루 아우를 다양한 표현으로 갈래지어 명확히 가름하는 호칭을 해왔다. 이런 문화의 영향으로 이들 표현은 언중(言衆)이 기피하거나 어설프지 않게 적재적소에 쓰여 말을 차지게 만드는 역할을 했지 싶다. 그러나 한자를 기반으로 한 그들 표현은 오늘을 사는 사람들에게는 무척 생소한 외계어 같다. 왜냐하면 한자 교육을 받지 않았던 때문이다. 이로 인해서 그 옛날 우리 사회 구석구석에서 사용되던 사람의 호칭을 더 이상 버텨나갈 문화 환경이 아니다. 이런 기저 문화 변화에 걸맞은 대응을 위해 호칭의 얼개와 원칙을 만들어 보급하지만 아직은 부족하고 개선보완이 절실하다.

변화된 호칭의 포괄적인 단면이다. 장인어른(아버님), 장모님(어머님), 형님(처남), 처형(처제) 처남댁(아주머니), 동서(형님), 형부, 사위, 서방 따위가 그것이다. 하지만 이들은 생사나 문서의 구분, 누구의 장인(장모)인가 구별, 존칭과 하대(下待) 등의 식별이 명확한 호칭이 미흡해서 부족하다는 생각이다. 다양한 경우를 명확하게 구분해 나타낼 호칭 문제를 어물쩍 넘기지 않고 세세한 배려와 대응의 길이라는 관점에서 하는 얘기이다.

내 어머니 형제분들은 이제 한 분도 이승에 계시지 않는다. 그런 때문일까. 전국의 여러 도시에 흩어져 삶을 꾸리는 외사촌과 이종사촌들이 한자리에 모였던 기억이 없다. 우리 세대에 비해 요즈음은 가정에서 여성의 역할이 점점 커지면서 모계사회로 가까워지는 경향을 띠면서 외가나 처가는 이 세상에서 가장 가깝다고 얘기한다. 이런 세월에 외가나 처가에 대한 전통적인 호칭은 요즘 사회에서 부담 없이 입말로 사용하기 적합한지 심각하게 고민해봐야 할 시점이 아닐까. 그 이유는 한자를 바탕으로 만들진 호칭에 취약한 젊은이들에게는 다른 행성의 종족끼리 주고받는 암호문과 다를 바 없기 때문이다.

동기간과 수하의 호칭

'등잔 밑이 어둡다.'는 뜻으로 흔히들 등하불명(燈下不明)이라 한다. 우리 주위에 가장 가까운 사람들에 대한 호칭이 그런 예가 아닐까? 세상에서 어느 누구보다 가까운 동기간(同氣間)인 형제자매와 내리사랑의 대상인 아들딸을 위시한 손아래 수하(手下)를 이르는 호칭과 만남을 위한 산책을 나서련다.

예부터 불리던 호칭은 참으로 다양하고 까다로웠지만 달달했고 친근한 측면도 상당했다. 그래도 수많은 호칭에 적용되는 일률적인 법칙이나 원칙을 찾을 수 없었다. 생각할수록 무슨 난수표(亂數表)를 대하는 기분이었다. 또한 많은 호칭 중에서 문서의 표현에 '품위 낮을 비'인 "鄙"자를 넣은 명확한 연유가 궁금했다. 그래서 이리저리 촉수를 뻗어봤어도 미욱한 때문인지 사이다를 마시는 것 같이 속 시원하게 뻥 뚫릴 답은 어디에서도 찾을 길이 없었다.

생존하는 형을 남에게 이를 때 호칭이다. 사형(舍兄), 가형(家兄), 사백(舍伯), 가백(家伯), 사중(舍仲), 가중(家仲)이라 했다. 사후일 경우에 호칭은 선백(先伯), 선중(先仲), 선백형(先伯兄),

선중형(先仲兄)이었다. 문서에는 사형, 가형, 사백, 가백, 사중, 가중으로 표기했다. 생존하는 남의 형을 지칭할 경우는 백씨장(伯氏丈)이나 중씨장(仲氏丈), 사후일 경우는 선백씨장(先伯氏丈)이나 선중씨장(先仲氏丈)이라고 지칭했다. 문서에는 백씨장(伯氏丈)이나 중씨장(仲氏丈)이라고 썼다.

살아있는 남자 동생을 남에게 얘기할 경우 아우라고 한다. 사후인 경우는 망제(亡弟), 망중제(亡仲弟), 망숙제(亡叔弟), 망계제(亡季弟)라고 하고, 문서에는 사제(舍弟), 가제(家弟), 중제(仲弟), 숙제(叔弟), 계제(季弟)로 표기했다. 한편, 남의 살아 있는 남자 동생은 계씨(季氏), 영계씨(令季氏), 현제씨(賢弟氏), 영제씨(令弟氏)라고 하며, 사후일 경우는 선계씨(先季氏)나 선제씨(仙弟氏)라고 했다. 또한 서류에는 계씨(季氏)나 영계씨(令季氏)를 비롯하여 현제씨(賢弟氏)나 영제씨(令弟氏)라고 표기했다.

생사나 문서를 막론하고 형이나 동생의 아내를 남에게 이를 때는 수씨(嫂氏), 형수씨(兄嫂氏), 제수씨(弟嫂氏), 계수씨(季嫂氏), 아주머님으로 호칭하거나 표기해왔다. 한편, 남의 생존하는 형수나 계수를 지칭할 경우는 영형수씨(令兄嫂氏)나 영제수씨(令弟嫂氏)로, 사후일 경우는 고영형수씨(故令兄嫂氏)나 고영제수씨(故令弟嫂氏)로, 서류에는 영형수씨(令兄嫂氏)나 영제수씨(令弟嫂氏)로 표기했다.

누나를 남에게 이를 경우나 사후 또는 문서 등 모든 경우에 자씨(姊氏)로 호칭했다. 한편, 생존하는 남의 누나는 영자씨(令姊氏), 사후일 경우는 고영자씨(故令姊氏), 서류에 표기는 영자씨(令姊氏)로 했다.

여동생의 경우는 생존 시나 사후 그리고 문서상 표기 등 모든 경우에 매제(妹弟)나 사매(舍妹)라고 호칭했다. 그런가 하면 남의 여동일 경우 생존 시에는 영매(令妹), 사후에는 고영매(故令妹), 문서상 표기는 영매씨(令妹氏)라고 썼다.

어쩌면 이 세상에서 가장 친숙한 호칭이 아들과 딸이 아닐까? 이들에 대한 호칭이다. 살아있는 아들을 남에게 이를 때 가아(家兒), 집 아이, 사후일 경우 망자(亡子), 서류상 표기는 가돈(家豚)이나 가독(家督) 혹은 미아(迷兒)라고 썼다. 그리고 살아있는 남의 아들을 일컬을 경우는 영윤(令胤), 현윤(賢胤), 현랑(賢郎), 윤옥(胤玉), 윤군(胤君), 아드님 등으로 호칭하고, 문서에는 귀공자(貴公子), 영윤(令胤), 현윤(賢胤), 현랑(賢郎), 윤옥(胤玉) 등으로 표기해왔다.

자기 딸을 남에게 이를 경우 여식(女息)으로 호칭하고, 서류에는 가교(家嬌)나 와추(瓦雛)로 표기했다. 또한 남의 딸을 이를 경우 영애(令愛)나 따님으로 지칭하고, 문서에는 영교(令嬌)나 영애(令愛)로 표기해왔다.

촌수(寸數) 계산하는 방법은 '직계'냐 '방계'냐에 따라 이렇게 하면 된다*. 촌수 계산하기 위한 기준(基準)은 부모와 할아버지 등 '직계' 가족이다*. 이후 '방계' 쪽으로 1촌씩 더하면 된다. 실제로 촌수를 헤아리는 방법이다. 기본적으로 부모와 자식 사이는 1촌, 형제와 자매는 2촌을 더한다. 또 부모는 1, 할아버지는 2, 증조할아버지는 3, 고조할아버지는 4촌을 더하면 된다. 그래서 예를 들면 '나'를 기준으로 아버지(1)의 형제(2)는 3촌(1+2)이 된다. 할아버지(2) 형제(2)의 자식(1)은 5촌이 되는 셈이다. 촌수는 부모와 자식 간의 연결고리를 나타내는 것으로 짝수(偶數)는 나와 같은 항렬(行列)이고, 홀수(奇數)는 나의 위 항렬이거나 아래

항렬이다.

종형제(從兄弟)인 4촌에 대한 호칭이다. 남에게 자기의 생존하는 종형제를 이를 때는 종형(從兄), 종백(從伯), 종제(從弟), 당제(堂弟)라고 일렀다. 그리고 사후인 경우는 선종형(先從兄), 선종백(先從伯), 망종제(亡從弟)라고 하고, 문서에 표기는 비종형(鄙從兄), 비종백(鄙從伯), 비종제(鄙從弟), 비당제(鄙堂弟)로 쓰면 되었다. 그리고 생존하는 남의 종형제는 종씨장(從氏丈), 종백씨장(從伯氏丈), 종계장(從季丈)이라고 이르며, 사후인 경우는 선종씨장(先從氏丈), 선종백씨장(先從伯氏丈), 고종계장(故從季丈)이라고 했다. 또한 문서상 표기는 영종씨장(令從氏丈), 영종백씨장(令從伯氏丈), 영종계장(令從季丈), 현종계씨(賢從季氏) 등으로 썼다.

고모의 아들딸인 고종(姑從)에 대한 호칭이다. 살아있거나 유명을 달리한 경우를 막론하고 고종사촌을 남에게 이를 때는 내종형제(內從兄弟)나 고종형제(姑從兄弟)라고 칭하고, 문서에 표기는 비내종씨(鄙內從氏)나 비내종형제(鄙內從兄弟)라고 써야했다. 또한 남의 고종을 이를 때는 생존이나 사후 관계없이 모두 내종씨(內從氏)로 호칭하고, 문서에는 귀내종(씨)(貴內從(氏))로 썼다.

어쩌면 귀여움의 대상이기 마련인 조카 다시 말하면 질(姪)에 대한 호칭이다. 남에게 조카를 이를 경우는 생존이나 사망에 관계없이 가질(家姪)로 호칭하고, 문서에 표기는 비질(鄙姪)로 썼다. 한편, 남의 조카를 이를 경우는 생존이나 사망에 관계없이 영질(令姪)이나 함씨(咸氏)로 호칭하고, 문서에 표기는 영질(令姪)이나 영함씨(令咸氏)로 써왔다.

내겐 "함씨(咸氏)"라는 단어가 오랫동안 풀리지 않은 숙제로 머릿속에 맴돌았던 적이 있다. 아마도 초등학교 4~5학년 시절 어느 무덥던 여름날 노거수인 느티나무 그늘에서 외지에서 찾아온 손님과 내 선친을 비롯한 몇몇 어른들이 어울려 나누시던 대화 중에서였다. 그때 내 귀엔 무척 낯설고 이해할 수 없는 단어 하나가 튀어 나왔다. 누군가가 외지에서 온 손님에게 물었다. "풍문에 '함씨'가 많이 아파 큰 수술을 했다고 들었는데 지금은 어떤 상태냐."고. 그때 "함씨"가 무엇을 뜻하는지 알 수 없어 영원히 풀지 못할 어려운 문제처럼 기억의 언저리를 뱅뱅 맴돌았다. 그 난해한 문제는 중학교 때 우연히 사전을 찾다가 자연스럽게 해결되었다. "함씨"는 남의 조카를 일컫는 말이라는 사실을 말이다. 왜 그리도 어처구니없이 멍청했을까? 사전 한번 찾아보면 만사형통이었을 것을.

왜 우리 선조들은 사람의 호칭에 엄격한 구분과 차별을 두었을까? 곰곰이 그 연유를 곱씹으며 골똘히 생각해 본다. 그 첫 번째 연유는 명확한 구별을 위한 대응이 아닐까 싶다. 그래서 같은 자기 자식이라도 적자(嫡子)와 서얼(庶孼), 태어난 순서, 생사 여부, 아들과 딸의 명확히 하기 위한 원칙을 만들었을 게다. 아울러 남에게 자식을 표현할 때 낮추거나 겸손함이나 건강과 행운을 빌고 싶은 뜻을 담은 호칭도 고려했을 법하다. 한편, 다른 사람을 호칭할 때는 앞에서 생각했던 연유에 더하여 상대방을 높이거나 존경하는 마음을 새겨 다양한 호칭을 함으로써 품격에 맞도록 배려했던 것으로 여겨진다.

언제 들어도 격에 어울리는 호칭은 살갑고 자연스러우며 정겹다. 따라서 세상을 살면서 동기간이나 내리사랑의 대상인 자녀 그리고 조카를 비롯한 가까운 친척에 대해서 사람 노릇 못지않게 걸맞은 호칭도 매우 중요하다. 그럼에도 불구하고 예로부터 통용되던 호칭에 대해 요즈음 사람들은 무관심하거나 깜깜한 손방이라서 고개를 절레절레 흔들 개연성을 부인하기 어렵다. 삶이 팍팍하고 신산할지라도 제대로 된 호칭에 혼동이 없도록 한 번쯤 돌아보는 예지도 필요하지 않을까?

* 직계(直系)와 방계(傍系) : 직계라 함은 혈연관계상 위아래를 지칭하는 것으로 고조부모, 증조부모, 조부모, 부모, 본인, 자녀, 손주를 뜻한다. 한편, 방계(방계가족은 직계 존속과 직계 비속 이외의 친족을 포함한 가족)는 옆으로 뻗어 나가는 관계로 혈연관계로 맺어진 공동 시조를 공유하는 관계로 형제자매, 숙부, 백부, 고모, 외숙, 이모 등을 말한다.

* 직계존속(直系尊屬)과 직계비속(直系卑屬) : 직계존속은 직계로 위를 지칭하는 개념으로 고조부모, 증조부모, 조부모, 부모를 이른다. 그러므로 본인을 기준으로 선대(先代)를 뜻한다. 한편, 직계비속은 직계존속과 대응되는 개념으로 직계로 아래를 이르며 자녀, 손주, 증손처럼 본인으로부터 출산된 직계가족을 지칭한다.

증조에서 일가까지 호칭

가까운 일가에 대한 호칭을 얼마나 알고 있을까? 급속한 핵가족화와 개인 문화가 대세로 자리 잡은 지 오래이다. 그에 따라 일가를 중심으로 하는 가문(家門)의 일에 관심이 낮아지며 씨족에 대한 개념이 엷어지고 있다. 이 같은 연유로 조상이나 일가붙이 호칭마저도 모르는 경우가 숱하다. 아울러 이따금 신문에 실리는 부고(訃告) 내용에 대부인(大夫人), 대인(大人) 같은 표현이 무척 낯설고 생경해 갈팡질팡 허둥대기도 한다. 그렇지만 세월 따라 가치관이나 문화가 바뀌어도 씨족의 뿌리는 영원하며 호칭 또한 예와 다르지 않다. 그와 같은 견지에서 증조부터 일가붙이까지의 호칭 문제를 설렁설렁 짚어가며 곱다시 되새긴다.

흔히들 '낫 놓고 기역 자도 모른다.'고 하여 목불식정(目不識丁)이라는 말을 입에 올리는 경우가 적지 않다. 한자에 대해 청맹과니나 다름없는 오늘날 대부분 젊은이들이 다음과 같은 옛날에 사용하던 호칭이 무엇을 뜻하는지 이해할 수 있을지 모르겠다. 예를 들면 귀종조장(貴從祖丈), 선당원장(先堂阮丈), 비족조(鄙族祖) 따위의 호칭 말이다. 그런가 하면 그 옛날 전통사회의 가치관이나 사고의 틀에 갇혀있는 노년층이 오늘날 젊은 아이들이 통신 또는 비속어로 즐겨 쓰는 깜지, 깔식, 갈비, 불펌, 갠소, 빵끼, 거짓말 꼬댕이 같은 말 앞에서는 할 말을 잃고 난감하리라. 이런 맥락에서 선조들이 수많은 갈래로 나누어 명확하게 부르도록 했던 호칭을 누군가 옆에서 젊은이들에게 통역을 해 주어야 할 지경이다. 따라서 어떻게 대처해 나갈지 심각한 고민과 대응책 마련이 필요하다. 물론 나름대로 현대화된 표현 방안이 마련되어 통용되고 있다. 하지만 어쩌면 '언 발에 오줌 누기'인 동족방뇨(凍足放尿) 꼴이 아닌지 되새겨 봐야 할 현실이다.

요즈음 평균 수명이 몰라보게 늘어나 100세 시대라고 얘기한다. 하지만 주위를 둘러봐도 100세를 넘긴 경우는 퍽 드문 편이다. 그런 까닭에 지금도 증조부모가 생존해 계실 확률은 매우 낮다. 하여튼 생존하는 증조부모를 남에게 얘기할 때 종조(모)(從祖(母)), 사후라면 선종조(모)(先從祖(母)), 문서에 표기는 종조(모)(從祖(母))라고 썼다. 그리고 생존하는 남의 증조부모는 종조장(從祖丈)이나 종조모(從祖母), 사후일 경우는 선종조장(先從祖丈)이나 선종조모(先從祖母), 문서에는 귀종조장(貴從祖丈)이나 귀종조모부인(貴從祖母夫人)으로 기재했다.

그 옛날 씨족이 집단으로 거주하던 농경시대엔 10촌 이상도 각별한 관계를 유지하며 호칭도 자연스레 익혔었다. 하지만 산업사회 이후 고향을 등지고 산지 지방으로 뿔뿔이 삶터가 흩어지면서 5촌 정도만 돼도 관심이 엷어지게 마련이다. 그뿐 아니라 씨족에 대해서 애착을 가지고 따져보거나 호칭할 일이 줄어드는 게 아닐까 싶다.

아버지의 4촌 형제로서 5촌인 당숙(堂叔) 혹은 종숙(從叔)의 호칭이다. 생존하는 당숙을 남에게 이를 때 당숙(堂叔)이나 종숙(從叔), 돌아가신 경우는 선당숙(先堂叔)이나 선종숙(先從叔), 문서에 표기는 비당숙(鄙堂叔)이나 비종숙(鄙從叔)으로 썼다. 한편, 생존하는 남의 당숙은 당숙장(堂叔丈)이나 당원장(堂阮丈), 사후일 경우는 선당숙장(先堂叔丈)이나 선당원장(先堂阮丈)이라 이르고, 문서에는 귀당숙장(貴堂叔丈)이나 귀당원장(貴堂阮丈)으로 기재했다.

생존하는 6촌 이상의 할아버지(祖)를 남에게 일컬을 경우는 재종조(再從祖)나 삼종조(三從祖) 또는 사종조(四從祖)로 지칭하고, 문서에는 비재종조(鄙再從祖)나 비삼종조(鄙三從祖) 또는 비사종조(鄙四從祖)로 표기했다. 또한 남의 6촌 이상 할아버지는 생사에 관계없이 모두 재종조장(再從祖丈)이나 삼종조장(三從祖丈) 혹은 사종조장(四從祖丈)으로 지칭하고, 문서에는 귀재종조장(貴再從祖丈)이나 귀삼종조장(貴三從祖丈) 혹은 귀사종조장(貴四從祖丈)으로 썼다.

생존하는 10촌 이상의 할아버지뻘(祖) 되는 분을 남에게 이를 때는 족조(族祖)나 족대부(族大父)*라고 호칭하고, 문서에 기재할 때는 비족조(鄙族祖)나 비족대부(鄙族大父)라고 썼다. 아울러 생존하는 남의 10촌 이상 할아버지뻘 되는 분을 이를 때는 족조장(族祖丈)이나 족대부장(族大父丈)으로 호칭하고, 문서에는 귀족조장(貴族祖丈)이나 귀족부장(貴族大父丈)으로 표기했다.

다음은 7촌 이상의 아저씨(叔)에 대한 호칭이다. 남에게 살아있는 7촌 이상의 아저씨를 이를 때는 재종숙(再從叔)이나 삼종숙(三從叔) 혹은 사종숙(四從叔)으로 호칭하고, 문서에는 비재종숙(鄙再從叔)이나 비삼종숙(鄙三從叔) 또는 비사종숙(鄙四從叔)으로 표기했다. 그리고 생사에 무관하게 남의 7촌 이상 아저씨를 말할 때는 모두 재종숙장(再從叔丈)이나 삼종숙장(三從叔丈) 혹은 사종숙장(四從叔丈)으로 호칭하고, 문서에는 귀재종숙장(貴再從叔丈)이나 귀삼종숙장(貴三從叔丈) 또는 귀사종숙장(貴四從叔丈)으로 기재해왔다.

10촌 이상의 집안 아저씨(叔)에 대한 호칭이다. 생사에 관계없이 10촌 이상의 아저씨를 남에게 이를 때는 족숙(族叔)*으로 칭하고, 문서에는 비족숙(鄙族叔)으로 썼다. 한편, 남의 10촌 이상 아저씨는 생사를 구분하지 않고 족숙장(族叔丈)으로 지칭하고, 문서에는 귀족숙장(貴族叔丈)으로 표기했다.

6촌 이상 같은 항렬(行列)에 대한 호칭이다. 6촌 이상 같은 항렬을 남에게 이를 경우 재종(再從)이나 삼종(三從) 혹은 사종(四從)으로 칭하고, 문서에는 비재종씨(제)(鄙再從氏(弟))나 비삼종씨(제)(鄙三從氏(弟)) 혹은 비사종씨(제)(鄙四從氏(弟))라고 썼다. 남의 6촌 이상 같은 항렬을 얘기할 경우는 생사에 무관하게 재종씨(再從氏)나 삼종씨(三從氏) 혹은 사종씨(四從氏)로 호칭하고, 문서에는 귀재종씨(제)(貴再從氏(弟))나 귀삼종씨(제)(貴三從氏(弟)) 혹은 귀사종씨(제)(貴四從氏(弟))로 표기해왔다.

10촌 이상 같은 항렬의 호칭이다. 10촌 이상의 같은 항렬에 대한 호칭은 생사에 관계없이 족형(族兄)*이나 족제(族弟)로 부르고, 문서에는 비족형(鄙族兄)이나 비족제(鄙族弟)로 표기했다. 남의 10촌 이상 같은 항렬을 이를 경우 생사를 구분하지 않고 족형씨(族兄氏)나 족제씨(族弟氏)로 호칭하고, 문서에는 귀족형씨(貴族兄氏)이나 귀족제씨(貴族弟氏)로 썼다.

항렬이 낮은 족속(族屬)에 대한 호칭이다. 항렬이 낮은 족속으로 살아있는 경우를 남에게 일컬을 때는 생사를 구별 없이 족친(族親)*으로 호칭하고, 문서에는 비족(鄙族)으로 써왔다. 한편, 항렬이 낮은 다른 사람의 족속을 이를 경우 생사나 문서를 막론하고 귀족씨(貴族氏)로 기재했다.

그 옛날 조상들이 가까운 가족이나 일가붙이를 비롯해서 이웃에 대해 예를 갖춰 예사로 부르던 호칭이 분명할 터이다. 그럼에도 불구하고 이즈음 들여다보면 특별한 집단에서 통용되는 비밀스런 암호처럼 들려 당최 그 의미를 헤아리지 못해 허둥댈 개연성이 높다. 때문에 특정한 호칭은 별도의 통역이나 설명이 필요한 형편인데도 '사이다를 벌컥벌컥 마시듯이 뻥 뚫리는 묘약.'은 쉽게 찾을 수 없을 성싶다. 게다가 전통적인 거개의 호칭이 한자에 바탕을 둔 까닭에 한자엔 청맹과니나 다름없는 한글세대가 받아들여 일상적으로 통용하는 데는 문제가 있어 보인다. 물론 부분적으로는 현대에 맞게 순화된 우리말로 바뀌어 통용되고 있다. 하지만 모든 호칭이 완벽하게 순화된 표현으로 바꿔 사용토록 보편화되지 않았다. 그런 까닭에 아직은 상당히 혼란스럽다고 여겨져 바른 대응의 길이 무엇인지 심각하게 고민하며 지혜의 결집이 따라야 하지 않을까.

* 족대부(族大父) : 할아버지뻘 되는 같은 성의 먼 친척을 뜻한다.

* 족숙(族叔) : 성과 본이 같은 일가 가운데 유복친(有服親 : 유친(有親), 복친(服親), 오복지친(五服之親), 오복친(五服親), 유복지친(有服之親)) 안에 들지 않는 아저씨(叔)뻘이 되는 사람을 지칭한다.

* 족형(族兄) : 성과 본이 같은 일가 가운데 유복친 안에 들지 않는 같은 항렬

의 형뻘이 되는 남자를 말한다.

* 족친(族親) : 유복친 안에 들지 않는 같은 성을 가진 일가붙이를 의미한다.

* 유복친(有服親) : 복(服)을 입는 8촌 이내의 가까운 친척(親戚)을 지칭한다. 복제(服制)는 친분의 경중과 촌수의 원근에 따라서 5등급으로 구분하여 오복(五服)을 규정하고 있다. 이에 해당되는 사람을 유복지친이라고 한다.

어버이의 호칭

부모의 호칭 문제로 곤혹스러웠던 적이 없는가? 어린 시절부터 엄마와 아빠를 비롯해서 아버지와 어머니, 두 분을 한꺼번에 어버이, 부모, 양친 등으로 부르던 부모의 지칭을 곱씹어본다. 세상에 이분들보다 더 친근하고 가슴 뭉클하게 느껴졌던 대상이 또 있을까! 아마도 만백성이 받들어 모시는 나라님 호칭도 이에 견주려면 족탈불급이리라.

천방지축의 개구쟁이들은 내남없이 엄마와 아빠, 아버지와 어머니로 부르다가 존칭을 깨우치면서 어버이나 부모 혹은 양친 등속의 호칭을 상황에 따라 입에 담았지 싶다. 따라서 이 세상의 어떤 대상보다 친숙해 호칭에 아무런 문제가 없어 보인다. 하지만 때와 장소에 따라 달리 부르는 법도를 반듯하게 꿰고 예법에 어긋나지 않게 말하는 것은 결코 호락호락하지 않다. 그렇다면 아주 오랜 예로부터 어떻게 호칭되어 왔을까?

아버지에 대한 호칭이다. 고래로 아버지를 정중하게 이르는 말은 부친(父親)이었다. 또한 엄한 아버지 혹은 높여 엄부(嚴父)라고 이른다. 그런데 이와 유사한 표현으로 엄친(嚴親), 부주(父

主), 아부(阿父), 부(父), 밭부모, 밭어버이 등이 있다. 그리고 남에게 자기 아버지를 높여 이르는 표현으로 가대인(家大人), 가군(家君), 가존(家尊), 엄군(嚴君), 가엄(家嚴) 따위가 있다. 한편, 자기 아버지를 높여 이르는 또 다른 표현이 가친(家親)이다. 이런 맥락에서 남의 아버지를 '댁의 가친께서도 강녕하신가요?'라고 망발을 한다면 무지몽매한 무지렁이 취급받으며 조롱당하기 십상이다.

돌아가신 아버지를 남에게 이를 때의 표현이다. 별세하신 자기 아버지를 남에게 이르는 말로서 선고(先考)나 선친(先親) 따위가 쓰이고 있다. 이 선친이나 선고와 유사한 의미를 가진 표현으로 선부(先父), 선엄(先嚴), 선군(先君), 선군자(先君子), 선인(先人) 등이 있다. 아울러 남의 아버지를 높여 이르는 말로서 춘부장(春府丈) 등이 있다. 이와 같은 의미로는 춘당(春堂), 영존(令尊), 춘정(春庭), 춘부대인(春府大人), 어르신네 등이 있고, 높임말로는 춘부(春府)나 춘장(春丈)이 있다. 그러므로 누군가가 '저의 춘부장은 금년에 미수(米壽)가 되십니다.'라고 했다면 가정교육을 들먹이며 애먼 부모를 욕보일 개연성이 매우 높다.

어머니가 결혼하여 얻은 아버지는 계부(繼父)이다. 이 계부와 흡사한 의미로 사용되는 것은 가부(假父), 의부(義父), 의붓아버지, 새아버지 등이 있다. 또한 어머니가 개가하여 얻은 양아버지나 낳지는 않았지만 길러준 아버지를 비롯하여 의(義)로 맺어진 아버지 등을 의부(義父)라고 한다. 여기서 낳지는 않았지만 길러준 아버지를 뜻하는 다른 말로서 수양부(收養父), 양부(養父), 소후부(所後父), 수양아버지, 양아버지 등이 통용된다. 한편, 의로 맺어진 아버지를 다른 표현으로 양부(養父)라고 지칭한다.

그 옛날에는 고조부(高祖父)를 높여 현고(顯考)라고 했다. 그러나 지금은 신주(神主)나 축문(祝文) 따위에서 돌아가신 아버지를 높여 이르는 말로서 현고(顯考)라고 쓴다. 이와 유사한 뜻으로 황고(皇考), 선고(先考), 선군(先君), 선군자(先君子), 망부(亡父) 등이 쓰인다. 그런가 하면 벼슬 없이 평민으로 살다간 아버지 지방(紙榜)에 현고학생부군신위(顯考學生府君神位)라고 쓴다.

어머니에 대한 호칭도 다양하다. 어머니를 정중하게 이르는 말로서 모친(母親), 성품이 인자하고 덕행이 높은 어머니를 현모(賢母), 자애로운 어머니를 성선(聖善)이라고 호칭한다. 또한 사랑이 깊다는 뜻이나 팔모(八母)*의 하나라는 의미로 자모(慈母)라고 한다. 이는 사랑이 깊다는 뜻은 앞에서 얘기한 성선과 유사한 개념이다. 그리고 팔모의 하나라 함은 어머니를 여의고 난 뒤에 자기를 길러 준 서모(庶母)를 이르는 말이다.

남의 어머니를 높여 이르는 말인 자당(慈堂)이 있다. 이 단어와 궤를 함께하는 표현으로 모당(母堂), 당노(堂老), 모부인(母夫人), 영모(令母), 훤당(萱堂), 북당(北堂), 존당(尊堂), 대부인(大夫人) 등이 있다. 이런 까닭에 다른 어른들께 '자당께서 안부 여쭈라고 하셨습니다.'라고 말하면 조롱거리가 된다. 그리고 서자가 아버지의 본처를 이르는 말은 적모(嫡母) 또는 큰어머니, 다시 시집간 어머니를 가모(嫁母), 아버지에게 쫓겨나서 집을 떠난 어머니를 출모(出母/黜母), 갓난아기에게 그 어머니를 대신하여 젖을 먹여 길러 주는 여자를 유모(乳母)나 유온(乳媼) 또는 젖어머니라고 부른다.

아버지가 재혼하여 얻은 아내를 계모(繼母)라고 한다. 이와 유사한 호칭으로 의모(義母), 아모(阿母), 후모(後母), 의붓어머니,

새어머니 등이 있다. 그리고 아버지의 첩은 서모(庶母)로서 작은 어머니라고 호칭하기도 한다.

돌아가신 어머니를 남에게 이르는 말이 선비(先妣)이다. 이와 유사한 뜻으로 선자(先慈), 망모(亡母), 전비(前妣), 현비(顯妣) 따위가 쓰인다. 신주나 축문 따위에서 돌아가신 어머니를 높여 이르는 말이 현비(顯妣)이다. 따라서 평범한 삶을 누리다가 돌아가신 어머니의 지방은 현비유인김녕김씨신위(顯妣孺人金寧金氏神位) 식으로 쓴다. 그리고 현비와 유사한 개념으로 망모(亡母), 선대인(先大人), 선비(先妣), 선자(先慈), 전비(前妣) 등이 쓰인다. 상을 당했을 때 부고(訃告)에는 이들 대신에 대부인(大夫人)이라고 쓴다.

아버지와 어머니를 아울러 이르는 말에는 양친(兩親)이나 어버이가 있다. 이들과 비슷한 뜻으로 쓰는 것은 부모(父母), 이인(二人), 쌍친(雙親), 이친(二親) 등을 열거할 수 있다. 그리고 한자로 양친(養親)은 첫째로 입양해 길러 준 부모, 둘째로 양자로 간 집의 부모(양부모(養父母)), 셋째로 부모를 봉양한다는 뜻이다.

얼추 예순 해 전쯤 중학교 1학년 때의 일로 남우세스럽고 쓰디써 숨기고 싶었던 일화이다. 우연한 자리에서 내 부친의 지인 한 분을 만났다. 이런저런 얘기를 들려주시던 그분이 “자네 춘장(春丈 : 椿丈)께 안부를 전해주게.”라고 하셨다. 여기서 심각한 소통의 문제가 생겼다. 내가 ‘춘장’이라는 말을 알아듣지 못해 어정쩡한 표정을 숨기지 못하고 당황하자 그분이 눈치 채고 ‘춘장’은 “남의 아버지의 높임말”이라고 친절히 알려주셨다. 그때 얼마나 부끄러웠던지. 여태까지도 어제 일처럼 또렷한 기억으로 등이 후끈 달아오르고 식은땀이 솟으려한다. 누구에게나 가장 익숙하고 친근하며 따스하게 느껴지는 하나가 어버이에 대한 호칭임에도 불구하고 과연 쓰임새를 제대로 맞춰 구사하는지 냉엄하게 돌아볼 일이다.

* 팔모(八母) : 상례(喪禮)의 복제(服制)에서 친어머니와 구별하는 여덟 어머니를 이르던 말. 적모(嫡母), 계모(繼母), 양모(養母), 자모(慈母), 가모(嫁母), 출모(黜母), 서모(庶母), 유모(乳母)를 이른다.

아들의 통칭

그 옛날 아들에 대한 호칭이 무척 복잡했다. 남아 선호 사상이나 한 가문의 대를 이어갈 대상이라는 관점에서 중시했던 문화 때문일까! 아니면 정실(正室)과 첩(妾), 적자와 서얼(庶孼)의 구별이 엄격한 유교적 사상이 지배하던 사회의 가치관이나 철학이 단초가 되었던가? 얼떨떨하고 사뭇 헷갈려 제대로 기억하고 가름할지 걱정이 태산같이 몰려온다.

남아로 태어난 아이가 아들이다. 그 높임말로 영식(令息), 영윤(令胤), 영랑(令郎), 영군(令君), 윤옥(允玉), 자제(子弟) 따위를 사용해 왔다. 이들 중에서 특이한 경우가 영식이다. 원래는 남의 아들을 높여 부를 때 쓰는 말이었다. 그런데 언제부터인가 매스컴이나 언중(言衆)들이 대통령의 아들을 영식이라고 호칭했다. 아울러 대통령의 부인을 영부인(令夫人), 딸을 영애(令愛)라고 불렀다. 이런 특정한 호칭에 비해 평범하기 이를 데 없는 백성들의 아들을 자제라고 호칭하여 친숙한 단어가 되었다. 한편, 무병 무탈하게 무럭무럭 자라라는 뜻이나 이런저런 의미를 함축하여 유아들을 부담 없이 부르는 표현으로 가아(家兒), 가돈(家豚),

돈아(豚兒), 미돈(迷豚), 돈견(豚犬), 약식(弱息) 따위가 있다. 그 옛날 우리 조상들은 지체가 높고 낮음에 관계없이 아이들을 낳으면 이런 아명(兒名)을 지어줬다. 조선 시대 사대부나 왕가에서도 아이가 출생하면 아명을 지어주는 풍습은 여염집과 다를 바가 없었다. 그런데 아명에 반드시 고매한 내용을 담으려고 고집부리지 않았다. 그 유명한 황희 정승의 아명이 도야지이었다는 사실이 그를 증명한다.

선조들은 아들을 어떻게 호칭했는지 통칭(統稱)을 일별해 보려고 한다. 먼저 정실의 몸에서 태어난 아들이 적자(嫡子)이다. 유사한 표현으로 다음과 같은 호칭들이 쓰이고 있다. 본처가 낳은 집안의 대를 이을 맏아들인 적사(嫡嗣), 정실이 낳은 아들인 수자(樹子), 정실의 몸에서 태어난 아들인 적남(嫡男) 따위가 쓰여 왔다. 이에 비해 양반의 자손 가운데 본처가 아닌 여자나 첩에게서 낳은 자손을 이룰 때 서얼(庶孽)이라고 했다. 여기서 첫째로 양인(良人)의 신분에 속하는 첩이 낳은 아이를 서자(庶子), 둘째로 천민(賤民)에 속하는 첩이 낳은 얼자(孼子)라고 호칭했다. 또한, 서자와 얼자의 자손들도 비록 그 서자와 얼자의 정실부인에게서 태어났어도 서얼로 불렀다. 이런 구분이 엄격했음에도 조선 시대 서얼 출신 임금으로는 선조, 인조, 영조, 철종 등이 있다. 이 서얼과 궤를 같이하는 호칭은 첩에게서 난 아들과 그 자손인 일명(逸名), 서자와 그 자손인 초림(椒林)이 있다.

임금의 아들에게도 예외가 없이 같은 법도가 적용되었다. 조선 시대 정식 왕비의 소생 아들은 대군(大君), 빈(후궁)의 소생 아들이나 대군(大君)의 아들을 군(君)으로 호칭하는 게 기본 법도였다. 보편적으로 왕의 아들은 통칭해서 왕자(王子)라고 불렀다. 그런데 왕자 중에서 왕위를 계승할 왕자로 공식적으로 책봉되면 태자(太子) 혹은 세자(世子)라고 호칭했다. 아울러 아직 왕세자에 책봉되지 않은 임금의 맏아들은 원자(元子)로 불렸다. 그리고 왕위를 계승할 왕자의 맏아들은 원손(元孫) 혹은 세손(世孫)이라고 했다.

서자(庶子)는 두 가지 의미가 있다. 첫째로 조강지처(糟糠之妻)인 본처가 아닌 첩이나 다른 여자에게서 난 아들이 서자다. 이와 맥을 같이하는 표현으로 별자(別子), 얼자(孼子), 외자(外子), 서남(庶男), 첩자(妾子) 따위가 쓰였다. 둘째로 맏아들 이외의 모든 아들을 서자라고 칭하는데 유사한 의미로 중자(衆子)라고도 일렀다. 서슬 퍼런 도덕적 기준에 따라 적서(嫡庶)의 차별을 했던 시절 서얼들이 겪는 심리적 갈등이나 분노는 상상을 초월했을 것이다. 따지고 보면 서얼로 태어난 원초적 범죄자는 부모이다. 그럼에도 얼토당토않게 자식들에게 죗값을 뒤집어씌우고 차별하던 악습과 그릇된 윤리관 때문에 많은 사회적 문제가 병폐로 등장했다. 오죽했으면 홍길동전에서 길동이가 집을 나서며 피를 토하듯 뱉어낸 한이 "아버지를 아버지라 부르지 못하고 형을 형이라 부르지 못하고…… "라는 절규였을까.

별자(別子)는 첩에게서 난 아들로서 유사한 표현으로 서남, 서자, 얼자, 외자, 첩자로 호칭되기도 했다. 얼자(孼子)는 본처가 아닌 첩이나 다른 여자에게서 난 아들을 뜻하며, 서남(庶男)은 첩의 몸에서 난 아들로서 다른 표현으로 별자나 서자라고도 불렀다. 외자(外子)는 본처가 아닌 첩이나 다른 여자에게서 난 아들을 뜻하며 다른 말로는 별자나 서자를 비롯하여 얼자나 첩자라고도 했다. 한편, 첩자(妾子)는 첩의 자식을 지칭하며 비슷한 의미로 별자, 서자, 얼자, 외자로 표현하기도 했다.

중자(仲子)는 아들 가운데 두 번째 아들로서 다른 표현으로 이남(二男), 차남(次男), 중남(中男), 중자(仲子), 차자(次子), 둘째 아들 등이 사용되었다. 또한, 중자(衆子)는 맏아들 이외의 모든 아들로서 유사한 의미로 서자라고 지칭하기도 했다.

맨 처음 태어난 아들을 장자(長子)라고 하며 유사한 표현으로 상자(尙子), 일남(一男), 장남(長男), 주기(主器), 맏아들, 큰아들 등이 쓰였다. 여기서 상자(尙子)는 가장 맏이인 아들로서 사자(嗣子), 윤자(胤子), 일남, 장남, 장자(長子), 맏아들, 큰아들 같은 유사한 호칭이 있다. 그리고 한 왕가나 집안의 대를 이을 아들을 사자(嗣子)라고 하며 비슷한 말로 상자나 맏아들이 있다. 또한 집안의 대를 이을 아들을 윤자(胤子)라고 하는데, 유의어로 상자나 맏아들이 있다. 그런가 하면 첫 번째로 태어난 아들을 주기(主器)라고 하며, 유사어로 장자나 맏아들이 있다. 그 집안에서 가장 큰 아들을 장남(長男)이라고 하며 유사어로 상자, 일남, 장자, 맏아들, 큰아들 등이 있다.

그 옛날 장남은 각별한 지위를 누리며 가통(家統)을 이어가며 부모가 늙고 병들면 모셔야 했다. 아울러 부모가 세상을 뜨면 형제자매를 돌보고 거느려야 하는 특별한 권위와 의무가 부여 되었다. 이런 도덕관 때문이었을까. 얼마 전까지 우리의 상속법에서 부모가 모두 세상을 떠나며 남긴 재산의 절반(50%)을 유산으로 상속받도록 규정되어 있었다. 이는 전형적인 장자 우대 법의 단면이다. 동물의 경우 한배에 낳은 새끼 중에 가장 먼저 나온 것은 다른 것에 비해 모자라고 못생겼다고 무녀리라고 부르는데 사람은 역시 하찮은 동물과 판이하다.

맨 마지막으로 태어난 아들을 계자(季子)라고 부른다. 이와 비슷한 말로 말남(末男)이나 말자(末子) 혹은 막내아들이 쓰였다. 그 옛날 주요 생업은 농업이었다. 농경사회의 특징 중의 하나가 조혼(早婚)과 자식을 많이 낳는 풍습이었다. 농사에서 일손이 많은 것은 부를 축적하는 지름길이라는 이유에서 많이 낳았을까. 그 옛날 10남매 이상인 경우가 허다했다. 이런 경우 맏이와 막내 사이 나이 차이는 20살 이상이기 때문에 형제 사이에도 나이로 따지면 부모와 자식 같은 경우가 드물지 않았다. 또한 가끔 어머니 나이 50을 넘겨 낳은 자식인 쉰둥이도 더러 있던 시절이 아니던가.

양자(養子)에는 크게 두 가지 의미가 있다. 첫째로 아들이 없는 집에서 대를 잇기 위하여 동성동본 중에서 데려온 조카뻘 되는 남자아이를 뜻하며, 이를 과방자(過房子)라고도 호칭한다. 이와 유사한 표현으로 명령자(螟蛉子), 가자(假子), 계자(系子/繼子), 명사(螟嗣), 수양아들, 양아들 등이 사용되었다. 둘째로 입양에 의해서 자식의 자격을 얻는 사람을 뜻하며 유의어로 가자(假子)가 있다. 이는 그 옛날 찾아보기 어려운 경우였으나 오늘날 입양을 통해 합법적인 아들로 받아들여 행복하게 살아가는 경우가 상당히 많다.

계자(系子/繼子)에는 두 가지 의미가 있다. 첫째로 아들이 없는 집에서 대를 잇기 위해서 동성동본 중에 데려온 조카뻘 되는 남자아이를 뜻하며, 비슷한 말로 명사(螟嗣), 명령자(螟蛉子), 가자(假子), 계자(繼子), 과방자, 명사(螟嗣), 양아들, 양자 등이 쓰였다. 아마도 남아선호 사상 때문이었으리라. 요즘에는 그 유례(類例)를 찾아보기 어려운 옛 풍습 중의 하나이다. 선조들은 어떤 가정에 아들이 없어 대가 끊길 멸문의 위기에 처하면 형제의 아들이나 혈족 중의 조카에 해당하는 대상을 골라 자기 호적에 입적시켜 가통을 잇게 하는 풍습이 있었다. 둘째로 배우자 자식으로 자기의 친자식이 아닌 경우를 말하는 개념으로 유사한 말로 의붓자식이 있다.

가자(假子)도 두 가지 유형이 있다. 첫째로 자기 아들로 삼은 남의 아들로서, 유사어로 명령자, 명사, 양자, 양아들 등이 있다. 둘째로 개가 해온 아내가 데려온 전남편의 아들을 의미한다. 그리고 가봉자(加捧子)는 개가해 온 아내가 전남편과의 사이에 낳아 데리고 온 아들 또는 남편의 전처가 낳은 아들을 뜻하며 가자(假子), 의자(義子), 의붓아들 따위의 유사어가 쓰이고 있다.

이혼과 재혼이 흔해지면서 가족 관계가 복잡해져 혼란스러운 경우이다. 재혼한 가정의 특이한 예를 직접 봤었다. 부부가 각각 전부인 또는 전남편 사이에 출생한 자녀들을 양육하는 조건으로 재혼한 뒤에 둘의 자녀가 새로 태어났었다. 이 가정에는 첫째로 내 아이, 둘째로 네 아이, 셋째로 우리 아이 등의 세 부류의 자녀가 한 부모 밑에 둥지를 틀었다. 이 경우 삼강오륜(三綱五倫)을 지고지선의 가치로 신봉하던 시절이라면 가족 상호 간에 호칭하는데 상당히 복잡하고 껄끄러운 문제가 많이 발생했을 것이라는 쓸데없는 생각을 하다가 어이가 없어 씁쓸했었다.

선조들이 아들을 다양하게 호칭하며 구분했던 연유가 어디에 있던 슬그머니 넘기려고 어물쩍댈 일이 아닌 것 같다. 뭉그적거리거나 허투루 여기다가 엉터리 호칭을 남발해 남우세스럽고 뜨거운 꼴을 겪지 않도록 머리와 가슴에 낱낱이 새겨야겠다.

다양한 사람 묘사

별스럽지 않은 다양한 이웃에 대한 호칭이 궁금했다. 이런 연유로 우리말에서 갖가지 상황에 놓인 사람을 어떻게 묘사하고 있는지 말밭을 들추는 산책을 나서기로 했다. 얼치기나 반거충이와 호형호제할 수준일망정 글을 쓰는 글쟁이 세계에 한 발 디밀고 있는 처지인데도 불구하고 앎이 부족해 제대로 된 그림을 그려보고 싶은 욕심에서 출발한다. 그렇다고 어원이나 말의 갈래에 따라 학문적인 접근이 아니라 언중(言衆)의 한 사람으로써 엇비슷한 내용이나 관련된 상황에 따른 호칭을 설렁설렁 대강 둘러 볼 셈이다.

저잣거리에서 주고받던 호칭이다. 그 옛날 닷새마다 서는 장마당엔 토박이인 바닥나기 전방(廛房) 주인이 행세를 하려 들었다. 그리고 여러 장마당을 떠도는 장돌뱅이와 뜨내기장사치를 비롯해서 장 보러 나온 장꾼과 구경꾼이 어우러져 시끌벅적하게 마련이었다. 게다가 장이서는 저잣거리엔 으레 장타령꾼인 각설이, 꾀죄죄한 꼬락서니에 깡통을 찬 거지인 검쟁이가 배회하기도 했다. 또한 장이 시기 무섭게 낮부터 불콰하게 한잔 걸치고 지게꾼인

께꾼이나 힘없고 약한 사람을 붙들고 행패를 부리거나 시비를 거는 사내인 놈놀이도 장마당의 한 부류였다. 그들은 영락없는 불한당인 날고깔의 모양새로서 행동거지가 제멋대로인 놓인 소를 연상시켜 이맛살을 찌푸리게 만들었다. 물론 이들 패거리 중에는 말이나 하는 짓이 얄밉고 되바라진 가살꾼인 가살이를 비롯해 몹시 사나운 사람인 가달이도 있었다. 이들은 시장 통 사람 모두의 공분을 샀고 마주치기만 해도 고개를 돌리고 아는 척도 않으며 경원시했다.

장터에서 인심이 후한 경우도 많았다. 하지만 가끔 구두쇠인 굳짜(굳짜배기)에 가까워 매사에 좁쌀영감처럼 따지며 인색한 사람으로 툭하면 성을 내어 꽥꽥거리는 꽥꽥이 모습을 벗어나지 못하는 별종이 더러 있었다. 이처럼 인색한 사람으로 낙인찍혀 고바우라고 손가락질을 당하며 따돌림을 당해 돌림쟁이로 전락하는 수모를 겪기도 했다.

어린아이를 부르는 호칭도 퍽이나 다양했다. 우리 부모 세대는 산아 제한 방법에 손방이라서 쉰 넘은 부모에게서 태어난 아이가 많았는데 쉰둥이라고 불렀다. 또한 쌍둥이 중에서 먼저 태어난 아이를 선둥이, 나중에 태어난 아이를 후둥이라고 호칭했다. 그리고 남이 개구멍으로 들이밀거나 대문 밖에 버린 아이를 개구멍받이나 업둥이라고 했다. 한편, 갓난아이를 얕잡아 갓난쟁이, 낳은 지 일 년도 채 안 된 아이를 달배기, 아직 걷지 못해 등에 업고 다니는 아이를 등업이, 돌쟁이를 돌짜리, 낳은 지 두 돌 정도 된 아이를 두 돌배기, 나인이 되려고 어려서 입궁한 아이를 아기나인, 나이배기를 나꾸러기라고 불렀다.

요즈음은 거개의 아이들이 형제가 없는 외둥이로 왕자나 공주

대접을 받고 자라 응석받이인 응둥이나 응받이가 흔하다. 우리는 약하고 똑똑한 아이를 약둥이, 예쁜 아이를 이쁘둥이, 살이 올라 보드랍고 통통한 아이를 옴포동이, 둥둥 얼러주고 싶은 재롱스런 아기를 얼뚱아기, 어린아이나 부모가 있는 아이 그리고 말쑥한 아이를 일컬어 개비똘만이라고도 호칭했다. 아울러 손아래 사내 아이를 귀엽게 부르는 말로 언놈, 고명딸을 귀엽게 이르는 말로 고명딸아기라고 불렀다. 그 외에 매우 경망스럽고 방정맞게 행동하는 잔악한 아이를 순수 우리말로 쫄래동이라고 일러왔다.

일이나 역할을 중심으로 붙여진 이름도 상당히 다양하다. 우선 글에 관련된 조선 시대의 명칭 몇 가지이다. 글을 쓰는데 필수적인 붓을 만드는 사람을 필공(筆工) 혹은 필장(筆匠)이라 했다. 글방의 선생을 훈장(訓長), 글을 모르는 사람들에게 글을 읽어주는 사람을 전기수(傳奇叟), 요즘의 입주 가정교사에 해당하며 남의 집에 얹혀살면서 어린 학동들에게 글을 가르치던 사람을 숙사(塾師)라고 했다. 그리고 그 당시는 우편번호나 주소가 없던 시절이었다. 그런 상황에서 사는 곳과 이름만 아는 상황에서 품삯을 받고 편지 배달을 생업으로 했는데 그들은 지리에 밝고 발걸음이 잿다. 이들을 전팽(專伻), 전인(傳人), 전족(專足)이라 했다.

깊거나 물살이 거세거나 차가워 건너기 힘든 내나 강에서 사람을 등에 업고 건네주고 품삯을 받는 이들을 월천꾼 혹은 섭수꾼(涉水軍)이라고 했다. 또한 뚜쟁이를 여쾌(女儈), 상점 앞에 서서 손님을 끌어들여 물건을 사게 하고 주인에게 삯을 받는 사람을 여리꾼, 중인의 신분으로 노비의 자식이 아니면서 문서 작성이나 사무보조, 정보 수집, 병간호를 비롯한 다양한 집안일을 맡아보는 사람을 겸인(傔人), 소사(小史), 통인(通人), 청지기(廳直) 등으로 불렀다.

혼례에서 신부에게 필요한 머리 장식, 가체, 비녀, 가락지, 비단, 예복, 스란치마 따위의 물건은 장파(粧婆)에게 빌려 썼다고 한다. 이 장파를 수모(首母) 혹은 수식모(首飾母)라고 불렀다. 그러므로 수모는 혼례에서 미용사, 화장사, 코디네이터 등의 종합적 역할을 담당했다. 그리고 불목하니는 사찰에서 땔나무를 베고 물을 긷는 사내종을 뜻했던 한국 고유의 불교 전통 성향 직업이었다. 또한 그 옛날 절에서 땔나무를 하여 들이는 사람을 부목(負木)이라고 호칭했으며, 비슷한 말로서 불목지기·시두·화목한 따위가 쓰였다. 아울러 헌책의 판매자와 구매자를 연결해 주는 중개자를 책쾌(冊儈) 혹은 서쾌(書儈) 또는 책거간꾼으로 부르기도 했다. 그런가 하면 죄를 지어 곤장(棍杖)을 맞아야 할 죄인 대신 매를 맞아주며 돈을 벌던 매품팔이도 있었다.

오늘날 검시관처럼 죽은 사람의 사인을 밝히는 사람을 오작인(仵作人)이라고 불렀다. 그리고 흰옷을 즐겨 입어 백의민족으로 알려진 조선 시대에도 염색을 직업으로 하던 여자를 염모(染母)라 했다. 또한 산학(算學)을 바탕으로 하여 조세(租稅)를 위시해서 나라의 회계와 측량 업무를 맡았던 전문가들이 산원(算員)이라고 불렀다. 그런가 하면 상평통보가 등장하면서 숨어서 몰래 불법으로 동전을 제조하는 위폐 제조자를 도주자(盜鑄者)라고 했다. 오늘날 제주를 중심으로 해녀를 볼 수 있는데, 그 옛날 이들을 잠녀(潛女)라 불렀으며, 이들이 바다에서 물질하여 해산물을 채취하는 일을 포작(鮑作)이라고 했으며, 포작에 종사는 직업을 잠업(潛業)이라고 했다. 예나 지금이나 떠돌이 장사꾼이 존재했는데, 등짐을 지고 다니며 장사하는 남정네를 부상(負商), 머리에

봇짐을 이고 다니는 아녀자 행상을 보상(褓商)이라 불렀다. 이들 부상과 보상을 통틀어 부보상(負褓商)이라고 호칭했다.

양반을 대신했던 직업 몇 가지를 살펴보련다. 먼저 책을 팔던 중개상을 이르는 책쾌(冊儈)가 있다. 이를 서책쾌(書冊儈), 서쾌(書儈), 책거간(冊居間) 따위로도 호칭되었다. 교통이 불편했던 시절 이들을 문화 전파상(傳播商)의 역할을 했다고 할까. 그리고 책을 만들기 위해 목판에 글씨를 새기는 사람을 각수(刻手) 또는 각자장(刻字匠), 각공(刻工), 각원(刻員)이라고 불렀다.

강원도나 충청도에서 흐르는 강물을 이용하여 원목을 한양으로 옮기는 직업을 떼꾼이라고 불렀는데 위험한 직업이지만 품삯은 상당히 높았다고 한다. 다음은 궁이나 관아에서 심부름을 하던 심부름꾼을 방자(幇子·房子)라고 호칭했다. 또 하나 특이한 역관(譯官)이 있다. 이들은 중국으로 파견하는 사신의 보좌 업무를 담당하면서도 무보수 직책이라는 특이한 신분이었다. 이들은 사신을 보좌하며 통역을 비롯해 현지 관리와 접촉하는 실무를 담당하면서도 정기급료나 오가는데 소요되는 경비를 지급받지 못했다. 그 대신 인삼 여덟 자루(80근)를 현지 중국인들과 거래할 수 있는 혜택인 권한을 부여했는데, 이 규정이 팔포제(八包制)이다. 한편, 조선 시대 후원자가 있는 일종의 프로 기사(棋士)를 기객(棋客), 나라 전체에서 최고봉에 오른 기사를 국수(國手) 혹은 국기(國棋)라고 호칭했다. 이 국기에 오르면 상금으로 당시 집 한 채 값인 '백금 20냥'을 주기도 했다는 기록이 보인다.

예로부터 우리 민족은 '큰 활을 잘 쏘는 사람'이라는 뜻의 동이족(東夷族)이라고 불렀다. 여기서 활을 만드는 사람이 궁인(弓人)이다. 그런데 실제로는 궁(弓)을 만드는 궁인(弓人)과 화살을 만드는 시인(矢人)으로 나뉘었다. 그런데 화살촉은 분업으로 만들었다. 화살촉을 만드는 전촉장(箭鏃匠), 완성한 화살촉을 날카롭게 가는 연장(鍊匠), 접착제를 만드는 아교장(阿膠匠), 화살통을 만드는 시통장(矢筒匠) 따위의 장인(匠人)으로 구분되었다. 조선의 기술자는 천시의 대상이었다. 하지만 궁인과 시인만은 예외로 사람대접을 받았다. 도자기를 만드는 장인(匠人)이 사기장(沙器匠)이다. 이들은 공장(工匠)의 우두머리인 변수(變首)의 관리 감독하에 흙으로 도자기 모양을 만드는 조기장(造器匠), 만들어진 도자기를 손질하는 마조장(磨造匠), 도자기를 건조를 하는 건화장(乾火匠), 가마에 불을 때는 화장(火匠), 온도를 관리하는 감화장(監火匠), 도자기 재료로 쓰일 흙을 곱게 거르는 수비장(水飛匠), 도자기에 그림을 그리는 화청장(畵靑匠) 등이 협업하여 도자기를 만들었다. 그리고 우리의 고유한 호칭인 사기장을 일본식으로 표현한 명칭이 도공(陶工)이다.

양반사회의 도덕적 타락을 엿볼 수 있는 대목의 하나이다. 과거 등에서 남의 답안을 대신 작성해주는 행위를 하는 대리 시험자를 거벽(巨擘)이라고 했다. 한편, 상을 당했을 때 상주를 대신해 '곡', 즉 울어주는 일을 담당하는 게 곡비(哭婢)였다. 그 시절엔 상을 치르는 중엔 곡비를 써서 곡을 그치지 않게 하는 것이 죽은 조상에 대한 예의라고 여겼다. 그러므로 이 곡비는 우는 게 직업인 눈물연기자에 해당하는 노비였다. 어떤 측면에서 곡비와 상통할지도 모르는 부류가 있었다. 가곡이나 시조를 비롯해 가사 따위를 노래로 부르던 전업 가수를 가객(歌客)이라고 호칭했다. 그리고 이 시절 사대부에서는 노래를 부르는 가비(歌婢)나 가동(歌童)을 두고 노래를 즐기기도 했다는 전언이다.

이 시대에는 빠른 걸음을 이용해 일종의 공문을 전달하던 보발(步撥)이라는 직업이 있었다. 다시 말하면 걸어서 급한 공문을 전하는 일을 하던 사람 또는 그 공문을 보발이라고 불렀다. 이들을 보장사(報狀使)라고도 했다. 세종 때 금화도감(禁火都監 : 오늘날 소방청)을 설치하고 전문 소방수인 금화군(禁火軍) 혹은 멸화군(滅火軍)을 두어 화재에 대비했었다. 가끔 영화에서 사형수를 앞에 두고 큰칼을 들고 덩실덩실 춤을 추며 사형을 집행하던 행형쇄장(行刑鎖匠)인 회자수(劊子手)를 속어로 망나니라고 불렀다. 오늘날 소매치기에 해당하는 도둑은 '재빨리 주머니 속의 물건을 훔친다.'는 의미로 표낭도(剽囊盜) 또는 표낭자(剽囊者)라고 불렀다.

물 긷는 일을 하는 남자 하인을 물아범, 놀음판에서 물주 노릇을 하는 사람을 박주, 뒷배를 봐주는 사람을 벗바리, 상점 앞에서 호객하여 물건을 사게 만들고 주인에게 삯을 받는 사람을 여리꾼, 예전에 고관대작 집에서 요강을 닦던 종을 요강담살이, 이슬이 내린 길을 갈 때 맨 앞서서 가는 사람을 이슬받이(이슬떨이), 거지의 왕초 혹은 시어머니를 조마리라고 불렀다.

덕장을 지키는 사람을 덕지기, 머슴살이 집을 남의 집 여기듯하는 머슴을 뜬머슴, 목대(돈치기에서 던진 돈을 맞히는데 쓰는 물건)를 잡아 일으키는 사람을 목대잡이, 무언가를 배우다가 중단해서 다 이루지 못한 사람을 반거들충이, 상머슴의 일을 거들어 주는 머슴을 곁머슴, 세력가 가까이에서 지내는 사람을 비유적으로 곁방석, 임시로 남의 행랑에서 붙어 지내며 그 집의 일을 돕는 사람을 드난, 드난살이를 하는 사람을 드난꾼, 내외를 갖춘 남의 집 하인을 남진계집이라고 했다.

매의 주인을 밝히기 위하여 주소를 적어 매의 꽁지 속에다 매어 둔 네모꼴의 뿔을 시치미라고 하고, 매를 길들여 꿩을 잡는 매사냥꾼을 응사(鷹師)라고 불렀다. 또한 꿩이나 짐승이 다니는 길목에 그물을 쳐서 살아있는 채로 생포를 전문으로 하는 사냥꾼을 망패(網牌)라고 불렀고, 활이나 조총으로 사냥을 업으로 하는 사냥꾼을 삼척(山尺) 혹은 산행포수(山行砲手)라고 했다. 그리고 활을 쏘는 사람이나 도덕적으로 건전하지 못한 사람을 활량, 활을 잘 쏘는 사람을 활자이, 선구자나 선도자를 비유적으로 횃불잡이, 중(스님)을 놀림으로 뭉구리, 예전에 임시 선생을 목강, 중매(中媒)의 옛말이 재여리, 집안에 데리고 부리던 사람을 데림사람, 가난한 선비를 딸깍발이, 짝을 지어 다니며 직업적으로 중매를 하는 사람을 형제주인어멈, 권세가의 오만무도한 하인을 들때밑이라고 했다. 조선 후기엔 다양한 공연문화 중에서 원숭이로 공연하는 것을 후희(猴戲)라고 불렀다. 이를 위해 원숭이를 길들이고 조련하는 조련사를 농후자(弄猴者)라고 호칭했다.

겨우 장마당과 어린이 그리고 사람이 하는 일이나 역할을 비롯해서 조선 시대 직업의 일부를 중심으로 되새겨본 호칭도 이렇게 헤아리기 어려울 정도로 다양해 어리둥절하다. 이는 우리 선조들이 상황이나 때에 따라서 참으로 풍부한 호칭을 사용함으로써 언어생활을 찰지고 윤택하게 했던 방증이지 싶다.

특정 상황의 사람 묘사

심리적 대리만족 때문이었을까? 하는 일이나 특정한 상황에 처한 사람을 일컫는 말에도 상대방을 얕잡아 표현하는 투가 헤아리기 어려울 정도로 많고 널리 쓰여서 무척 놀랐다. 일상적으로 사용하는 말 중에 이들 부류에 속하는 내용을 찾아볼 요량이다. 그렇다고 학문적 접근이나 어원을 캐기 위한 전문가적 견해가 아니고 언중의 입말에 익숙해 낯설지 않은 말들과 조우를 위한 나들이 길이다.

짐승의 가죽으로 물건을 만드는 사람인 피혁장(皮革匠)을 피장이, 채마 농사를 짓는 사람을 채마지기, 짐을 실은 달구지나 마차를 모는 사람을 파리꾼, 오입판에서 남녀 사이를 주선하거나 잔심부름 따위를 하는 사람이나 어린아이를 데리고 놀며 보살피는 사람을 조방꾸니, 시각 장애인을 얕잡아 표현하는 말 혹은 점치는 일을 직업으로 하는 맹인을 판수, 출산 때 아이를 받는 일을 하는 노파를 삼할미라고 했다. 한편, 곡식을 바치고 벼슬을 얻은 사람이나 좀 둔하고 숫된 사람을 보리동지, 예절이 어긋나는 행동을 하는 상제를 개다리상제, 늙은이를 낡은이, 돌로 쌓은 성문 안이라는 뜻으로 서울 성안을 돌구멍안, 시골의 지주나 늙은이를 도막이, 예전에 서울 사람이 약고 간사하다고 비속하게 표현한 말이 경아리, 집안에 든 도둑이나 해를 끼치는 사람을 복숭아벌레라고 했다. 이들이 그 예의 일부이다.

다른 사람의 일이나 처한 상황에 대해 염장 지르듯 하는 투로 얕잡아 표현하는 예는 무진장했다. 흔히 쓰는 말로 사내를 사내코빼기, 어린 자식이 딸린 과부를 새끼달이, 신분이 낮고 천한 여자의 남편을 고추박이, 늙은이를 늙으데기(늙정이 혹은 늙은데기), 이가 다 빠진 입으로 늘 오물거리는 늙은이를 오무래기, 머리 따위를 자꾸 득득 긁는 사람을 득득거리, 명색이 그런 사람이나 물건을 쳇것, 허랑하고 실속이 없는 사람을 허튼뱅이, 못난 사람을 엿돈이, 좀스런 사람을 좀놈, 입이 삐뚤어진 사람을 입삐뚤이, 어련무던하게 생긴 시골 사람인 촌보리동지, 하루하루 근근이 살아가는 사람인 하루살이꾼, 복인(服人: 일 년 미만 상복(喪服)을 입은 사람)인 복재기, 바닷가 부근에서 나서 자란 사람인 짠물내기 등이 그들이다. 또한 권세가의 오만하고 고약한 하인을 들때밑이라고 한다. 이외에도 헤아릴 수 없이 많다.

주색에 빠져 방탕하게 노는 사람을 난질꾼, 창병(瘡病)이나 담병(痰病)을 앓는 사람을 담쟁이, 늘 떼를 쓰는 버릇이 있는 사람을 떼꾸러기, 어떤 일에 익숙하거나 세련되지 못한 것 또는 그런 사람을 생짜, 거칠고 험하게 생긴 사람을 험상쟁이, 팔이 꼬부라져 붙어 펴지 못하거나 팔뚝이 없는 사람을 곰배팔이, 살이 빠져 바짝 마른 사람을 앙상쟁이, 옥니가 난 사람을 옥니박이, 특별한 수완이나 힘이 없는 평범한 사람을 좀쳇놈, 어리석고 미련해서 하는 일이 찬찬하지 못한 사람을 뒤틈바리, 툭하면 토하는 사람 혹은 툭하면 소리 지르는 사람을 꽥꽥이, 다른 고장에서 온 사람을 난뎃놈, 벼슬이 없는 양반이나 그 지방에서 오래전부터 사는 사람인 바닥쇠, 걸음을 뒤뚱거리며 걷는 사람인 뒤뚱발이, 귀양살이를 하는 사람인 귀양다리, 솜을 많이 넣어서 두툼한 옷이나 그런 옷을 입은 사람인 핫퉁이 따위가 얕잡거나 낮잡아 이르는 표현이다.

부정적인 의미 함축보다는 긍정적인 뜻을 지닌 경우이다. 몇 대 동안 외자식으로 이어진 가문의 외자식을 외꼭지, 낮은 자리부터 차차 올라가 높이 된 사람을 잔다리, 신사나 청년 그리고 아버지나 사회인 중의 어느 하나를 가리키는 뜻으로 개비짱, 가까운 일가친척을 곁쪽, 포도청에서 아비를 수어살이, 흔히 총각으로 늙은 사람을 엄지머리총각, 산에 익숙한 사람을 산돌이, 의지하고 지내던 곳에서 가진 것 없이 쫓겨난 사람을 떨꺼둥이, 다른 고장에서 온 낯선 손님을 난뎃손님, 말쑥하고 단정하게 차린 남자를 깎은 서방님(깎은선비), 곰과 같이 순하고 듬직한 사람을 곰손이, 동아리가 되어 무리를 이룬 사람들이나 한 집안의 겨레붙이로 된 무리를 떼전, 앞장설만한 인재를 앞장감, 빈틈없이 아주 여문 사람을 모도리, 동생이 생긴 뒤에 샘내느라고 밥을 많이 먹는 아이를 밥빼기라고 지칭했다.

서로 힘이 비슷한 두 사람을 맞잡이, 하얗고 반반하게 생긴 색시를 마늘각시, 장가나 시집갈 나이가 된 총각이나 처녀가 땋아 늘인 머리 또는 그런 머리를 한 사람을 떠꺼머리, 다른 고장에서 온 사람을 난뎃사람, 부잣집 늙은이를 제갈동지, 허영심이 유난히 많은 사람을 허영주머니, 어려서 출가하여 승려가 된 스님을 올깎이, 어려워하지 않고 제멋대로 짤짤거리며 쏘다니는 계집아이를 뻴때추니, 울보를 우지, 순진하고 어수룩한 사람이나 숫총각이나 숫처녀를 숫보기, 앳되게 젊은 사람을 애젊은이, 바깥부모를 밭어버이, 밥만 축내는 사람을 밥쇠, 서로 가까이 아는 사람을 알음알이, 나중에 셈하기로 하고 거래하는 사람을 외상자리, 만만하게 여길 만큼 평범한 사람을 행내기, 식구가 없어 홀가분한 사람을 단출내기, 여러 집이 한데 모여 이루어진 집단이나 놀이 또는 노름을 위해서 모인 사람의 무리를 두럭이라고 했다.

말이 함축하는 의미가 긍정적이든 부정적이든 사람을 지칭하는 말이 풍부하게 발달했다는 것은 옛 선조들이 언어를 통한 문화생활이 상당히 찰지고 기름졌다는 사실을 입증하는 것 같아 새삼 고개가 끄덕여졌다.

사람의 비유적 묘사

사람을 긍정적으로 비유하여 묘사한 우리말은 여간 드문 게 아니었다. 이 말은 성격이나 인품에 어울리지 않는 상황에 대하여 조롱 또는 슬쩍 꼬집고 비틂으로써 배배 꼬인 심사를 에둘러 피력하는 경우가 월등하게 많다는 얘기이다. 언어학적인 공과와 무관하게 그들의 적나라한 참모습과 만남을 위해 언중(言衆)이 즐겨 사용하던 입말을 파헤치려고 길을 나선다.

성격이 지나칠 만큼 꼼꼼하고 좀스러운 사람을 참빗장수라고 한다. 이런 성격의 노인네가 집지킴이 노릇을 하며 시시콜콜 참견하는 경우 젊은이들과 잦은 마찰로 편할 날이 없으리라. 한편, 좋은 말을 듣고도 기뻐할 줄 모르며 언짢은 말을 들어도 성낼 줄 모르는 사람을 비유적으로 이를 경우 물신선이라고 한다. 그리고 싫어하거나 미워하는 사람을 비롯한 그런 관계를 옹치(雍齒 : 중국의 한(漢)나라 고조가 미워했던 사람의 이름에서 유래됨)라고 한다. 그런가 하면 늘 앞세워 다니거나 따라다니는 사람을 소경막대, 변변치 못해 한 축에 끼이지 못하는 사람을 무거리라고 이른다. 또한 걸맞지 않은 사람에게 내린 벼슬자리를 김첨지감투라

한다. 이런 사람이 벼슬자리에 앉았을 경우 영락없는 반식재상(伴食宰相) 꼴일 것이다. 왜냐하면 자리만 차지하고 있는 무능한 재상과 조금도 다를 바 없을 것이기 때문이다. 그리고 밑이 두툼하고 널찍하게 생긴 턱이나 그런 턱을 가진 사람을 제비턱, 몹시 얽은 얼굴을 얽박고석, 시원찮거나 보잘것없는 사람을 쭈그렁밤송이라고 한다.

남을 잘 꾀거나 속이는 사람을 꾐주머니, 머리털을 빡빡 깎은 사람을 경텃절(정토(淨土)의 절) 몽구리아들, 단단하고 야무지거나 표독스럽게 생긴 사람을 대추방망이, 멍 가(哥) 성을 가진 첨지라는 뜻으로 개(拘)를 뜻하는 멍첨지, 겁이 많거나 도량이 좁은 사람을 새가슴, 걸맞지 않은 사람에게 내린 벼슬자리를 싱겁이, 재산이나 밑천 따위를 모두 날리고 애옥살이하는 사람인 꼴뚜기장수, 기운이 왕성하여 힘이 넘치는 사람인 생력꾼 등이 통용되었다.

눈을 빗댄 묘사는 생각보다 적었다. 윗눈시울이 축 처진 사람을 거적눈이, 고리눈을 가진 사람을 고리눈이, 가늘고 긴 눈썹 혹은 그런 눈썹을 가진 사람을 버들눈썹, 안경을 쓴 사람을 네눈깔잡이, 찔꺽눈을 가진 사람을 찔꺽눈이, 눈에 핏발이 서 빨갛게 된 사람을 눈빨강이, 실눈처럼 눈이 작은 사람을 눈깜쟁이, 눈이 유난히 검은 사람을 눈검정이, 눈시울이 짓무른 사람을 눈짓물이, 눈물을 많이 흘리는 신세를 눈물받이라고 이른다.

술과 담배가 미치는 영향에 비해서 그와 관련된 묘사는 무척 적었다. 술을 많이 마시는 사람을 술고래, 많이 마시는 술을 말술, 몹시 많이 마시는 술 혹은 그런 사람을 고래술, 술을 지나치게 자주 마시는 사람을 대접붙이, 주정꾼을 술도깨비, 술주정이 몹시 심한 사람을 술망나니, 엄청 많은 술 혹은 그만한 술을 마신 상태나 그만한 주량을 억병, 담배를 지나치게 많이 피우는 사람을 용고뚜리(골초), 담배를 쉬지 않고 늘 피우는 사람을 철록어미 등으로 불렀다.

신체적 특징을 중심으로 묘사된 내용들이다. 키가 몹시 작은 사람을 땅꼬마, 뒤통수가 남달리 튀어나온 머리통이나 그런 머리를 가진 사람을 뒤짱구, 산속에서 풀뿌리나 나뭇잎을 비롯해 열매 따위를 먹고살며 몸에 털이 많이 난 자연의 사람을 미사리, 머리통이 뾰족하게 생긴 사람을 뾰주리, 입이 매우 작은 사람을 병어주둥이, 배가 불룩하게 나온 사람을 배부장나리, 배꼽이 유달리 크게 불쑥 나온 사람을 배꼽쟁이, 태어나면서부터 또는 병으로 굽혀지지 않는 팔 또는 그런 팔을 가진 사람을 뻗팔이라고 칭한다.

더할 나위 없는 못난이를 쫄딱보, 언청이를 언청샌님, 콧구멍이 너무 좁아서 숨을 제대로 쉬지 못하는 사람을 콧벽쟁이, 텁석나룻이 난 사람을 텁석부리, 얼굴이 둥글고 살이 두툼하게 찐 여자를 화보, 콧등이 넓적하고 그 주변이 우묵하게 들어간 코나 그런 코를 가진 사람을 벽장코, 사자의 코처럼 벌름하고 넓적하게 생긴 들창코 또는 그런 코를 가진 사람을 사자코, 뭉뚝하고 크게 생긴 코 또는 그런 코를 가진 사람을 주먹코, 뭉툭하고 볼품없는 코 또는 그런 코를 가진 사람을 주머니코, 키가 큰 몸집을 키꼴, 아주 못생긴 사람을 탯덩이라고 부른다.

누구나 자기의 고유한 행동적인 특징을 갖기 마련이다. 이런 행동 양태를 중심으로 묘사한 말들이다. 어리석고 멍청한 사람을 어바리, 어느 쪽에도 속하지 아니하며 태도가 불분명한 사람이나 제대로 할 줄 아는 것이 별로 없어 쓸모가 없는 사람을 어중이, 싱거운 짓이나 소리를 잘하는 사람을 싱검쟁이, 똘똘하지 못하고 어리석으며 수줍음을 잘 타는 사람을 빙충이, 비역질(사내끼리 성교하듯이 하는 짓)의 상대가 될 정도로 친한 친구를 살친구, 똘똘하지 못하고 어리석으며 수줍음 타는 사람을 뱅충이, 멍청이를 멍덕꿀, 맥없이 나다니는 사람을 들개, 어떤 일이 될 뻔하다가 아니 된 사람을 될뻔댁, 귀밑에 수염이 많이 난 사람을 귀얄잡이, 말이나 행동이 싱거운 사람을 고드름장아찌, 문둥이를 곡사이, 씨름을 하는 상대편을 씨름손이라고 불러왔다.

아무런 역할도 못 하고 수효만 채우는 사람을 충수꾼이라고 말한다. 또한 백세시대를 맞아 수명이 길어진 데다가 조기 명퇴나 정년 단축으로 요즘 각 가정에는 늘 집안에만 머물고 있는 사람인 아낙군수나 하는 일 없이 한가하게 지내는 사람인 어성꾼으로 넘쳐나고 있다. 그 외에 늘 얼굴을 쳐들고 하늘을 바라보는 것 같은 사람을 천상바라기, 억지가 센 사람을 업보, 거짓이 없고 순진하여 어수룩한 사람을 숫사람, 영리한 사람 혹은 인색한 사람을 빠꿈이, 남에게 매를 잘 맞는 사람을 보리탈, 매를 맞아 마땅한 사람을 맷가마리라고 했다.

한데 어울리지 못하고 조금 동떨어져 행동하는 사람을 배돌이, 행동이나 말 따위가 다부지지 못해 어리석고 둔한 사람을 어리보기, 몹시 괴로운 일이나 원수같이 미운 사람을 백발, 미움을 받는 사람을 미움받이, 미련하거나 찬찬하지 못해 일을 잘 저지르는 사람을 뒤퉁거리, 못난 사람을 덤거리, 어리석고 미련한 사람을 토목공이, 아주 못된 상놈을 판상놈, 간사스럽게 몹시 아양을 떠는 사람을 간살쟁이, 뇌물을 좋아하는 사람을 국물재비, 정원 외의 불필요한 사람을 군사람, 글을 읽고 이해는 하지만 제대로 쓰지 못하는 사람을 글벙어리, 길에서 만나는 낯모르는 사람을 길

사람, 쓸데없이 길거리를 배회하는 사람을 길나장이, 건달을 은어로 거나리(국물재비)로 호칭했다.

같은 값이면 다홍치마라고 하여 동가홍상(同價紅裳)이라고 했거늘 유독 비유적 묘사에 삐딱하거나 낮잡아 이르는 표현이 그리도 많을까? 마뜩치 않은 주위 사람들과 정을 줄 수 없는 사회에 퍼붓는 한풀이였을지도 모른다는 엉뚱한 생각을 해본다. 그래도 맘 한구석은 개운치 못하고 무겁다.

사람의 조롱과 속된 묘사

조롱이나 속된 묘사를 중심으로 눈을 돌린다. 우리 말 중에 긍정적인 측면이나 격려를 위한 표현 못지않게 속되거나 조롱을 담은 삐딱한 표현이 숱함은 어디에 연유했는지 무척 궁금하다. 수많은 외세의 지배를 받으며 쌓였던 한과 설움, 지배계급이나 양반들의 착취와 억압 때문이었을까. 아마도 이런저런 통한의 세월이 그렇게 만들었지 싶다.

나이에 비해 철이 덜난 사람을 지각망나니, 촐랑거리며 조심성없이 함부로 행동하는 사람을 까부새, 키가 크고 몸집이 큰 사람을 어간재비, 바보나 시골 사람 혹은 갓 나온 거지를 내초, 아무일에나 나서서 잘난 체하는 사람을 도장왈짜, 바닷가의 벌판에 사는 사람을 노햇사람, 지나가는 손님을 열손님, 겉보기에는 거지꼴로 가난해 보여도 실상은 집안 살림이 넉넉한 부자를 난거지든부자, 늙고 병들어 방 안에만 들어박혀 지내는 사람을 구들더께, 몹시 허약해서 늘 병으로 골골거리는 사람을 골비단지, 늘 방안에 만 들어박혀 있는 사람을 구들직장, 살인 사건을 저지른 범인의 이웃에 사는 사람을 겨린, 장대질하여 남의 물건을 훔치는 도둑을 장대도둑이라고 한다.

성질이 고분고분하지 못하고 거세어 뻣뻣한 사람을 말뼈, 길라잡이를 속되게 막대잡이, 난봉꾼을 소쟁이, 무사(武士)를 싸울아비, 어리고 키가 작은 사람이 벼슬한 경우를 알나리, 안달이 나서 귀찮게 조르거나 검질기게 달라붙는 사람을 안타깨비, 재산을 모두 없애고 아무것도 없는 가난뱅이가 된 사람을 빈탈타리, 조금 어리석고 모자라 제구실을 못 하는 사람이나 그런 태도나 행동을 쪼다, 어떤 일이나 사정에 막힘없이 훤하거나 눈치 빠르고 약은 사람을 빠꼼이, 늘 이야깃거리가 많아 다변(多辯)인 사람을 말보, 정신이 흐리멍덩하고 행동이 똑똑하지 못한 사람을 칠홉송장, 길거리에서 죽은 송장을 거릿송장, 길에서 사체를 길송장, 바지의 솜이 아래쪽으로 쳐져서 통통하게 보이는 사람을 요강도둑, 백색인종이나 살갗이 흰 사람을 센둥이(깜둥이에 대비되는 말) 등이 있다.

범죄 집단의 은어의 대표적인 예이다. 형사의 앞잡이를 곰앞잡이, 경찰관을 짜부, 시골거지를 목내, 도둑을 곰장이, 돈이나 뒷줄이 없는 사람을 개털, 돈이 많고 지적 수준이 높은 죄수를 범털이라고 부른다. 한편, 맹인들의 은어로 사람을 남사, 남편을 독, 임금을 칼시라고 한다. 그리고 백정에 관련된 은어다. 백정을 쑬풀, 대를 이을 백정을 족보자루, 백정들이 훈장을 나리가마라고 부른다. 또한, 밀수꾼들이 함께 밀수를 하고 혼자 가로채어 도망간 사람을 꽁치꾼, 곱사등이를 깨바리, 상이군인을 깨진바리라고 칭한다.

심마니들이 자기들끼리 사용하는 은어는 상당히 다양한 것으로 유추된다. 우두머리 심마니를 어인마니, 2인자 심마니를 중간어인, 취사 담당자를 정재, 산삼 채취 경험 없는 심마니를 소댕이,

아이들을 소쟁이, 초년생 심마니를 날소댕이(초마니), 나이가 적은 어린 사람을 염적이마니, 풋내기를 선천마니(천동마니), 사람을 마니(먹킹이), 어른을 윗만, 늙은이를 어이마니, 경험이 많고 능숙한 사람을 어이님, 삼을 오방추라고 한다. 그런데 조선 시대 심마니를 채삼군(採蔘軍)이라고 불렀다.

남사당패에서 사용하는 은어의 일부이다. 형을 웃마디, 동생을 아랫마디, 아버지를 붓자, 어머니를 머녀, 신랑이나 남편을 방서, 신부나 마누라를 해주, 작은 마누라를 작은해주, 노인이나 할아버지를 감냉이, 할머니를 구망(허리벅), 영감을 감, 과부를 부과, 홀아비를 애비홀, 어린아이를 자동, 남자나 총각을 남자동, 여자나 처녀를 처녀동이라고 칭한다.

남사당패를 구성하는 사람들을 역할로 구분하면 대략 꼭두쇠, 곰방이쇠, 뜬쇠, 가열, 삐리 등으로 나뉜다. 이들의 역할이다. 사당패의 우두머리인 꼭두쇠, 놀이마당을 여는 여부에 대한 허가를 받는 역할인 곰뱅이쇠, 연회(풍물, 버나, 살판, 어름, 덧뵈기, 덜미)의 선임자인 뜬쇠, 연회별로 숙달된 단원인 가열, 가열 밑에 예능 전수교육을 받는 신출내기인 삐리이다. 그리고 줄 타는 사람 중에 우두머리는 어름사니이다.

싸잡아 너와 나 혹은 우리와 그들 같은 말로 뭉뚱그려 표현해도 커다란 불편이 없는 사람에 대하여 이처럼 다양한 이름으로 불리는 게 신기할 정도이다. 그것도 좋은 뜻이나 존경을 전제로 하는 긍정적인 측면보다는 직접적으로 조롱이나 비하하는 내용을 비롯해 은근슬쩍 비꼬아 비유적으로 묘사하는 경우가 월등하게 많은 연유를 정확히 짚어낼 재간이 내게는 없다. 그 기저에 흐르는 뜻은 두고두고 곱씹으며 풀어 봐야 할 화두 같다.

비하를 함축하는 표현

사람을 비하하는 표현이 왜 이다지도 많을까. 살아오면서 바보, 등신, 멍청이, 병신, 멍텅구리, 머저리, 얼뜨기, 팔푼이, 보리동지, 무녀리, 맹꽁이 따위의 단어를 전혀 입에 올리지 않았던 사람이 있다면 천연기념물로 지정해도 무리가 없지 싶다. 이 말들은 한결같이 아둔하고 모자라거나 어리석음을 빗대서 놀림조로 낮잡아 이르는 삐딱한 호칭이다. 따라서 이런 부류의 단어를 들먹임은 무지막지한 언어의 폭탄을 마구 퍼붓는 꼴이다. 이는 상대방의 인격을 짓밟고 심한 마음의 상처를 준다는 평범한 사실을 지혜롭게 헤아리지 못하는 우매함의 소치이다. 이런 생각의 언저리를 맴돌다가 다양한 자료를 들춰보니 우리말에 비하의 뜻을 함축하는 호칭이 다양하게 쓰이고 있어 무척 놀랐다. 이들의 참뜻을 제대로 이해하고 입에 올리는데 유념했으면 하는 바람을 바탕으로 현미경을 들이대듯이 좀 더 깊이 다가가련다.

바보에 대한 정의이다. 첫째로 지능이 부족하여 정상적으로 판단하지 못하는 사람을 낮잡아 이른다. 둘째로 어리석고 멍청하거나 못난 사람을 욕하거나 비난하는 경우 바보라고 표현하며 유의어로서 등신, 멍청이, 팔불출 등을 들고 있다. 여기서 등신(等身)은 나무나 돌을 비롯하여 흙이나 쇠 따위로 만든 형상이라는 뜻으로 어리석은 사람을 낮잡아 이를 때 쓰는 말로서 유의어로 칠푼이, 바보, 병신, 화상 따위가 있다. 그리고 멍청이나 멍텅구리 또는 얼간이는 아둔하고 어리석은 사람을 놀림조로 이를 때 쓰는 단어로서, 유의어는 얼간이, 맹꽁이, 못난이, 철부지 등이다. 한편, 팔불출(八不出)은 몹시 어리석은 사람을 이르는 말로서 유의어로 못난이, 바보, 팔삭둥이, 팔푼이가 있다.

어린 시절 친구들 사이에 다툼이 일었을 때 툭하면 입에 올렸던 말이 바보나 병신 또는 멍청이 따위이다. 모자라는 행동을 하는 사람을 낮잡아 이르는 말로써 주로 남을 욕할 때 쓰이는 말이 병신(病身)인데, 유의어에는 등신, 머저리, 박약 등이 생각난다. 또한 어떤 사람을 마땅치 않게 여겨 낮잡아 이를 경우 화상이라는 표현을 스스럼없이 한다. 그런가 하면 못나고 어리석은 사람을 못난이라고 하며, 유의어로는 멍청이, 무녀리, 박색 따위가 있다.

무녀리는 말이나 행동이 좀 모자란 듯이 보이는 사람을 비유적으로 이른다고 정의하고 있다. 또한 엄밀하게 말하면 지능 따위가 정상적이지 못한 상태가 박약(薄弱)이다. 아울러 머저리나 어리보기는 말이나 행동이 다부지지 못하고 어리석은 사람을 낮잡아 쓰는 말로써 바보, 병신, 얼뜨기 등의 유의어가 있다. 여기서 얼뜨기는 겁이 많고 어리석으며 다부지지 못하여 어수룩하고 얼빠져 보이는 사람을 낮잡아 이르는 말이다.

철없어 보이는 어리석은 사람을 일컬어 철부지라고 이르는데 유의어로 멍청이, 천둥벌거숭이, 채동지 같은 표현이 있다. 천둥벌거숭이는 철없이 두려운 줄 모르고 덤벙거리거나 날뛰는 사람을 비유적으로 이르는 말이다. 한편, 채동지(蔡同知)는 말과 행동이 허무맹랑한 사람을 놀림조로 이를 때 사용한다.

어미의 뱃속에서 열 달을 채우지 못하고 일찍 나온 모자란 조산아를 빗댄 표현 중에 팔삭동(八朔童)이나 팔푼이를 비롯해서 칠삭둥이나 칠푼이가 쓰인다. 그리고 야무지지 못하고 말이나 하는 짓이 답답한 사람을 놀림조로 맹꽁이라고 하며, 유의어로써 맹물, 맹추, 멍텅구리 따위가 있다. 맹물은 하는 짓이 야무지지 못하고 싱거운 사람을 비유적으로 이르는 말이다. 그리고 맹추는 똑똑하지 못하고 흐리멍덩한 사람을 낮잡아 이르는 비아냥이다.

똘똘하지 못하고 어리석으며 수줍음을 잘 타는 사람을 빙충이라고 놀린다. 그리고 고질적으로 가지고 있는 나쁜 버릇 또는 그 버릇을 가진 사람을 낮잡아 배냇병신이라고 조롱하기도 한다. 또한 문맹자가 글을 보고도 무슨 내용인지 모르는 것처럼 눈으로 보고도 알지 못하는 사람을 이르는 말이 당달봉사 혹은 청맹과니이다. 한편, 그 옛날 곡식을 바치고 벼슬을 얻은 사람을 놀림조로 보리동지라고 했는데, 오늘날에 비하면 뇌물을 바치고 부정하게 관리가 된 경우를 지칭하는 말이다. 이 외에도 생각이 모자라고 어리석은 사람을 낮잡아 푼수데기라고 하며 부엌일을 맡아서 하는 여자를 낮잡아 부엌데기라고 부른다. 또한 시골 사람 또는 촌스런 사람을 낮잡아 이르는 말로 촌뜨기라고 하는데, 이의 유의어로 시골내기, 시골뜨기, 촌놈 따위가 있다.

무심코 내뱉는 말에는 상대방을 헤아리지 못해 인간적인 모욕이나 무시를 함축하는 표현이 적지 않음에 유념하고 주의할 일이다. 말은 그를 부리는 사람의 인격을 가늠할 척도가 분명하다. 흔히들 '아 다르고 어 다르다.'라고 하여 어이아이(於異阿異)라고 이르지 않던가! 그렇다고 하더라도 남을 비하하거나 조롱하며 비아냥대는 야박한 숱한 말들이 사전 속에 죽은 말로만 흔적을 남겨 화석(化石)으로 존재하는 날을 기대하는 것은 백년하청의 보랏빛 꿈일러라.

VI. 조와 종

조와 종

나눔 문화를 생각하다가

한자어로 길의 표현

길에 대한 단상

왕자와 공주

수를 세는 말(Ⅰ)

수를 세는 말(Ⅱ)

상사와 제

상사에서 언사

제사의 기억

전통 신발 얘기

짚신과 만남

노비

조와 종

왜 임금을 조(祖)와 종(宗)으로 나누어 표기했을까? 조선조에 왕위에 등극했던 임금이 스물일곱이고, 사후에 추존왕(追尊王)으로 봉한 경우가 아홉이다. 그들에 비해서 파란만장하게 왕의 자리에 올랐다가 실각한 연산군과 광해군이 있다. 이들 임금 이름을 자세히 살펴보면 끝자리에 조(祖) 아니면 종(宗)이 붙어 있다. 그런 원칙은 어디에 기인하는 걸까?

조선의 제6대 임금인 단종은 세조(世祖)에 의해 폐위되어 노산군으로 강등되었다가 사후 2백 년 이상 지난 숙종 때 단종으로 복원되었다. 그리고 실록 이름도 노산군 일기에서 단종대왕 실록으로 바뀌었다. 단종과 처지는 다르지만 흥선대원군은 끝내 왕으로 추존되지 못했다.

조선 시대에 첫째로 나라를 창건했거나, 둘째로 외치 혹은 영토 확장이나 군사적으로 위대한 업적을 쌓은 임금은 조(祖), 문치(文治)나 국내 통치를 잘했거나 학문적 예술적으로 업적이 혁혁하거나 왕위를 정통으로 계승한 임금에게는 종이라는 묘호(廟號)를 올렸다는 내용을 정설이라고 배웠다. 이 같은 관점에서 세종대왕의 세종은 덕이 있고 문치를 이룩한 공을 기리어 지은 이름이다.

전쟁과 관련해서는 임진왜란의 화를 겪은 선조나 병자호란의 치욕을 당했던 인조의 이름을 열거할 수 있다. 또 다른 예로서 나라를 창건하고 부국융성토록 이끈 태조와 영조와 정조가 있다.

이상의 관점인 덕망이 많으면 종, 공이 많고 치세업적이 있는 왕에게는 조를 쓴다는 오늘날의 교과서는 바로 잡아야 한다는 주장도 있다. 장영훈은 "왕릉이야말로 조선의 산 역사다(도서출판 담디)."라는 책에서 적자혈통이 종이고, 서자혈통을 조로 나타냈다는 지적이다. 그에 따르면 특수한 광해군과 연산군의 경우와 쇠락의 나락에 빠져 극도의 혼란을 겪으며 망국으로 치달아 조정이 불가능했던 고종이나 순종을 제외하면 서자 출신 왕인 선조, 인조, 영조, 정조, 순조가 그런 맥락이라는 주장이 일맥상통한다.

어떤 견해이든 임금 이름은 임금이 승하한 뒤에 사관(史官)들에 의해서 헌정된다. 원래 임금 이름은 묘의 이름이나 임금의 사당(祠堂)에 들어가는 위패에 써 붙일 이름을 짓기 위해 사후에 작명한다. 그러므로 임금의 성향에 따라 사관이 붙이는 이름이기에 살아생전의 치적에 비해 다소 차이가 날 개연성이 상존한다.

조선 시대 임금이 죽으면 종묘(宗廟)에서 제사를 모셨다. 그 종묘에 신위를 모실 때 정하는 존호(尊號)를 묘호(廟號)라고 한다. 따라서 세종이나 영조 같은 임금의 이름들도 해당 임금이 승하한 뒤에 부여한 묘호이다. 결국, 조선 시대의 조(祖)와 종(宗) 차이는 임금의 업적에 따라서 해당 임금이 명을 달리한 뒤에 사관에 의해 결정되었다.

원래 묘호는 황제만 사용했다는 견해이다. 신라의 무열왕이 묘호를 태종(太宗)으로 정했을 때, 당나라에서 강력하게 힐난했다. 소국인 신라가 천자(天子)의 칭호를 참람(僭濫)하게 씀은 불충한 뜻이 분명하니 그 칭호를 거두라고 경고했다. 이에 신라는 무열

왕이 삼국 통일이라는 위업을 이루었기 때문에 태종이라는 묘호를 썼다고 주장하여 그 뜻을 굽히지 않았다고 삼국유사에 기록하고 있다. 하지만 신라의 다른 왕들은 묘호를 쓰지 못했다.

고려와 조선 시대에는 무슨 연유로 묘호를 쓸 수 있었을까? 고려 전기에 중국은 송과 요 그리고 금이 서로 각축하면서 패자(覇者)가 존재하지 않았기에 고려가 묘호를 쓸 수 있었다는 견해이다. 그러나 고려가 원나라에 항복한 이후에는 묘호를 사용하지 못했다. 고려에 비해서 조선은 중국의 충실한 제후국임을 표방하면서도 중국의 눈치를 봐가면서 묘호를 사용했다. 결국 중국에 조공을 바치고 책봉을 받으면서도 내부적으로는 사대(事大)와 자주(自主)의 교묘한 줄타기를 했던 꼴이다.

몇 해 전에 우리 사회에서 아침에 일찍 일어나느냐 여부와 그에 따른 장단점을 들어가며 얼리버드(early bird)형이 좋은가 아니면 저녁 늦게까지 일하다가 늦게 일어나는 올빼미(wood owl)형이 좋은가에 대해 첨예한 논쟁이 있었던 적이 있다. 그때 좋고 나쁨을 떠나서 나는 얼리버드에 해당하는 종달새(skylark)형이라고 쉽게 잠정적인 결론을 내릴 수 있었다.

임금의 유형에서 나는 어디에 가까울지 하는 생각에 이른다. 언감생심의 일이지만 만일 내가 그 당시 임금이었다면 어떤 유형이었을까! 아무리 접어주고 후하게 따져 봐도 됨됨이나 그릇의 크기와 품격을 미루어 판단할 때 나는 왕재(王才)가 아니다. 따라서 문무 어느 쪽에도 어정잡이를 면키 어렵고 덕을 제대로 쌓지 못했던 관계로 나라가 혼란을 거듭 겪으며 난세에 이르렀을 법하다. 이런 연유에서 제왕의 자리를 꿰찰 왕세자로 태어나지 않은 게 나라나 백성 그리고 나 개인을 위해서 퍽 다행이지 싶다.

나눔 문화를 생각하다가

나눔 문화를 들춰보련다. 우리의 핏속에는 어렵고 힘들 때 상생과 공존을 위한 유전자가 두레나 품앗이 혹은 향악 따위를 통해 도도히 전해지고 있었지 싶다. 아마도 그 때문이었을 게다. 지난 1997년 겪었던 IMF 사태에 국민이 자발적으로 벌인 금 모으기 운동은 지구촌에서 유례를 찾아볼 수 없었던 불가사의한 사례였다. 어렵거나 힘듦이 닥쳤을 때 그를 타파하기 위해 각자의 이룸이나 일군 부(富)를 기꺼이 나누는 문화를 일컫는 표현과의 만남이다.

사회적 공익이나 자선을 위하여 돈이나 물건 따위를 냄을 의연(義捐)이라 한다. 이 의연과 유사한 말이 기부(寄附), 기탁(寄託), 의연(義捐), 증여(贈與)이다. 아마도 살아오면서 참담한 수재를 당한 수재민들을 위해 수재 의연금(義捐金)을 쾌척(快擲)했던 경험은 가장 일반적인 기부문화의 단면이었지 싶다.

우리는 나눔 문화에 대한 지혜를 지닌 민족이었던 것 같다. 어떤 이유에서이든지 우리는 명심보감의 계선편(繼善篇)에서 일러준 '착한 일을 한 집안은 반드시 경사가 있으며, 나쁜 일을 하면 반드시 재앙을 받는다.'는 "적선지가필유여경(積善之家必有

餘慶) 적불선지가필유여앙(積不善之家必有餘殃)"이라는 경구를 허투루 여기지 않고 금과옥조로 신봉해왔다. 이런 가치관의 영향 때문일까!

그 옛날 부자들 중에는 '가진 자의 도덕적 의무'인 노블레스(Noblesse) 오블리제(Oblige)를 실천할 줄 아는 슬기로운 이들이 많았던 것 같다. 6·25전쟁의 휴전이 시작될 무렵부터 근대화 과정에서 신작로를 내거나 학교를 지을 때 자기 소유의 땅이나 거금을 기꺼이 희사(喜捨)했던 경우가 숱했음이 그 증좌가 아닐까! 희사는 어떤 목적을 위하여 기꺼이 돈이나 물건을 내놓음을 의미하며, 유의어로 기부, 연보(捐補), 연조(捐助) 등이 있다.

예순 해를 훌쩍 넘긴 코흘리개 시절의 일이 불현듯 떠오른다. 그 비극적인 전쟁 때문에 잿더미로 변했던 폐허 위에 신축한 초등학교에 지역 유지들이 풍금이나 종을 사서 기증(寄贈)했던 경우가 많았다. 그럴 때면 예외 없이 교장 선생님이 뙤약볕이 내려쬐는 운동장에 어린아이들을 세워놓고 장황하게 거행하던 기증식이 무척 지겨웠다. 이 기증, 증여(贈與)라는 말은 요즈음 드림으로 순화되었다. 요즈음 보육원이나 양로원 등에 소용이 닿는 물품이나 금품을 익명으로 지정 기탁(寄託)하거나 기부(寄付)해도 한 치의 어긋남 없이 전해져 얼굴 없는 천사로 남을 수 있는 현실이다. 그 옛날 까까머리 코흘리개 시절 운동장에서 겪었던 끔찍한 기증식의 경험을 오늘의 문화 현실과 견주면 엄청난 가치관의 차이를 실감한다.

금품을 내어 도와줌을 출연(出捐)이라고 한다. 예를 들면 의료보호 비용의 재원을 충당하기 위하여 중앙정부, 광역자치단체, 기초자치단체 등에서 출연하는 출연금(出捐金) 따위를 열거할 수 있다. 한편, 자기의 재물을 내놓아 남을 도와주는 것이 기연(棄捐)이다. 그리고 어떤 일을 하는데 내놓는 물품을 출물(出物)이라고 한다. 또한 회비나 잡비 따위를 혼자서 모두 내는 사람을 출물꾼(出物-), 본전꾼(本錢-), 앉은계원(--契員)이라고 한다.

소중한 시간, 돈, 공간 따위를 아깝게 여기지 아니하고 선뜻 내어주는 선행을 할애(割愛)라고 이른다. 그런가 하면 도움이 되도록 이바지함을 기여(寄與)라 하고 유의어로 공헌(貢獻), 기부, 이바지 등이 사용된다. 힘을 써 이바지함을 공헌, 도움이 되게 함을 이바지라고 한다.

사람 사이 교류를 하는데 전제되어야 할 요건 중의 하나가 믿음을 바탕으로 하는 신뢰이다. 이를 토대로 남에게 부탁하거나 맡기는 의뢰나 위임이 가능하다. 또한 우리는 살면서 버겁거나 힘들어 포기하거나 돌아가고 싶은 충동을 느끼는 경우가 허다하다. 이럴 경우 다른 것에 마음을 기대어 도움을 받을 요량으로 의지(依支)하게 마련이다. 이 의지의 유의어로써 의존(依存), 의타(依他), 의탁(依託)이 쓰인다. 여기서 의존은 다른 것에 의지하여 존재함을 뜻하고, 의타는 남에게 의지하거나 의뢰함을 뜻하며, 의탁은 어떤 것에 몸이나 마음을 의지하여 맡김을 의미한다.

세월이 지날수록 생의 무상함을 실감하며 고립무원에 서 있는 것 같은 허허로움이 엄습하는 경우가 잦다. 게다가 감정까지 마른 가랑잎처럼 메말라 손으로 꽉 거머쥐면 바스러질 것 같아 안쓰럽게 느껴지기도 한다. 이럴 때면 부지불식간에 전지전능한 무엇인가에 의지하거나 의존하고픈 마음이 굴뚝같다. 하지만 사방을 두리번거리며 종교 쪽을 건너다봐도 선뜻 끌리거나 썩 내키지 않아 뭉그적거리며 마땅한 탈출구를 찾지 못해 심적 방황을 거듭하며 헤매고 있다. 그래도 예부터 고희(古稀)에 이르면 생각이 닿는 대로 행동해도 거리낌이 없다고 일렀다. 그럼에도 여태까지 나눔이나 공존의 참뜻을 제대로 꿰뚫지 못한 채 갈피를 잡지 못하고 혼란을 겪고 있다. 그런 때문에 의탁할 대상을 찾아 망망대해에서 방향타를 잃은 일엽편주처럼 이리저리 떠밀려 흘러가며 방황하는 내가 진정 나잇값을 하며 삶을 꾸려가고 있는 걸까!

한자어로 길의 표현

길의 표현에 한자어가 유별나게 많다. 우리 조상들은 한자어로 길을 나타내는데 길 로(路), 길 도(道), 지름길을 나타내는 지름길 경(徑), 오솔길이나 좁은 길을 나타낼 경우에 사용되는 길 경(逕) 따위가 있지 싶다. 하기야 꼭 그런 것만은 아니다. 왜냐하면 이들 외에 구절양장(九折羊腸)이라는 표현처럼 아홉 번 꼬부라진 양의 장처럼 꼬불꼬불한 산길을 재치 있고 감칠맛 나게 나타내는 슬기로움도 있었다.

영겁에 비하면 촌음에 지나지 않을 세상을 살아가는 세로(世路) 혹은 행로(行路)이다. 그럼에도 불구하고 때로는 순탄치 않은 험로(險路)나 멀리 돌아가게 된 우로(迂路)를 비롯하여 갈림길인 기로(岐路) 또는 한 번 들어가면 드나드는 곳이나 방향을 알 수 없게 된 미로(迷路)와 맞닥뜨려 고민하거나 좌절하며 처절한 낭패를 맛보기도 한다. 하지만 경우에 따라서는 지름길인 첩로(捷路)나 첩경(捷徑)을 만나 높낮이가 없이 넓고 평평하게 죽 뻗친 큰길인 탄탄대로(坦坦大路)를 거칠게 없이 내달리며 삶을 찬탄하면서 기고만장하는 경우도 숱하리라.

전통적으로 우리의 길은 큰 대로(大路)보다는 마을과 마을을 잇는 길이나 동네의 고샅길은 좁고 긴 세로(細路), 좁은 협로(狹路), 작고 좁은 소로(小路) 위주였다. 따라서 조금 큰 규모의 가마나 우마차를 비롯해 황천길을 떠날 때 타게 마련인 상여(喪輿)가 다니기 어려운 경우가 허다해 무척 궁상스럽기도 했다.

6·25전쟁 무렵에도 대로에 해당하며 자동찻길인 신작로(新作路)에서 갈라져 나간 샛길은 거의가 작은 협로(夾路)였다. 그때문에 산업화 과정에서 새로 만든 길을 제외한 옛날 구로(舊路)의 형편은 이루 말할 수 없이 좁고 옹색해 답답한 모양새였다.

삶의 방편이었을까 아니면 건강에 대한 연민이었을까? 어느 쪽이던 집 옆에 자리한 산을 연인 삼아 매일 품으로 파고든 지 여러 성상(星霜)이 흘렀다. 등산을 나서 도시의 큰 도로인 가로(街路)를 지나 새로 닦은 임도(林道)를 거쳐 조붓한 등산로(登山路)에 다다른다. 터벅터벅 이 길을 걷다 보면 자연스레 산속의 협로(峽路)와 마주치면서 그 옛날 그 언저리에 있었을 법한 나무하러 다니던 작은 초로(樵路) 혹은 초경(樵經)의 흔적을 더듬어 보기도 한다. 같은 길이라도 남녘인 때문인지 눈이 쌓인 설경(雪徑) 또는 눈길인 설로(雪路)를 만나면 낯설어 잔뜩 주눅이 들어 쩔쩔매는 꼴은 내가 봐도 가관으로 기가 찬다.

요즈음 건강에 대한 관심이 높아지면서 걷는 사람이 엄청나게 증가하면서 우리 강산의 구석구석에 숲길이 만들어져 사랑을 받고 있다. 엎어진 김에 여기서 숲길의 갈래를 살피련다.

첫째로 산을 오르면서 심신을 단련하는 활동을 하는 등산로(登山路)이다. 둘째로 걸으면서 지역의 역사와 문화를 체험하고 경관을 즐기며 건강을 증진하는 활동을 하는 다목적의 트레킹

(trekking) 길이다. 이 트레킹 길에는 먼저 시발점과 종점을 연결되도록 산의 둘레를 따라 조성한 둘레길이 있다. 그리고 산줄기나 산자락을 따라 길게 조성함으로써 시발점과 종점이 연결되지 않는 트레일(trails) 길도 낯설지 않다. 셋째로 산림에서 하는 레저와 스포츠 활동을 하는 레저 스포츠(leisure sports) 길이다. 넷째로 산림의 생태를 체험하거나 학습이나 관찰 활동을 하는 탐방로(探訪路)이다. 마지막으로 산림에서 휴양하거나 치유 같은 건강 증진이나 여가 활동을 하는 휴양이나 치유 숲길이다.

땅위에서 막힘없이 수월하게 오가기 위해 사통팔달로 거미줄처럼 뚫은 길을 통틀어 육로(陸路), 바닷길을 해로(海路), 해로(海路)와 항공로(航空路)를 싸잡아 항로(航路)라고 한다. 또한 도시의 큰 도로나 도시와 도시를 잇는 큰 도로를 가도(街道)라고 부르는데 경춘가도가 그 예이다. 산허리에 난 길이나 산 중턱에 난 꼬부랑길을 산복도로(山腹道路)라고 이른다.

기차가 다니는 철로(鐵路), 자동차가 고속으로 내닫는 전용 도로인 고속도로(高速道路), 두더지처럼 땅속으로 오가는 지하철 시대가 도래하면서 땅속으로 뚫은 지도(地道), 땅 밑으로 낸 지하도(地下道), 평지, 산, 바다, 강 따위의 바닥을 뚫어서 만든 철도나 도로인 수도(隧道)라는 개념들이 익숙해졌다. 그 옛날엔 광산에서 땅속으로 뚫은 갱도(坑道)가 땅속에 만든 도로의 대표적인 경우가 아니었을까? 이들 외에 하천이 흐르는 하도(河道)가 언뜻 떠오른다.

사람이 오가거나 물자 유통을 위해서 땅이나 바다 아울러 하늘에 낸 길을 생각하다가 자연스럽게 삶을 영위하며 겪거나 느끼게 마련인 삶의 길이라는 화두에 이른다. 유한한 개인의 삶이라는 맥락에서 결코 짧은 세월을 경험한 게 아니다. 그런데도 소통이나 물자 이동을 목적으로 하는 길의 갈래보다 더 어렵고 복잡해 어리둥절하다. 따지고 보면 길은 선(線)이고, 선은 점(點)의 연속일 뿐인데 말이다. 이렇게 미욱하기 이를 데 없는 백두옹 모습의 내가 낯설고 더욱 왜소해 보임은 왜일까?

길에 대한 단상

너와 내가 어제도 오늘도 내일도 걸어야 길이다. 길을 갈래지을 때 첫째로 교통수단으로서의 길, 둘째로 방법이나 도리를 나타내는 길, 셋째로 행위의 규범을 뜻하는 길로 규정할 수 있지 싶다. 하지만 오늘은 첫 번째 개념과 만남이다.

길의 모양이나 규모에 따라 길 앞에 관형어를 붙여 구체화한 의미로 사용하는 경우가 많다. 이를테면 비탈길, 갈림길, 하룻길, 고샅길, 외딴길, 황톳길, 지름길, 오솔길 등이 그 예이다. 이들 보행을 위한 육상 통로는 교통수단의 발달에 따라 개념이 넓고 다양화되어 실체를 규정할 수 없는 관념적 통로까지 넓혀졌다. 이로 인해서 물 위를 다니는 배가 다니는 뱃길, 쇠로 만든 레일 위를 달리는 기차나 전철이 달리는 철길, 항공기가 나는 공중의 항로는 하늘길인 셈이다.

주요 내왕수단인 가마 종류나 인력거 따위에 걸맞게 길이 발달했지 싶다. 이런 연유에서 곧게 뻗어난 곧은길이거나 넓은 큰길보다는 고을과 고을이나 마을과 마을을 잇기 위해 자연적인 지형에 따라 여러 굽이로 꼬부라진 꼬부랑길이 이어지게 마련이었을 게다. 그러다가 들을 만나면 들길인 벌길이 만들어지고, 들의 둑 위로 개설된 둑길, 논 사이로 만들어진 논길, 두렁 위로 닦은 두렁길, 논밭 사이로 구불구불 이어진 사랫길, 논밭을 보호하기 위해 만든 방천 위로 난 방천길도 자연스레 탄생했다.

길은 절대적으로 지형의 영향을 받을 수밖에 없었으리라. 촌에 이르면 그에 어울리는 시골길인 촌길, 두메에 이르면 그에 적당한 형태의 두메산골에 난 두멧길이 자리 잡았다. 한편, 첩첩산중에서는 산속에 난 산길과 산속의 숲 속으로 뚫린 숲길의 형성도 자연스러웠다. 산을 오르내리기 위해서는 비탈진 언덕의 비탈길이나 언덕을 따라 만들어진 언덕길을 피할 수 없었을 것이며, 산고개인 언덕배기로 뚫린 잿길을 등짐 지고 넘거나 봇짐을 머리에 이고 넘었으리라.

재질이나 상태에 따라 붙여진 길의 이름이다. 감탕이 깔린 험한 감탕길, 황토로 이루어진 황톳길, 자갈이 깔린 자갈길, 땅이 곤죽처럼 질퍽한 진창길, 모랫바닥 위의 길이나 모래가 깔린 모랫길, 돌이나 자갈이 많은 길이나 바닥에 돌을 깐 돌길, 흙탕물이 질펀하게 깔려 몹시 질척한 흙탕길이 있다. 또한 비가 내리는 길이나 빗물에 젖은 빗길, 눈이 녹아 질척거리는 눈석잇길, 눈이 쌓인 길이나 눈이 내리는 눈길, 얼음이 얼어붙어 빙판처럼 된 빙판길, 눈이 와서 덮인 후에 아직 아무도 지나가지 않은 숫눈길, 풀과 섶이 우거진 푸섶길, 꽃이 줄지어 피어 있는 꽃길 따위가 떠오른다.

길이 어디에 나 있느냐에 따라 다양한 이름이 붙는다. 우선 언덕바지에 이어진 잿길, 나지막한 산기슭의 비탈진 땅에 뚫린 좁은 자드락길, 위쪽에 있는 윗길, 아래쪽에 있는 아랫길, 옆으로 개설된 옆길 혹은 옆나들길, 마을 앞이나 또는 남쪽으로 이어진 앞길,

집이나 마을의 뒤로 나 있는 뒷길, 동네 가운데 있는 좁은 골목길, 마을의 좁은 골목으로 난 고샅길, 뒤꼍으로 난 뒤안길이 있다.

강가나 바닷가 낭떠러지로 통하는 비탈길인 벼룻길, 외따로 난 작은 외딴길, 천안 삼거리 길처럼 갈라지는 갈림길, 나무꾼들이 나무하러 다니면서 낸 좁은 산길을 나뭇길, 여러 굽이로 꼬부라진 꼬부랑길, 덤불 사이로 난 덤불길, 가깝게 질러서 가는 지름길, 험한 벼랑에서 바위 같은 것을 안고 겨우 돌아가게 된 안돌잇길, 에돌아가는 돌림길, 빙 둘러서 가는 두름길, 한 군데로만 나 있는 외길, 오로지 한 곳으로만 난 외통길, 곱절이나 걸리는 곱길, 폭이 좁고 호젓한 오솔길, 산보하며 거닐 수 있게 만든 거님길, 몹시 힘이 드는 된길, 큰길로 통하는 작은 샛길, 곧게 뻗어 나간 곧은길, 큰길 옆에 곁으로 나 있는 좁은 곁길, 처음으로 낸 생길, 구절양장처럼 사리를 지어 놓은 것처럼 구불구불한 사릿길, 반듯하지 않고 굽어 있는 에움길, 산이나 땅속을 뚫어 만든 굴길, 광산의 구덩이에 파 놓은 굿길 등의 이름이 통용되고 있다.

땅을 딛고 걷는 길 외에도 배가 다니는 뱃길, 비행기가 오가는 하늘길, 바다에서 배가 다니는 일정한 물길을 뜻하는 바닷길이 있다. 한편, 그 옛날 교통수단이 형편없던 시절에는 하루 동안 걸어서 닿을 수 있는 거리인 하룻길도 예사였으며, 때로는 밤에 걷는 밤길까지도 걸어야 했던 경우가 숱했다. 보통 사람이 많이 다니는 넓은 한길, 처음으로 가보는 첫길, 새벽에 걷는 새벽길, 고속도로나 자동차 전용도로 따위의 양쪽 가장자리 부분을 갓길 혹은 노견(路肩)이라고 한다. 그리고 추상적 개념을 포함한 것으로서 쭉 곧은길이나 도덕에 맞는 바른길, 바른길을 본길, 죽음의 길을 황천길, 화살이 날아가는 길을 살길, 실크로드(silk road)를 비단

길 등과 같이 다양한 이름으로 불리고 있다.

헤아리기 어려울 만큼 수많은 사람이 하루도 쉬지 않고 걷는 길 때문에 그 이름도 많지 싶다. 설렁설렁 들춰보는 과정에서 쉽사리 만날 수 있었던 길의 이름과 의미가 엄청 다양하고 흥미로웠다. 태양이 다시 떠오르는 새날인 오늘은 내 앞에 어떤 생의 길이 펼쳐질 것이며 발길은 어떤 유형의 길을 밟고 걸으며 하루를 열었다가 닫을까?

왕자와 공주

생모의 신분을 뛰어넘을 수 없었던 임금의 자녀 이야기다. 본처(本妻)가 아닌 첩(妾)에게서 태어난 서얼(庶孼)의 차별이 엄연했던 조선 시대 지엄한 제왕의 씨를 잉태해 출산한 왕자나 공주에게까지도 법은 예외 없이 서릿발 같았다. 조선 시대 임금 아들에게는 군(君), 딸에게는 기본적으로 공주라는 칭호를 붙였다. 그러나 이 원칙은 생모의 지위에 따라 달라지는 게 법도였다.

정식 왕비의 소생 아들은 대군(大君), 빈(후궁)의 소생인 아들이나 대군(大君)의 아들을 군(君)으로 호칭하는 게 기본 법도였다. 그렇다면 연산군이나 광해군에게 군을 붙인 연유는 어디에 있을까? 이들은 왕으로 재위하다가 실각(失脚)하여 신분이 서얼의 왕자로 강등되었던 때문이다. 한편, 정식 왕비 소생의 적녀(嫡女)이면 공주, 후궁 소생의 서녀(庶女)이면 옹주로 호칭했다.

서얼 문제의 근원은 부모가 사회적 통념에 반하게 씨 뿌린 업보이지 않을까! 후궁의 소생으로 태어난 수많은 군(君)이나 옹주(翁主)를 비롯해서 보통 백성 중에서 첩(妾)의 소생인 서얼들 스스로가 저지른 잘못이 아님에도 하늘에서 내린 낙인(烙印)이나 주홍글씨(The Scarlet Letter)를 써 붙이고 일생을 죄인처럼 살아야 했던 피눈물 나는 한과 설움을 다시금 짚어본다. 이런 한을 대변하는 대목의 예이다. 홍길동전에서 길동이 집을 떠나며 "아버지를 아버지라 부르지 못하고, 형을 형이라 부르지 못하는……" 라고 탄식하는 대목은 많은 것을 생각하게 만들기에 충분하다.

내 어린 시절이었던 6·25전쟁의 휴전이 되었을 무렵의 어슴푸레한 간헐적인 기억의 편린이다. 그 시절 할아버지나 아버지뻘이 될법한 연세의 어른들이 첩을 거느려 서얼이 적지 않았던 시절 말이다. 그 때문에 어떤 친구들은 낳아준 어머니와 호적의 어머니가 다른 경우가 적지 않았다. 그로부터 반백 년 웃도는 세월이 지난 지금은 일부일처제(一夫一妻制)가 확실히 뿌리내렸으니 윤리적 가치관의 변혁과 진화가 분명하다.

왕의 아들은 통칭해서 왕자(王子)라고 불렀다. 그런데 왕자 중에서 왕위를 계승할 왕자로 공식적으로 책봉되면 태자(太子)나 세자(世子)라고 호칭한다. 아울러 아직 왕세자에 책봉되지 않은 임금의 맏아들은 원자(元子)로 불린다. 그리고 왕위를 계승할 왕자의 맏아들은 원손(元孫)이나 세손(世孫)이다.

하늘 아래 최고 지존에 오를 왕세자들의 어린 시절은 마냥 태평하고 무제한의 자유가 주어졌을까? 얼핏 생각하면 방종에 가까운 자유와 끝없는 향락의 탐닉에 빠지는 대신에 혹독한 제왕학(帝王學)을 깨우치려는 학문 연마와 수신이 따랐다. 물론 여타의 왕자나 공주 또한 왕세자와 크게 다르지 않은 유사한 교육과정을 겪게 마련이었다.

왕의 씨를 잉태하면서부터 왕실의 보호와 통제 속에서 철저한 태교가 이루어진다. 그리고 영아기(嬰兒期)엔 단동십훈(檀童十

訓 : 도리도리, 죔죔, 곤지곤지 등등) 같은 교육을 통해 심신 발달을 꾀한다. 그리고 유아기(幼兒期)에 이르면 충효 교육이 주종을 이루고, 아동기(兒童期)부터는 심신강화 교육과 경전교육(덕성과 자질 함양)이 시작된다.

왕세자에 대한 지도자 교육은 끊임없는 암송과 경전이나 역사서에 대해 끝없는 문답식 수업이 이어졌다. 이 과정에서 왕세자를 모시고 경사(經史)를 강의하고 도의를 가르치던 기관인 세자시강원(世子侍講院)에서 5일에 한 번씩 고강(考講)*을 통해서 공식적으로 학습 진척 상황을 점검했다. 원래 고강은 과거(科擧) 응시자가 보는 구술시험과 성균관에서 실시하는 정기시험을 의미한다. 그런데 왕세자도 세자시강원에서 이 시험을 치렀다. 학습성취 여부에 따라 왕에게 호된 꾸지람을 듣기도 했기 때문에 남몰래 눈물을 흘리기도 했을 법하다. 따라서 왕세자들도 시험 날짜가 코앞에 다가오면 심한 불면증이나 두통을 비롯해 불안감에 시달렸다는 기록에 심심찮게 보인다.

왕정 시절 왕이나 장상의 씨앗이 따로 있어 대물림되는 폐단은 척결해야 할 모순으로 중대한 사회적 과제가 틀림없었다. 현실엔 그런 모순이 있었지만, 세상을 다스리는 왕의 자리는 결코 땅 짚고 헤엄치기 식으로 아무나 하루아침에 꿰차고 앉을 자리가 분명 아니었다. 말 그대로 억조창생을 거느리고 한 나라를 다스리려면 그에 걸맞은 교육이 선행되어야 했다. 그렇게 세상을 품 안에 껴안을 수 있는 그릇이 되었을 때 천지신명과 만백성에게 부끄럽지 않은 제왕으로 설 수 있었으리라. 어린 시절 왕자나 공주는 아무 일도 하지 않고 주야장천 호의호식하며 원하는 일은 무엇이나 마음대로 할 수 있으리라고 믿었던 미욱한 생각이 갑자기 민망하게 느껴짐은 철이 들어간다는 증좌일까!

* 고강(考講) : 왕세자의 학습 진척 여부는 법강(法講 : 임금님 앞에서 조강(朝講), 주강(晝講), 석강(夕講) 등 세 차례에 걸쳐서 예식을 갖추고 하던 강의)과 회강(會講 : 한 달에 두 번씩 왕세자가 사부(師傅) 이하의 여러 관원을 모으고 경사(經史)와 그 밖의 진강(進講)에 대하여 복습하던 일)에서 이루어졌다. 그리고 매일 수업 전후에 책을 덮고 이전에 배운 것을 암송시켜 점검했다.

수를 세는 말(Ⅰ)

토박이말에 수를 헤아리는 단위로써 어떤 알토란같은 호칭이 있을까? 우선 선조들이 특별한 수에 붙인 고운 이름인 온(百), 즈믄(千), 거믄(萬), 잘(億), 울(兆) 조차도 헷갈린다. 지금까지 살아오며 부지불식간에 의식해야 했던 시간의 단위까지도 온통 낯설다. 뜨거운 차 한 잔을 마실 정도의 시간(5~20분)인 일다경(一茶頃), 대략 15분 내외를 이르는 일각(一刻), 밥 한 끼 먹을 정도의 시간(대략 30분)인 한 식경(食頃), 2시간을 뜻하는 시진(時辰)이 그렇다. 설상가상으로 30년을 뜻하는 세(世), 12세(30×12=360)를 이르는 운(運), 30운(30×12×30=10,800)을 의미하는 회(會), 12회(30×12×30×12=129,600))를 의미하는 원(元) 등을 조우하다 보면 셈법이 판이한 다른 별에 불시착한 생경스러운 기분으로 얼떨떨하다.

옛 조상들의 삶을 돌이켜 되새겨 본다. 곤고한 삶으로 변변한 버선 한 '켤레' 없는 시골 아낙이 맨발인 채로 콩이나 팥 한두 '말(斗)', 참깨 한두 '되(升)', 말린 산나물 10'모숨' 묶은 것 몇 '두름', 달걀 10개 묶은 '꾸러미' 따위를 들고 장터에 나가 팔아도 돈이 들어갈 구멍을 생각하면 턱없이 모자라 허둥대던 경우가 숱했다.

툭하면 고뿔과 해수로 드러눕기 일쑤인 시부모의 한약 한 '제(劑 : 20첩)'는 언감생심이고 겨우 한두 '첩(帖)' 짓고 나서 아이들 학교 월사금이나 공과금을 생각하면 아득했다. 때문에 식구들 찬거리를 위해 고등어 '한 손(두 마리)'이나 동태 '한 코(네 마리)'에 바늘 '한 쌈(바늘 24개)'을 비롯해 실 한 '타래' 사기도 버거운 형편이 조상들의 숨김없는 삶의 참모습이었다. 그러므로 북어 20마리인 '쾌', 말린 명태 20마리인 '태', 오징어 20마리인 '축', 조기나 청어 20마리인 '두름', 김 100장인 '톳'으로 척척 구입한다는 것은 딴 나라 얘기에 불과했다.

가용에 보태기 위해서 돈이 되는 것이면 무엇이든 내다 팔 요량이지만 가을걷이 곡식이 아니면 마땅한 게 별로 없던 게 그 옛날 삶이었다. 텃밭을 둘러 봐도 오이나 가지 따위의 50개를 뜻하는 '거리'에도 이르지 못해 장마당에 내다 팔기 어려웠다. 기껏해야 장작이나 잎나무를 작게 단으로 묶은 땔감 몇 '뭇'이 고작으로 힘만 잔뜩 들고 궁핍을 면키 어려웠다. 땔감이라면 적어도 몇 '강다리(쪼갠 장작 100개비)'를 마소가 이끄는 수레에 '바리'*로 싣고 가서 '가리'로 쌓아 놓고 팔아야 할 터임에도 불구하고 현실은 그렇지 못한 게 서민들의 실상이었다. 이런 때문에 장터에서 허기가 져도 한소끔 끓는 물에 토렴하는 국수 '사리(국수나 새끼 같은 것을 사리어 놓은 것을 세는 단위)'를 볼라치면 침이 절로 넘어가도 입맛만 다시다가 집으로 돌아와야 했다.

가을이 오면 터 서리 논밭 가의 몇 '그루' 혹은 '주'의 감나무에서 감 몇 '접(100개)', 풋대추 몇 '되(升)', 알밤 몇 '말(斗)'을 내다 팔정도가 되면 이웃들이 부러운 눈길을 보냈다. 이 무렵 가을이 깊어지면 어느 집이나 문 바를 한지를 사게 마련인데 형편이 여일치 않아 한 '권(20장)'을 사지 못하고 거개가 낱장으로 샀었다. 그리고 종이를 많이 거래하는 도매상 같은 거상들은 한두 장이 아니라 기본적으로 '연(전지 500장)' 단위였다.

여름을 나면서 산나물이나 채소를 건조시켜 몇 '갓'* 준비하고, 무와 배추 몇 '접' 다듬어 김장하고, 헛간 시렁에 시래기 엮어 몇 '줄(푸성귀 따위를 엮어서 묶은 두름)'과 마늘 몇 '접' 넉넉하게 걸어 두고, 창호지인 한지로 문을 바르고, 볏짚 몇 '동'* 마련하여 이엉 엮어 지붕 잇고 용마루 틀어 얹고, 잎나무나 장작 몇 '가리(곡식이나 장작의 한 더미)' 혹은 몇 '조짐(쪼갠 장작을 사방 6자로 쌓은 양)'을 비축해 두면 얼추 삼동 준비의 완벽한 모양새다. 한편, 지붕을 덮는 기와 2,000장을 '우리(울)'라고 했다.

그 옛날 영세민이나 소작농들은 가을걷이 마당에서도 풍요롭거나 넉넉할 수 없었다. 왜냐하면 타작마당이 끝나기 바쁘게 공출(供出)에 소작료와 장리쌀을 비롯해서 모곡(募穀)*과 가용에 돌려막은 급전을 갚고 나면 겨우 쭈그렁 벼 몇 '가마'* 남게 마련이었다. 그러므로 보통의 가정에서는 가을걷이가 끝난 직후에도 남은 벼는 몇 '담불(벼 10섬을 이르는 단위)'은 고사하고 알곡으로 한두 '섬(10말)' 남는 경우가 숱했다. 따라서 대가족이 삼동을 지나 이듬해 봄에 보릿고개를 무사히 넘길 여력이나 재간이 없었다. 그래서 일용 잡화를 사거나 가용할 용돈을 마련하기 위해서 내다 필 곡식도 씨가 마를 지경이었다. 그런 까닭에 기껏해야 말이나 되로 거래하는 게 고작이었다. 아울러 귀한 참기름이나 들기름 같은 품목의 유통은 '홉(한 되의 10분의 1)'이나 '작(勺 : 한 홉의 10분의 1)' 단위로 거래했다.

한 말이 조금 더 될지도 모르는 곡식의 분량을 '말소수', 한 가마니나 한 섬에 차지 못하고 남은 양을 '마투리'라고 불렀다. 또한 되나 말 혹은 자의 수를 셀 때 차고 남는 것을 '가웃', 한 되 반을 '되가웃' 한 되의 반인 다섯 홉을 '닷곱'이라고 불렀다. 막걸리는 '섬'이나 '말' 그리고 '되'로 거래했다. 이에 비해 상대적으로 귀한 소주는 '고리(소주 10사발을 한 단위로 일컫는 말)'나 되를 비롯해 '홉'으로 사고팔았다.

이들의 사례를 살펴보면서 조상들이 즐겨 사용하던 수를 세는 이름이 엄청 다양하고 친근하게 와 닿아 흐뭇함에 미간에 미소가 절로 번지게 마련이다. 그러면서도 한편으로는 처연한 마음이 들어 아쉽고 서운했다. 아무리 디지털 문화가 지배하는 시대라고 하더라도 세월의 파도에 씻겨나가거나 지워지지 않을 비석에 새겨져 영원으로 이어질 수 있다면 오죽이나 좋을까! 이름 없는 필부의 바람은 아랑곳하지 않고 그 알토란같은 말들이 시나브로 사라져 가고 있거나 이미 화석이 된 현실 때문에 허전함이 파도처럼 마구 밀려온다.

---

* 바리 : 말이나 소의 등에 잔뜩 실은 짐을 뜻한다.

* 가리 : 곡식이나 땔나무를 쌓은 더미를 말한다.

* 갓 : 비웃(청어)이나 굴비 따위의 10마리. 그리고 고사리나 고비 따위의 10모숨(모나 푸성귀처럼 길고 가는 것의 한 줌쯤 되는 분량)을 뜻한다.

* 동 : 묶어서 한 덩이로 만든 묶음. 그런데 대상이 무엇이냐에 따라 그 의미가 다르다. 구체적으로 먹은 10개, 붓은 10자루, 피륙이나 베는 50필, 백지는 100권, 조기나 비웃은 2000마리, 생강은 10접, 곶감은 100접, 볏짚은

100단, 땅은 100뭇을 한 동이라고 했다.

* 가마 : 갈모(비가 올 때 갓 위에 덮어쓰는 기름에 결은 종이로 만든 물건), 쌈지(담배나 부시 따위를 담는 주머니) 같은 것을 셀 때 100개를 이르는 말. 한편, 곡식 따위를 담도록 짚으로 짜서 만든 것. 수 관형사 뒤에서 의존적 용법으로 쓰여, 곡식의 양을 재는 단위를 나타내는 말이다.

* 모곡 : 이장이나 이발소와 대장간 등의 수고비는 일 년에 한 번 가을걷이 후에 다소간의 벼를 거둬줌으로써 수고비로 벌충하는 모곡제도(募穀制度)였다.

수를 세는 말(Ⅱ)

신기할 정도로 무궁무진한 수의 헤아림이다. 예나 이제나 돈의 가치를 무시하기 어려운가 보다. 같은 무게를 나타내는데도 환금성이 낮거나 상대적으로 덜 중요한 물건이나 곡식의 무게는 관(貫 : 한 근의 열 배로 3.75kg)이나 근(斤 : 고기나 약재 등의 무게를 잴 때의 한 근은 열여섯 냥인 600g이고, 과일이나 채소 등의 무게는 10돈쭝인 375g)을 쓴다. 이에 비해서 환금성이 높은 한약재나 귀금속은 냥(냥 : 귀금속의 무게는 한 돈의 열 배이고, 한약재의 무게는 한 근의 16분의 1인 37.5g)이나 돈(한 푼의 10배로 3.75g)을 비롯해서 푼(한 돈의 10분의 1로서 약 0.375g)으로 계량했다. 그런데 한 푼의 무게를 대푼쭝이라고 호칭하기도 했다.

전통적인 농업국에서 농토는 부의 상징이었다. 이 때문에 누구나 더 많은 땅의 소유를 갈망했다. 이 귀중한 땅의 넓이를 나타내는 단위이다. 먼저 1단(段) 10배인 3000평을 뜻하는 개념이 정(町)이다. 그리고 1정의 10분의 1로서 한 묘(畝)의 10배인 300평이 단(段)이다. 한편, 한 단의 10분의 1로서 30평을 묘(畝 : 원말은 '무'이다)라고 한다. 이 외에도 한 말(斗)의 씨앗을 심을 정도의 넓이인 200~300평(밭(田)만을 가리킬 경우는 100평)을 마지기라고 한다. 이 마지기의 10분의 1을 되지기라고 부른다. 또한 여섯 자를 한 변(邊)으로 하는 정사각형(6자×6자)의 넓이(3.3058m^2)를 평(坪)이라고 하는데, 다른 이름으로는 보(步)라고도 한다. 끝으로 소 한 마리로 하루 낮 동안 갈 수 있는 전답의 넓이를 '갈이'라고 호칭한다.

연지곤지 찍고 시집온 새색시의 아름다움이나 됨됨이 보다 이웃의 관심을 끌었던 게 혼수가 아니었을까! 여문 솜씨로 한 땀(바느질에서 바늘로 한 번 뜬 눈) 한 땀 정성 들여 만든 옷이나 이부자리 같은 혼수를 마소에 바리바리 싣고 오는 며느리라면 게걸스런 욕심의 화신 같은 시어머니도 입이 함박 만하게 벌어졌으리라.

기본적으로 비단이나 명주 수십 필(명주 40자)에다가 완벽한 세간에, 이부자리를 시부모와 신혼부부가 덮을 것까지 사시사철에 맞춰 몇 채(집이나 이부자리를 세는 단위), 철 따라 입을 옷이나 버선을 벌(옷이나 그릇의 짝을 이룬 단위)이나 켤레(신이나 버선 혹은 방망이 따위의 둘을 한 벌로 세는 단위)가 아니라 몇 죽(버선이나 그릇 등의 열 벌을 한 단위로 나타내는 말)이라면 입이 절로 벌어지지 않을까? 그것도 모두가 품질을 보증하는 높은 새(피륙의 날을 세는 단위)의 원단이라면 더더욱 일러 무엇하리요. 요즈음 한산 모시라면 10새(승) 이상의 세모시나 안동포라면 15새(보름새)가 그에 해당하지 싶다.

낯선 시골길을 걷다가 논밭에서 일하는 사람에게 거리를 물어보면 흔히 몇십 리라든가, 오리를 비롯해 한 마장이라는 말을 듣는다. 전통적으로 우리는 거리를 나타낼 때 리(里(혹은 마장(碼丈)) : 거리의 단위로서 약 400m(좀 더 정확하게 말하면 393m

정도))를 사용했다. 그러므로 십 리는 대략 4,000m이고, 오 리는 대략 2,000m의 거리를 뜻한다.

비단이나 명주를 비롯해 모시나 삼베와 베는 필(명주는 40자), 광목은 통(광목 1통은 60자)으로 거래되었다. 옷감의 길이는 마(碼 : 주로 옷감의 길이나 단위를 나타내며, 1마는 91.44cm)를 비롯해 자(尺 : 10치를 의미하며 30.3cm)와 치(寸 : 한 자의 10분의 1로서 약 3.33cm)를 위시해서 자(尺)의 10배(3.03m)인 장(丈)을 사용했다. 그런데 비교적 짧은 길이를 잴 때는 뼘이라는 단위를 사용하기도 한다. 그 외에도 양팔을 뻗은 거리를 발, 6자(尺)를 칸, 60칸을 정이라고 불렀다.

아직도 우리 주위에는 백해무익인 담배를 보루(담배 열 갑을 한 묶음으로 세는 단위)*로 사다가 집에 쟁여 놓고, 늘 한 갑(匣)씩 지니고 다니면서 한 개비씩 꺼내 피우는 끽연가도 숱하다.

극히 적은 량을 다룰 경우에 쓰는 표현에 이르면 주옥같이 아름다운 우리말의 향연을 펼치는 듯하다. 한 주먹의 양을 '줌,' 가늘고 긴 물건을 한 손으로 쥘 만한 분량이나 세는 단위를 '춤', 손으로 한 줌 움켜쥔 정도가 되는 분량을 '움큼', 숟가락으로 떠서 헤아릴만한 분량을 '움큼술'이라고 한다. 그리고 양념이나 나물 같은 것을 손가락 끝으로 집은 정도의 분량을 '자밤', 물 같은 것을 한 번 머금은 량을 '모금', 떡판에 놓고 한차례에 칠만한 떡의 분량을 '모태', 국수나 새끼 같은 것을 사리어 놓은 것을 세는 단위를 '사리'라고 부르듯이 사랑스러운 호칭이 새삼 푸짐해 보인다.

다양한 단위를 표현하는 이름의 상징성이나 은유성의 매력에 흠뻑 젖어 단숨에 모두를 섭렵하고픈 막무가내의 충동을 잠재우기 어려웠다. 기름한 물건을 세는 단위로서 '자루', 두부와 묵 따위의 덩이를 세는 단위인 '모', 둥근 물건을 세는 단위인 '알', 젓가락 한 쌍을 이르는 '매', 밤이나 도토리 혹은 마늘 따위를 세는 단위인 '톨', 꽃이나 눈 혹은 열매 따위가 따로 된 한 덩이를 뜻하는 '송이', 무더기로 쌓여 있는 더미를 세는 단위인 '무지', 씨름 경기에서 사람을 이겨 낸 수효를 의미하는 '돌무지허리', 작은 덩어리를 뜻하는 '덩이', 뭉쳐서 쌓은 물건의 부피인 '덩저리', 무더기로 놓인 물건의 부피를 지칭하는 '부릇' 따위가 그들이다.

문외한이 말밭 여기저기에 무질서하게 섞여서 나뒹구는 특정한 말을 골라 찾기는 결코 녹록치 않은 보물찾기일지도 모른다. 극히 일부와 불완전한 조우일지라도 흙 속에 묻혀 있는 귀한 보석을 캔 것 같은 뿌듯함은 무엇과도 바꿀 수 없는 보람이요 긍지로 여겨진다. 조상의 얼과 혼이 오롯이 담겨 있는 그 말들은 진정 아름다운 존재이기 때문이다. 그렇다손 치더라도 온전한 전체의 참모습을 보지 못하고 기껏 빙산의 일각을 들여다본 얼치기 수준에서 모두를 꿴 듯이 오만에 빠진 우스꽝스러운 내 모습이 아니라면 좋겠다.

---

* 보루 : 보루는 일본말 잔재이기 때문에 포(包)로 고쳐 써야 한다는 주장과 우리 말 속에 동화된 말이므로 괜찮다는 주장이 맞서고 있다. 얇은 종이로 가늘고 길게 말아놓은 담배인 궐련을 스무 개비를 넣은 조그만 상자를 갑(匣)이라고 부른다. 이 담배 열 갑을 포장한 것이 보루이다. 이는 영어의 보드(board)에서 나온 것이라는 얘기이다. 그런데 보드는 판자나 마분지를 가리키는 말이며, 그 옛날 종이가 귀하던 시절 담배 열 갑을 딱딱한 마분지로 만든 상자에 넣어 팔았던 데서 연유한 것으로 유추된다.

상사와 제

상사(喪事)의 예(禮)에 따른 제(祭)를 되새긴다. 세상의 별리(別離) 중에 이승과 저승으로 갈라놓는 아픔보다 더 절실하고 애통한 경우가 있을까! 그 슬픔을 이르는 말이다. 나라님이나 어버이 상사(喪事)를 당했을 때의 하늘이 무너질 듯한 슬픔을 천붕지통(天崩之痛), 자손이 조부모나 부모 먼저 죽음을 참척(慘慽)이라고 일렀고, 자식을 잃으면 눈이 멀 정도의 슬프다는 의미로 아들을 잃은 슬픔을 상명지통(喪明之痛)이라고 했다. 상사에 연관된 몇 가지 말의 참뜻과 제(祭)에 대해 가벼운 만남이다.

조선 시대의 부상(負商)들은 동가식서가숙하는 처지로서 사고무친의 부평초 같은 신산한 삶이 대부분이었다. 그렇지만 그들의 사무소인 상무사(商務社)를 중심으로 혈육처럼 단단하게 뭉쳐서 그들 중에 누군가가 '병이 나면 치료해 주며, 사망하면 매장으로 장례를 치러 주라(病則救療 死則埋葬).'는 태조 이성계의 팔자칙교(八字勅敎)를 철저히 준수하며 끈끈하게 결속을 다지고 조직의 유대를 강화해왔다. 그런 때문에 상장(喪葬)의 절차인 상장지절(喪葬之節)에 따라 병이 나면 돕고, 죽으면 장례를 치르는 병구

사장(病救死藏)을 혈육 못지않게 지극정성으로 이행했다.

이웃이 당한 상사인 도상(悼喪)에 애도의 마음을 표하는 문상(問喪)을 가서 예를 갖추는 게 기본적인 예이자 법도였다. 요즈음은 상가에서 그런 추태를 찾을 수 없지만 반백 년 전만 하더라도 술을 지나치게 먹고 그야말로 초상집의 개인 상가지구(喪家之狗) 같은 행동을 하는 사람이 흔했다.

상을 당한 것을 초상(初喪)이라고 일컫는다. 같은 상을 당해도 나라님의 상사는 대상(大喪), 나라님이나 왕후 혹은 왕세자의 상은 국상(國喪), 아버지를 여읜 맏아들이 당한 조부모의 초상(初喪)을 승중상(承重喪), 거상(居喪 : 부모님의 상을 당한 상태) 중인 상태를 몽상(蒙喪)이라고 부른다. 한편, 부모님의 3년 상을 마친 것을 해상(解喪)이라고 한다. 해상하기 전에 살아계신 한쪽의 부모마저 상을 당하는 경우가 중상(重喪)이다. 그리고 아내나 어머니인 내간(內艱)의 초상을 내상(內喪), 삼년상(三年喪)을 줄여서 일년상(一年喪)으로 탈상(脫喪)하는 것을 단상(短喪)이라고 한다.

상사와 연관된 제(祭)의 주요 내용이다. 마지막 숨이 넘어가는 임종(臨終) 혹은 운명(殞命)을 하면 수시(收屍), 발상(發喪), 부고(訃告), 염습(殮襲), 반함(飯含), 입관(入官) 등의 절차가 끝나면 성복제(成服祭)를 올린다. 이 성복제는 입관을 마치고 상주들이 정식으로 상복(喪服)을 갖춰 입고 분향소에 제수를 진설하고 향을 사르며 올리는 제사이다. 옛날에는 굴건제복(屈巾祭服)이 원칙이었으나 오늘날은 간소화되었다. 그리고 발인(發靷)하는 날 장지로 떠나기 전에 분향실이나 영구차에 망인을 모셔 놓고 올리는 제사가 발인제(發靷祭)이다. 이 발인제는 고인을 유택(幽宅)

으로 모시며 이승과 영원한 별리임을 고하는 의식이다. 한편, 노제(路祭)는 발인을 하고 장지(葬地)로 가는 도중에 고인이 생전에 몸담았던 일터나 살던 집, 아끼던 논밭에 들려 둘러보며 고별하는 예(禮)이다.

묘의 광중(壙中)을 파기 전에 토지신에게 올리는 제사가 사토제(祠土祭)이다. 즉, 묘지를 정하면 산역(山役)을 시작하기 위해 토지신에게 고하는 절차이다. 사례편람(四禮便覽)의 상례조(喪禮條)에서는 묘의 영역(塋域) 공사를 시작하면서 사토제를 지낸다고 했다. 이는 묏자리의 네 모퉁이를 파고서 각각 표목을 세운 다음 먼 친척이나 손님 중에서 하나를 제관으로 선정하여 후토(后土), 곧 토지신에게 축문을 읽고 배례를 행하는 것이다. 한편, 관을 광중(壙中)에 안치하고 상주가 취토(取土)*를 마치면 되메우기를 시작하여 평지와 높이가 같아지면 올리는 제사를 평토제(平土祭)라고 한다. 이는 고인의 만사위가 맞는 것이 관례이다. 아울러 평토제를 지내고 흙을 쌓아 올려 봉분(무덤)을 완전하게 만들고 떼를 입힌 뒤에 모시는 것이 성분제(成墳祭)이다.

장례를 마친 다음에 영위를 모시고 돌아온 날 저녁에 모시는 제사를 초우제(初虞祭) 또는 반우제(返虞祭)라고 한다. 이 절차가 끝나면 비로소 장례가 종료된다. 그리고 장례를 모신 그다음날 식전에 모시는 제사를 재우제(再虞祭)라고 하는데 오늘날엔 대부분 생략한다. 한편, 발인한 날부터 사흘째 되는 날 묘소에 가서 지내는 제사를 삼우제(三虞祭)라고 한다. 그런데 초우제와 재우제 그리고 삼우제를 모두 총칭하여 우제(虞祭)라고 부른다. 이 우제는 영혼을 위로하는 제사이며 고인을 외로이 산에 모셔서 걱정이 된다는 정서가 담겨있다.

임종한 날을 1일로 기산하여 49일이 되는 날 올리는 제사를 49재(四九齋)라고 한다. 이는 장례 의식의 하나로 고인이 죽은 후 초재부터 1주일(7일)마다 7번씩 지내는 재(齋)이다. 49일이라는 숫자는 북방불교의 전승에서 나온 것이다. 죽은 사람의 영혼이 일반적으로 칠칠일(49일) 동안 이승에 머물러 있다가 저승으로 떠난다고 하여 49일에 혼을 저승으로 떠나보내는 의미에서 재를 지낸다. 그 이후에는 삭망제(朔望祭), 한식성묘(寒食省墓), 기제사(忌祭祀)를 관례(冠禮)에 따라 모신다. 삭망제는 탈상하기 전에 매월 초하루와 보름에 모시는 제사이다. 또한 한식성묘는 동지(冬至)로부터 105일째 되는 날(매년 양력 4월 5일이나 6일) 올린다. 그리고 기제사는 고인이 돌아가신 날 밤에 모신다.

조선 시대 관혼상제(冠婚喪祭)의 예(禮)를 예서(禮書)에 따르도록 백성들에게 요구했다. 이이 따라 가례(家禮)와 신증(新增) 사례편람(四禮便覽) 등에 준거하지도 않고 선머슴 주인집 일 하듯이 설렁설렁 엿본 상사(喪事)에 연관된 제(祭)의 이름도 제대로 주워섬기기 쉽지 않아 연신 설레설레 고개를 흔들어대는 내 꼴이 한심하다.

---

* 취토(取土) : 장사를 지낼 때에 광중의 네 귀에 조금씩 놓는 길방(吉方)에서 떠온 흙을 뜻한다.

상사에서 언사

상례(喪禮)에서 쓰이는 말이다. 예로부터 우리 조상들은 경조사에 부조(扶助)는 품앗이 개념이 강해 환난상휼(患難相恤)* 정신으로 임했다. 따라서 상부상조라는 두레의 철학에 바탕을 두었던 미풍양속으로 여겼었다. 그렇다면 부조라는 입말의 참뜻은 무엇을 의미할까? 국어사전에 따르면 "잔칫집이나 상가 등 남의 큰일에 돈이나 물건을 보내서 도와줌 또는 그 돈이나 물건."을 이른다고 적시하고 있다. 이런 보편적인 정서에서 맞게 마련인 상사(喪事)의 경우에 적정한 언사(言辭)를 찾아 법도에 맞게 구사하는 문제에 이르면 움츠러들었던 적이 숱했다. 이 같은 맥락에서 상사와 연관된 몇 가지 기본적인 언사를 생각해 본다.

그 옛날 부조는 물품(쌀이나 국수 또는 술)이나 현금이 주류를 이루었고 이도 저도 어려운 이웃은 자기의 노동력으로 대신하기도 했다. 그런데 오늘날 상사에서 부조는 하나 같이 현금이다. 현금을 봉투에 담고 겉봉에 쓰는 가장 일반적인 내용이 "賻儀(부의)"이지 싶다.

부의는 초상집에 도와주는 의미로 돈이나 물품을 보냄이라는 뜻을 담고 있다. 이처럼 조문이나 조의에 관련된 내용들과 만남이다. 먼저 부의와 유사한 예이다. 전의(奠儀)는 초상집에 부조로 돈이나 물품을 보냄 혹은 그 돈이나 물품을 뜻한다. 그리고 향촉대(香燭代)는 상에 켜는 촛값 정도의 약소한 성의를 이르는 말로서 근조, 부의, 조의, 전의 따위와 함께 초상 때 부의금의 겉봉투에 쓴다. 한편, 조의(弔儀)는 조문하는 의식을 의미한다.

조의(弔意)는 남의 죽음을 슬퍼하는 뜻이다. 그리고 근조(謹弔)는 사람의 죽음에 대하여 공손하고 조심스러운 태도로 슬픈 마음을 나타내며, 명복(冥福)은 죽은 뒤에 저승에서 받는 행복을 의미한다. 또한 애도(哀悼)는 죽은 사람이나 그 죽음을 슬퍼하고 안타까워함을 이르며, 추모(追慕)는 죽은 사람을 그리워하고 잊지 않음을 의미한다. 추도(追悼)는 죽은 사람을 생각하며 슬퍼함을 말하고, 근도(謹悼)는 죽은 사람을 생각하며 슬퍼한다는 뜻으로 쓰인다.

초상(初喪)을 당했을 때 주로 입에 오르는 말이다. 먼저 상중(喪中)은 상제(喪制)로 있는 동안 다시 말하면 상(喪)을 당한 날부터 장례를 치를 때까지의 동안이다. 유의어로서 거우(居憂) 또는 기(忌)가 있으며, 원어는 초상중(初喪中)이다. 한편, 기중(忌中)이라는 말은 상제(喪制)의 몸으로 있는 동안을 뜻하는데, 이는 상중(喪中)의 잘못된 표현이다. 그리고 죽은 사람이라는 의미로 망인(亡人)이나 망자(亡者) 또는 고인(故人) 등이 사용된다. 끝으로 죽은 아들을 망자(亡子)라고 호칭한다.

대소상(大小喪)에서 부의(賻儀)와 같은 의미로 향전(香奠)이나 전의(奠儀) 등이 사용된다. 그리고 비의(菲儀)는 경조사(慶弔事)의 서식(書式)으로서 동일한 뜻을 가진 말로서 부의, 비품(菲

品), 전의, 향전, 향촉대 등이 있다.

추도(追悼)나 기제사(忌祭祀)에 관련되어 사용되는 내용들이다. 추도, 추모, 경모, 애모, 근도 등이 사용된다. 여기서 경모(敬慕)는 깊이 존경하고 사모함, 애모(哀慕)는 죽은 사람을 슬프게 사모함이라는 의미이다. 결국 이들은 표현만 조금 다를 뿐 유사한 의미로 사용되고 있다.

사노라면 장례예식장을 수없이 찾아가 예를 갖춰 법도에 따라 인사를 드릴 수밖에 도리가 없는 우리의 상례문화(喪禮文化)이다. 이런 현실인데도 보편적인 법도에 서툴고 조의금을 봉투에 넣고 무엇이라고 쓰고 어떤 말을 나눠야 할지 고민을 하며 허둥대는 경우가 적지 않으리라. 특히 최근에는 경조사비를 통장에 입금하는 것이 익숙해졌다. 그럼에도 전통적인 법도에 따라 예를 지키며 사람 노릇 하는 게 점점 어려워지는 때문에 예법을 오늘날의 가치관에 맞춰 혁신함이 옳지 않을까!

---

* 환난상휼(患難相恤) : 어려운 일은 서로 돕는다는 의미이다. 조선 후기의 학자 송재경(1844년 : 헌종 10)이 향약(鄕約)의 내용에 관해 편찬한 향약문에 담긴 4대 강목 중 하나이다. 이 향약문은 송나라의 여씨향약을 근본으로 하고 이이의 서원향약의 절목에 따라 서술했다. 향약(鄕約)의 4대 강목은 다음과 같다. 첫째로 덕업상권(德業相勸 : 좋은 일은 서로 권한다), 둘째로 과실상규(過失相規 : 잘못은 서로 규제한다), 셋째로 예속상교(禮俗相交 : 예의로 서로 사귄다), 넷째로 환난상휼(患難相恤 : 어려운 일은 서로 돕는다) 등이다.

제사의 기억

어린 시절 우리 집엔 제사가 무척 많았다. 명절의 차례(茶禮)는 어느 집에나 똑같지만 제사(祭祀)는 가문에 따라 판이하다. 지손(支孫)인데도 오지랖 넓은 할아버지 완고한 성품 때문에 종손이 모셔야 할 제사를 몽땅 도맡았던 관계로 한 해에 여남은 번 모셨었다. 그 많은 제사를 준비하고 차리며 뒷감당을 하는 것은 내 어머니로서 무척 힘들어하셨던 것으로 회상된다. 단순히 차례나 기제(忌祭)로 각인되기 쉬운 제사와 만남이다. 조선 시대 제사를 어떻게 생각했는지 엿볼 수 있는 편린이다. 그 시절 관리에게 식가(式暇)라는 휴가를 주어 조상과 형제자매 등의 제사를 지내도록 했다.

제사는 상중제의, 가묘제의, 시조제, 이제, 선조제, 기제, 세일사, 산신제 등을 꼽을 수 있다. 이들에 대해 대강의 간략이다.

상중제의(喪中祭儀)에는 성복제(成服祭), 발인제(發靷祭), 노제(路祭), 평토제(平土祭), 초우제(初虞祭), 재우제(再虞祭), 삼우제(三虞祭), 삭망전(朔望奠) 등이 있다. 이들 외에도 상(喪)과 연관된 졸곡(卒哭), 부제(祔祭), 가묘제(家廟制), 소상(小喪), 대상(大喪), 담제(禫祭), 길제(吉祭), 초혼제(招魂祭) 따위가 있다.

가묘제의(家廟祭儀)에는 시제, 삭망참, 차례, 천신, 유사즉고, 출입필고, 주인신알 등이 포함된다. 여기서 시제(時祭)는 사시제와 묘제로 나뉜다. 사시제(四時祭)는 사중시제(四仲時祭)라고도 하며 춘하추동의 중월(仲月)인 음력 2월, 5월, 8월, 11월에 길일을 택해 부모로부터 고조까지 제사를 지내는 것으로서 모든 제의절차(祭儀節次) 기준이 된다. 그리고 묘제(墓祭)는 대부분 음력 3월이나 10월 중에 길일을 택해 사대봉사(四代奉祀)*가 끝나서 대진(代盡)한 5대조 이상의 조상을 해마다 묘소에서 받드는 제사이다.

삭망참(朔望參)은 매월 초하루와 보름날에 모든 조상에게 간략하게 제사를 지내며 알현하는 의식이다. 차례(茶禮)는 속절즉헌이시식(俗節則獻以時食) 다시 말하면 명절에 모든 조상에게 명절 음식을 차려놓고 제사를 모시는 것이다. 천신(薦新)은 새로운 음식이나 과일이 생기면 가묘에 먼저 올리는 것을 말한다. 유사즉고(有事則告)는 살아계신 어른에게 고해야 할 일이 생기면 가묘(家廟)*에 알린다. 출입필고(出入必告)는 가족이 길을 나설 일이 생기면 반드시 가묘에 알려야 한다는 얘기이다. 한편, 주인신알(主人晨謁)은 주인은 아침마다 가묘를 찾아뵈어야 하며 다른 가족도 마찬가지이다.

시조제(始祖祭)는 성씨의 기일세(起一歲)인 시조에게 지내는 제사로서 매년 양(陽)이 일어나는 날인 동지(冬至)에 사당에서 지낸다. 그리고 선조제(先祖祭)는 만물이 소생하는 입춘(立春)에 사당이나 묘에서 5대조 이상 시조(始祖) 이하의 모든 조상을 대상으로 지내는 제사이다. 기제(忌祭)는 고조(古祖)까지의 조상에 대해 돌아가신 날에 지내는 제사로서 해당 조상과 그 배우자를 함께 모신다. 가묘에서 위패를 정청(큰방)에 모셔다가 지내는데 장자손이 주인(主人)이 되고 그 아내가 주부(主婦)가 되어 지낸다. 이제(禰祭)는 부모의 생신에 지내는 제사로서 큰아들의 집에서 위패를 정청에 모시고 지내는데, 그 절차와 상차림은 기제와 동일하다.

차례(茶禮)는 설이나 추석 명절에 지내며, 기일제를 모든 조상이 대상이며 가묘나 대청 혹은 안방에서 지내고 성묘를 한다. 세일사(歲一祀)는 기일제를 지내지 않는 5대조 이상의 직계 조상을 대상으로 일 년에 한 번 지낸다. 제삿날은 음력 10월이나 봄철에 좋은 날을 택일하여 정한다. 그리고 이 세일사는 그 조상의 묘지에서 지내는 것이 원칙이고, 묘지가 없을 경우에는 제단에 모아서 지낸다. 한편, 산신제(山神祭)는 조상의 묘를 모신 산의 신에게 지내는 제사로서 한 해에 한 번 조상의 묘지에 제사 지낼 때 함께 지낸다. 장소는 조상 묘지의 동북쪽에 제단을 모시고 지내면 된다. 그런데 동일한 장소에 여러 조상의 묘지가 있더라도 산신제는 한 번만 모시면 된다.

초등학교 졸업 때까지 부모님과 함께 살았다. 그 이후 입때까지 타향을 전전하고 있다. 따라서 제사에 대한 아련한 추억은 그 시절에 멈춰져 있다. 그러므로 6·25전쟁으로 혼란기와 겹치는 세월의 추억에 해당한다. 그때 친구들의 집에 비해 우리 집은 제사가 엄청 많아 곤혹스러웠던 씁쓸한 추억이 더 많다.

제삿날이면 한 번도 빨지 않은 진솔옷은 아닐지라도 깨끗이 빨아 다림질하여 정갈한 옷부터 갈아입는 것은 무척 좋았다. 하지만 졸려 죽을 지경인데 자정을 넘긴 시간까지 기다려야 하는 고역이 이만저만이 아니라서 질색이었다. 그리고 추운 겨울인데도 불구하고 제사를 지내는 동안 방문을 활짝 열어 놓아 얼어 죽은 것 같아 징징거려도 눈 하나 깜짝하지 않은 어른들의 몰인정한 태도에 맘이 상했었다. 게다가 제사를 지내고 제상에 진설된 음식을 먹고 싶어 군침을 흐리며 껄떡거려도 아직 조상이 운감(殞感)도 하지 않았으니 이튿날 아침까지 손도 대지 말라는 엄한 불호령이 그리도 서러웠다. 그런 고초를 겪으면서도 그 많은 제사에 빠지지 않고 참여했던 단련 덕에 지금 차례를 모시고 기제를 지내며 매년 문중의 시향(時享)에도 개근하는 면역력이 길러졌는지도 모른다.

* 사대봉사(四代奉祀) : 고조, 증조, 조부모, 부모의 신주(神主)를 가묘에 모시고 기제(忌祭)를 받든다는 말이다. 사실 4대(代) 봉사나 3대 봉사는 그 뜻이 맞지 않다. 경국대전에는 6품 이상은 증조부모까지 지내는 3대 봉사, 7품 이하는 조부모까지 지내는 2대 봉사, 서인(庶人)은 부모만 제사 지내도록 했다. 봉사 대수를 신분에 따라 다르게 규정한 것인데, 제사가 많을수록 신분이 높은 셈이다. 그런데 주자가례의 도입으로 아무런 벼슬이 없는 서인도 4대 봉사를 하도록 했다.

* 가묘(家廟) : 조선 시대 사대부들이 조상의 위패를 모셔 놓고 제사를 지내기 위해 집안에 설치한 사당(祠堂)을 지칭한다.

전통 신발 얘기

당연한 이치이지만 북방과 남방 계열의 신발은 서로 달랐다. 까마득한 상고시대의 신은 화(靴)와 이(履) 같은 글자로 표기 되어 있다. 화(靴)는 목이 긴 신으로 북방민족이 신던 것으로 방침(防浸)과 방한(防寒)에 적합했다. 그리고 이(履)는 운두(雲頭 : 그릇이나 신 혹은 모자 따위의 둘레나 둘레의 높이)가 낮은 신으로 남방민족이 즐겨 신었으며 혜(鞋)라고 했다. 삼국시대와 고려를 거치면서 이들은 혜 종류와 짚신 등으로 개화기까지 사용되었던 것으로 기록되어 있다. 조선 시대의 신발과 만남을 위한 여정의 출발이다. 이 시대 신던 신발은 남녀나 신분을 비롯해서 기능 등을 기준으로 하여 갈래지을 수 있다.

성별에 따라 신었던 경우이다. 남자가 신었던 외코신, 태사혜(太史鞋), 발막신 등속이 있다. 여기서 외코신은 주로 하층계급이 신었던 코가 짧은 가죽신이다. 이는 장식이 전혀 없는 신으로 울타리는 몇 가지 색깔의 비단이나 쟁피*로 몸체를 만들고 울타리 윗부분은 개가죽으로, 도리는 마피(麻皮)로 만들었다. 태사혜는 사대부들의 대표적인 마른 신으로 신코에 장식이 된 신으로 화려하며, 운두가 깊지 않고 둘레의 울은 비단이나 양피(羊皮)를 대서 만들었다. 발막신과 함께 사대부들이 마른날에 즐겨 신었다. 이는 나이든 사대부들이 편복(便服)에 신었으며, 조선말에는 왕도 평상복에 신었다. 그리고 발막신은 마른날 신는 신으로써 상류층의 노인들이 즐겨 신어 발막이라고 했다.

여성용은 당혜(唐鞋), 운혜(雲鞋), 수혜(繡鞋), 궁혜(宮鞋) 따위가 있다. 당혜는 당초문(唐草紋)의 수를 놓거나 무늬가 있는 비단을 신 둘레에 둘러 만들었다는 뜻에서 붙여진 이름이다. 운혜는 마른날 신던 것으로 매우 아름다웠다. 신의 앞부리가 제비의 그것을 닮았다는 의미에서 제비부리신이라고도 불렀다. 수혜(繡鞋)는 일명 꽃신으로 불렸다. 검은 비단에 화문(花紋)이 있다. 이 꽃무늬는 다양한 때문에 신발을 만드는 갖바치인 장인(匠人)에게 자기가 선호하는 꽃무늬를 부탁해 주문 제작하여 신기도 했다. 궁혜(宮鞋)는 마른 날에 신는 것으로 궁궐의 여인들이 착용했다.

남녀가 함께 신었던 진신이나 나막신이 있다. 진신은 궂은날이나 우중에 신던 가죽신으로 바닥에 정을 박았다고 정신, 비오는 날(진날)에 신는다고 하여 진신이라고도 했다. 이는 가죽에 기름을 입혀 방수가 되도록 만들었다는 의미에서 유혜(油鞋)라고도 했다. 나막신은 극자(屐子), 목극(木屐), 각색(脚濇), 목리(木履), 목혜(木鞋) 등으로 불리다가 조선 말기에 나막신으로 통칭되었는데, 이는 나무신이 와전된 것이다. 나막신은 주로 눈이나 비가 올 때 신는 굽이 있는 것과 마른 날 신는 굽이 없는 것으로 나뉜다.

신발은 신분에 따라 신는 종류가 다르기도 했다. 이에 따르면 초혜(草鞋), 마혜(麻鞋), 목화(木靴), 승혜(僧鞋), 협금혜(挾金鞋), 적역(赤舃), 기혜(妓鞋), 투혜(套鞋)가 있다.

초혜는 짚신을 말한다. 이는 형태별 분류에 따르면 운두가 낮은 이(履)에 해당하는 것으로 재료에 따라 짚신, 삼신(麻履), 왕골신(菅履), 청올치신(葛履), 부들신(香蒲履) 등으로 부른다. 짚신은 왕골이나 부들 등을 가늘게 꼬아 촘촘히 삼은 고급짚신과 볏짚으로 만든 엄짚신이 있다. 엄짚신은 서민들이 신 거나 상제(喪制)가 신었다.

마혜는 다른 이름으로 미투리라고 부르며 삼 껍질로 만든 것으로 짚신보다는 고급이다. 이는 유생(儒生)을 비롯해 중산층이 주로 신던 신발이다. 목화는 관원들이 신었다. 이는 신목이 길고 검은 가죽으로 만들었는데 후기에는 반장화 모양으로 변했다. 이 미투리는 총*을 만드는 재료에 따라 종이를 꼬아 만드는 지총미투리, 가죽을 잘게 잘라 만든 것을 피총미투리라고 했다. 그리고 절에서 만들어 파는 미투리를 절치, 탑골 장인들이 만든 것을 탑골치, 갈근(葛根)으로 만든 것을 치신이라고도 했다.

협금혜는 1, 2품의 당상관이 상복(常服)에 신던 울이 낮은 신이다. 신의 바닥에는 여러 개의 징을 박았고 형태는 태사해와 같은 모양으로 놋갓신이라고도 불렀다. 승혜는 승려들이 신었던 것으로 흑혜(黑鞋)라고도 불렀다. 주된 재료로서 융을 사용하여 푹신했고 형태는 포혜(佈鞋)와 유사했다고 전해진다. 적역은 왕과 왕비만이 신던 의식용 신으로 왕비가 신던 역(舃)은 혜(鞋) 형태이고 왕이 신던 것은 화(靴)의 형태였다. 이는 고려 시대부터 전해오던 신으로 주이(侏舃)라고 부르기도 했다.

기혜는 기생들의 신으로 중세기 서양에서 본홍신하면 매춘녀를 떠올리던 사회적 통념이 떠올랐다. 그리고 투혜는 특별한 경우에 한해서 신었던 것으로 추정되는 것으로 춥거나 눈비가 내릴 때 추위를 막거나 발을 보호하기 위해 착용했다는 전언이다. 이 신발은 매섭게 추운 날 궁정 뜰 안에서 조회나 영송행사(迎送行事) 때나 연로한 중신이 신기를 원하면 특별히 허락했다고 한다. 태조실록에서도 평상시에는 금했다는 기록이 보인다는 보고이다.

신발을 기능적인 측면에 따라 갈래지으면 백혜(白鞋), 삽혜, 백목화(白木靴), 노파리, 습(襲)신, 설피(雪皮) 등으로 나뉜다. 백혜는 초상을 당했을 때 신었던 흰빛의 신을 말한다. 제혜(祭鞋)는 제례(祭禮) 때 신던 것으로 보통 때 신던 혜와 유사하지만 운두가 낮고 가장자리에 띠처럼 하얀 선을 대었다. 삽혜는 남혜(男鞋)로 왕의 어이(御履)를 말한다. 왕실이나 사대부에서 착용했다. 노파리는 삼이나 짚 또는 종이 따위를 꼬아 만든 가는 줄로 서로 어긋나게 맞춰 엮어 미투리처럼 만든 신으로서 방한용으로 사용되었다.

백목화는 국상(國喪) 때 왕족이나 관리들이 신던 흰색의 신발이다. 비슷한 것으로 백화(白靴)는 국상 때 문무관들이 신던 것으로 흰가죽이나 흰 천으로 만든 것으로 목이 길었다. 습신은 염습(殮襲)할 때 시신(屍身)에 신기는 종이로 만든 신으로 남녀용이 달랐다. 한편, 설피는 살피라고도 호칭한다. 이를 신으면 눈이 깊이 쌓였어도 빠지지 않으며 비탈에서도 미끄러지지 않는다. 설피는 10년쯤 자란 다래덤불, 노간주나무, 물푸레나무로 만든다. 다래덤불이나 노간주나무는 껍질을 벗겨 다듬은 다음 뜨거운 물에 넣고 천천히 힘을 주어 가며 타원형으로 구부려 만들었다.

전통적인 신발을 신다가 갑오개혁 이후에 파도처럼 밀려온 근대화 물결에 영향을 받아 서양 신발인 구두가 등장했다. 그리고 1920년대에는 고무신이 혜성처럼 등장해 혜, 나막신, 짚신, 미투리, 당혜, 운혜, 등혜 따위의 설 자리를 빼앗아 점진적으로 사라지게 만들었다. 또한 이 무렵 오늘날의 운동화가 선을 보이기 시작했다.

오늘날 신발은 참으로 다종다양하다. 예를 들면 운동화의 경우 축구화, 배구화, 농구화, 조깅화, 등산화, 테니스화, 골프화, 육상화, 스케이트화 등속과 같이 전문화시켜 그 종류를 일일이 헤아리기 어지러울 지경이다. 모든 문화적 환경이 지금보다는 현격히 뒤떨어졌던 그 옛날에 신던 신발이 생각보다 다양하고 상당히 과학적인 배려가 담겨 있다는 사실에 선조들의 드높은 예지에 고개가 절로 숙어졌다.

* 잿피 : 창포(菖蒲)의 방언(경남)이다.

* 혜(鞋) : 혜의 기원은 부여나 마한으로 거슬러 올라간다. 이 당시의 혜는 초혜(草鞋)로서 짚신, 미투리, 가죽신을 말한다. 혜는 고구려의 황혁리(黃革履), 백제의 오혁리(烏革履), 신라의 금동리(金銅履)와 함께 이(履)의 범주로 보고 있다. 고려 시대 국사(國師)의 오혁구리(烏革句履), 서인의 초리구리(初履句履) 또한 혜의 일종이라는 견해이다. 한편, 조선 시대에는 신목이 없는 모든 신발을 혜로 통일시켜 호칭했다. ≪경국대전≫에 따르면 문무백관의 조복에는 1품에서 9품까지 흑피혜(黑皮鞋)를 신었다. 이로부터 조선 전기에는 관복에 흑피혜 일색이 되었다.

혜는 흑피혜(黑皮鞋), 분투혜(分套鞋), 투혜(套鞋), 피초혜(皮草鞋), 태사혜(太史鞋), 당혜(唐鞋), 운혜(雲鞋), 온혜(溫鞋), 발막신, 징신(油鞋) 등이 있었다.

* 총 : 짚신이나 미투리 등의 앞쪽의 두 편짝으로 둘러 박은 낱낱의 올이다.

짚신과 만남

'짚신' 하면 가장 먼저 떠오르는 것은 속담이다. '아무리 못난 사람이라도 짝이 있다.'는 의미로 쓰이는 '짚신도 짝이 있다.'는 속담 말이다. 이제는 민속박물관에서나 볼 수 있는 짚신의 흔적을 더듬는다. 불과 60여 년 전 6·25전쟁이 휴전으로 치달을 무렵만 해도 시골에서는 고무신이나 운동화 또는 구두를 살 형편이 되지 않아 짚신을 신는 사람이 숱하게 많았다. 그런 까닭에 시골에서 남정네들의 전용 공간인 사랑방에서는 멍석이나 둥구미 혹은 삼태기를 만들거나 짚신을 삼는 풍경은 낯설지 않았다.

지난 50년대 초에 초등학교 시절 우리 집 사랑방에서 동네 어른들이 뚝딱하면 한 켤레 만들어 옆으로 밀어놓던 짚신이 여태까지도 눈에 선하다. 그다지 오랜전의 일이 아닌데 그 시절에 통용되었던 삶의 모습은 역사의 뒤안길로 사라져 아득한 전설처럼 아른거릴 뿐이다. 이런 시점에서 영영 사라져버린 단절된 문화유산인 짚신과 만남을 위한 회상 여행이다.

짚신은 볏짚으로 삼은 신을 말한다. 짚신은 신의 형태별 분류에 의하면 운두가 낮은 이(履 : 운두가 낮은 남방 민족의 신))에 해당한다. 이는 짚, 닥(楮), 삼(痲), 칡(葛), 부들(香蒲) 같은 재료 중에 어느 것을 썼느냐에 따라 짚신, 삼신(痲履), 왕골신(菅履), 청올치신(葛履), 부들신(香蒲履) 등으로 나뉜다. 그리고 지방에 따라서 초혜(草鞋), 초리(草履), 망리(芒履), 미투리, 삼신, 비구, 절치, 짚세기, 탑골치, 털미기 등으로 다양하게 부르기도 했다. 이 짚신은 장구한 역사와 전통을 지닌 북방의 화(靴)에 대응하는 남방계통에서 최고로 오래된 신발이다.

짚신을 삼으려면 대략 이런 과정을 거친다. 짚으로 새끼를 한발쯤 꼬아 네 줄로 날을 하고, 짚을 발바닥 크기로 엮어 바닥을 삼는다. 그리고 양쪽 가장자리에 짚을 꼬아 총*을 만든 뒤에는 날을 하나로 모은다. 다시 두 줄로 새끼를 꼬아 짚으로 감아올려 울을 하고, 가는 새끼로 총을 꿰어 두르면 발에 신기에 알맞게 완성된다.

용도의 측면에서 구분하면 이렇다. 먼 길을 갈 때 외출용과 들일을 할 때의 작업용이 있다. 그 외에 생삼을 짚과 섞어 삼은 삼신은 상제(喪制)가 신었다. 그 밖의 것은 선비들이 마른 날 가까운 나들이에 외출용으로 신었다.

짚신을 만드는 과정에서 총의 숫자에 따라 꽃신, 늘총박이, 어벅다리, 육바라기 등의 이름이 붙여진다. 꽃신은 꽃무늬를 수 놓거나 여러 가지 빛깔로 곱게 꾸민 어린이나 여자용 신발이다. 이는 총의 숫자가 가장 많은 7, 80개 정도 되며 모양에 따라 꽃당혜(-唐鞋), 당혜(唐鞋), 운혜(藝鞋), 도령당혜(--唐鞋) 등으로 호칭되기도 한다. 늘총박이는 짚신의 한 가지로서 꽃신보다는 총이 성기고 어벅다리 보다 벤 짚신으로 총의 숫자가 60개 정도라는 전언이다. 어벅다리는 총이 매우 성긴 짚신의 하나로서 총의 개수가 10개 정도라는 얘기이다. 육바라기는 스님들이 신었던 총이 여섯인 짚신이다.

짚신은 용도나 만든 형태에 따라 석새짚신, 털메기, 왕새기, 쇠짚신, 세코짚신, 걸립짚신, 멱신, 따배기, 왕얽이짚신, 습신, 멱서리, 엄짚신 따위가 있다. 쇠짚신은 일을 시킬 때 소에게 신기는 짚신이고, 석새짚신은 총이 매우 성글고 굵은 짚신이다. 따배기는 곱게 삼은 짚신이고, 걸립짚신은 무당이 굿을 할 때, 급이 낮은 신의 하나인 걸립(乞粒) 앞에 내놓은 짚신이다. 털메기는 굵고 거칠게 삼은 짚신이고, 왕얽이짚신은* 아무렇게나 마구 얽은 엉성한 짚신이다.

멱신은 짚이나 삼으로 멱서리(멱)* 엮듯이 발목까지 올라오게 짠 신으로 눈이 많이 오는 지역에서 신었다. 세코짚신은 발이 편하게 앞쪽의 총을 약간 터서 구멍을 낸 짚신이다. 한편, 왕새기는 총이 없이 돌기총을 띄엄띄엄 여덟 개 세운 짚신이다. 엄짚신은 엄신이라고도 하며 상제(喪制)가 초상부터 졸곡(卒哭) 때까지 신는 짚신으로 총을 드문드문 따고 흰 종이로 총돌기를 감은 짚신이다. 또한 습신(襲-)은 염습(殮襲)할 때 시신(屍身)에 신기는 종이신이다.

미투리는 삼, 왕골, 청올치, 백지, 면사, 견사 따위를 재료로 삼은 신으로서 재료나 만듦새에 따라서 마혜(麻鞋), 마구(麻屨), 삼신, 왕골신(菅屨), 청올치신(葛屨), 무리바닥, 지총미투리, 절치, 탑골치라고 부른다.

특징에 따라 꽃미투리, 두메싸립, 무리바닥, 돋음갱이, 분미투리, 색미투리, 절치, 탑골치 등으로도 나뉘기도 한다. 절치는 거칠게 삼은 미투리를 뜻하고, 탑골치는 탑골의 장인이 만들어 품질이 뛰어난 제품이라는 의미가 담겨있다. 꽃미투리는 삼 껍질(麻

皮)로 무늬를 놓아 만든 꽃신이고, 돋음갱이는 미투리나 짚신의 총에 꿰어 줄이고 늘이는 끈 위에, 모양을 내기 위하여 다른 줄을 덧대고 총의 고가 움직이지 않도록 낱낱이 감은 미투리이다. 그리고 무리바닥은 쌀무리를* 바닥에 먹인 미투리이다. 색미투리는 총에 여러 가지 물을 들여서 만든 미투리로서 어린이나 여자들이 신었으며, 분미투리는 실로 총을 만들어 분(粉)을 바르고 삼 껍질로 바닥을 절어 곱게 삼은 미투리이다. 이들 미투리와는 뿌리와 격이 다르지만 삼이나 종이 혹은 짚 따위를 꼰 노로 짠 신으로 겨울에 집안에서 신었던 노파리가 있다.

옛날 옛적 오직 발품을 팔며 걸어야 했던 시절 먼 길을 떠나는 길손이나 한양에 과거 보러 가던 과객(科客)의 괴나리봇짐에는 으레 한두 켤레의 짚신이 걸려 있었을 터이다. 또한 이 동네 저 산 너머 골짝을 정처 없이 떠돌며 고달프게 살아야 했던 등짐장수인 부상(負商)의 가난이 찌든 지게에서도 빠짐없이 표상처럼 덜렁거렸을 짚신이다. 그런 짚신이 해방둥이인 내게도 뒤죽박죽으로 헝클어진 채 갈무리 되어 아련한 존재이다. 불과 반백 년 전에도 이 땅 곳곳에 활개를 치고 신고 다녔던 신발 문화의 흔적이다. 그런데 이제는 민속 박물관이 아니면 조우하기 어려운 짚신처럼 속절없이 사라지는 문화유산이 없는지 곰곰이 되짚어 볼 일이다.

---

* 총 : 짚신이나 미투리 따위의 앞쪽 두 편 짝으로 둘러 박은 낱낱의 올이다.

* 왕얽이 : 굵은 새끼로 얽은 얽이를 뜻한다.

* 멱서리 : 짚으로 날을 촘촘하게 속으로 넣고 만든 곡식을 담는 그릇이다.

* 무리 : 불린 쌀을 물과 함께 매에 갈아 체에 밭아서 가라앉힌 앙금이다.

노비

흔히들 입에 거품을 내뿜으며 "사람 위에 사람 없고 사람 밑에 사람 없다."고 외쳐댄다. 그렇게 번지르르하게 평등을 주장하지만 계급사회에서 노비(奴婢)는 필연적인 존재일지 모른다. 그런데 그 옛날 동서양을 막론하고 노비의 신분은 세습되었고, 사고팔 수 있으며, 생살여탈권이 주인에게 부여되었다. 이들이 생겨난 갈래는 첫째로 태생이 노비인 자, 둘째로 빚을 진 자, 셋째로 나쁜 일을 한 자, 넷째로 전쟁 포로, 다섯째로 자매(自賣)를 한 자* 따위로 출신 성분을 나뉠 수 있다.

'사내종과 계집종을 싸잡아 이르는 말'이 노비(奴婢)이다. 이의 유의어(類義語)로서 노예(奴隷), 동지(僮指), 예복(隷僕), 장획(臧獲), 종, 비복(婢僕) 등으로 쓰였다. 한편, 이들과 유사한 뜻을 지니면서 나름대로 조금씩 다른 맛을 풍기며 적재적소에 합당하게 사용되던 개념들이다. 가노(家奴), 가복(家僕), 노복(奴僕), 노자(奴子), 창두(蒼頭), 하례(下隷), 복례(僕隷), 비복(婢僕), 예어(隷禦), 예인(隷人), 하인(下人), 가내노비(家內奴婢), 곡비(哭婢), 신겸노복(身兼奴僕) 따위의 다양한 표현이 통용되고 있다.

노비 구분을 이렇게 했다. 첫째로 노비는 독립된 호(戶)를 구성하는지 여부에 따라 솔거노비(率居奴婢)와 외거노비(外居奴婢)로 나뉜다. 여기서 솔거노비는 주인의 호에 적을 두고 가사노동을 담당하던 가내노비이다. 그리고 외거노비(농노)는 주인의 호와 다른 호를 세워서 그곳에 적을 두고서 영지에서 농사를 짓던 노비이다. 둘째로 노비는 사역 즉 신공(身貢)* 형태에 따라 입역노비(入役奴婢) 혹은 앙역노비(仰役奴婢)와 납공노비(納貢奴婢)가 있다. 먼저 입역노비(앙역노비)는 직접 몸으로 노동력을 제공하는 노비이다. 다음으로 돈이나 물건으로 일종의 몸값을 지불하는 노비가 납공노비이다. 원래 노비들의 납공이 처음 시작된 곳은 사원(寺院)이다. 사원 밖에서 생활하는 노비들에게 몸값(身貢)을 바치도록 한 데서 유래했다. 그런데 납공노비들은 소속기관이나 상전에 매이지 않고 자유스럽게 생활하는 대신에 신공을 반드시 바쳐야 했다.

노비의 종류를 대강 간추린다. 첫째로 나라의 여러 관청과 지방의 관아에 예속된 노비가 공노비(公奴婢)이다. 둘째로 개인이 소유하고 있으면서 개인적인 일이나 가정 일을 맡았던 사노비(私奴婢)이다. 셋째로 사찰에서 절의 일을 돌보던 사노비(寺奴婢)이다. 넷째로 각종 향교나 서원(書院)의 일을 하던 원노비(院奴婢)이다.

노비 중에 특이한 예이다. 조선에서 무과에 합격한 군관은 1년 동안 의무적으로 함경도 같은 국경지대의 변방에서 근무해야 했다. 이들은 출신군관(出身軍官)으로 통칭되던 장교로서 토착민군관에 비해 대우를 해줬다. 그래서 오지로 가족이 함께 이주하기 어렵다는 현실적인 문제를 해결하기 위해 나라에서 제도적으로 배려를 했다. 그중에 하나가 이들 출신군관들의 거주, 취사, 물자

수급, 군복의 세탁과 수선, 발병(發病) 시 수발과 간호 따위를 비롯해 잡다한 일을 담당하는 일종의 당번병(當番兵) 혹은 가사도우미를 나라에서 배정해 주었다. 이 역할을 기생(妓生)이 담당할 경우 방직기(房直妓)라 하고, 여자 종이 맡았을 경우 방직비(房直婢)라고 불렀다. 오늘날 군에서 당번병이 사회적 문제가 되듯이 출신 군관과 방직기 사이에도 문제가 발생했다. 원래 출신군관과 방직기 관계는 군관의 임기와 함께 종료된다. 왜냐하면 방직기는 해당 군현에 소속되어 다른 지역으로 이동하거나 다른 사람의 첩(妾)이 될 수 없었다. 그럼에도 불구하고 눈이 맞아 둘 사이에 아이를 낳거나 사랑에 빠져 참새들의 입방아에 오르기도 했다는 전언이다.

노비와 관련된 법을 대강 살피면 얼추 이런 맥락이었다. 첫째로 같은 신분끼리만 결혼하라는 동색혼(同色婚)만 허용했다. 둘째로 양반과 천민의 교혼(交婚)을 금지하는 양천교혼(兩賤交婚)을 엄격히 금했다. 셋째로 부모 중의 어느 한쪽이 천인(賤人)이면 자녀는 모두 천인으로 규정하는 일천즉천(一賤卽賤) 법칙을 적용했다. 넷째로 자녀의 소유나 신분이 어머니에 의해 결정되는 종모법(從母法)을 적용했다. 다섯째로 자녀의 신분이 아버지에 의해 결정되는 종부법(從父法)을 적용했다.

조선 시대 노비가 합법적인 방법을 통해 양인(良人)으로 속신(贖身)*할 수 있는 종양제도(從良制度)가 있었다. 먼저 노비가 군사적인 공을 세워 면천(免賤)되거나 모반사건 따위에서 큰 공을 세워 양인이 되는 것을 공로면천(功勞免賤) 혹은 군공종량(軍功從良)이라고 했다. 둘째로 재산을 축적하여 나라에 헌납해 노비의 신분을 벗어나거나 자신의 역할을 다른 노비에게 대신하게 하는 것이 납속종량(納贖從良)이다.

어쩌면 주인이나 주군을 위해 평생을 일하며 섬기지만 사람대접을 못 받고 이승의 삶을 마쳤을 서러운 존재들이 노비였다. 비록 하찮은 존재로 천출(賤出) 취급을 받았던 그들이라도 나름대로 자기의 직분에 충실했던 진국들이다. 그럼에도 불구하고 지나치게 하대(下待)를 받는 것 같아 넋두리처럼 내뱉는 독백이다. 문득 중국의 송서(宋書)인 심경지전(沈慶之傳)에 나오는 말이 생각났다. '밭가는 일은 사내종에게 물어보고.'라는 뜻으로 경당문노(耕當問奴)라 했다. 그리고 '베를 짜는 일은 계집종에게 물어보라.'라는 뜻으로 직당문비(織當問婢)라고 이르지 않던가! 따지고 보면 그들은 양반들이 천하다고 외면했던 신역 고되고 어려우며 위험이 따르게 마련인 특별한 분야를 묵묵히 감당해온 전문가이며 권위자였는데 말이다.

* 자매(自賣) : 조선 후기에 계속되던 흉년으로 연명해 나갈 길이 없는 평민들이 자신이나 처자를 노비로 파는 경우나 부채를 감당하지 못해 스스로 노예로 팔려가는 경우가 많았다는 기록이 보인다.

* 신공(身貢) : 조선 시대에 노비가 신역(身役) 대신에 삼베나 무명, 모시, 쌀, 돈 따위로 납부하는 세(稅)를 의미한다.

* 신역(身役) : 나라에서 성인 장정에게 부과하던 군역과 부역이다.

* 속신(贖身) 혹은 속량(贖良) : 어떤 대가를 치르고 천인의 신분에서 벗어나 양인이 되는 것을 뜻한다.